뿌라베다숫따 법문

• 죽기 전에 경 해설 •

제6차 결집 질문자 최승대현자

마하시 사야도

번역 허가증

ဗုဒ္ဓသာသနာနုဂ္ဂဟအဖွဲ့ချုပ်

မဟာစည်သာသနာ့ရိပ်သာ

အမှတ်-၁၆၊သာသနာ့ရိပ်သာလမ်း၊ဗဟန်းမြို့နယ်၊ရန်ကုန်မြို့။

ဖုန်း - ၅၄၅၉၁၈
၅၄၁၉၇၁
ဖက်စ် - ၂၈၉၉၆၀
၂၈၉၉၆၁
သံကြိုးလိပ်၊မဟာစည်

Buddha Sāsana Nuggaha Organization
MAHASI SĀSANA YEIKTHA
16, Sāsana Yeiktha Road,BaHan TSP, Yangon.(MYANMAR)
Email - Mahasi-ygn@mptmail.net.mm

Phone: 545918
541971
Fax-No. 289960
289961
Cable: MAHĀSI

Date 7 March 2012

အကြောင်းအရာ ။ ။ **ကိုရီးယားဘာသာဖြင့်ပြန်ဆို၍ စာအုပ်ရိုက်နှိပ်ထုတ်ဝေရန် ဗုဒ္ဓသာသနာနုဂ္ဂဟအဖွဲ့ချုပ်မှ ခွင့်ပြုခြင်း။**

ကိုရီးယားနိုင်ငံတွင် မြတ်ဗုဒ္ဓ ထေရဝါဒ သာသနာပြန့်ပွားရေးအတွက် ကျေးဇူးတော်ရှင် မဟာစည်ဆရာတော်ဘုရားကြီး၏ အောက်ဖော်ပြပါ တရားစာအုပ်(၅)အုပ်ကို ပထမအကြိမ်အဖြစ် မြန်မာဘာသာမှ ကိုရီးယားဘာသာသို့ ပြန်ဆို၍ ဓမ္မဒါနဖြန့်ချိရန် တောင်ကိုရီးယားနိုင်ငံ အင်ချန်းမြို့နယ်၊ ဘူဗျောင်းမြို့၊ ကိုရီးယားမဟာစည်ရိပ်သာမှ ဥက္ကဋ္ဌဆရာတော် ဦးသောဓနအား အောက်ပါစည်းကမ်းချက်များနှင့်အညီ ဆောင်ရွက်ရန် ခွင့်ပြုပါသည်။

ဘာသာပြန်ဆိုရမည့် ကျမ်းစာအုပ်များ

(၁) ပုရာဘေဒသုတ်တရားတော်၊
(၂) ဘာရသုတ္တန်တရားတော်၊
(၃) မာလုကျပုတ္တသုတ်တရားတော်၊
(၄) ဝိပဿနာရှုနည်းကျမ်း(ပထမတွဲ)
(၅) ဝိပဿနာရှုနည်းကျမ်း(ဒုတိယတွဲ)

စည်းကမ်းချက်များ

၁။ ဤခွင့်ပြုချက်သည် မူပိုင်ခွင့်ပေးခြင်းမဟုတ်ဘဲ ဗုဒ္ဓသာသနာနုဂ္ဂဟအဖွဲ့ချုပ်သာလျှင် **မူပိုင်ရှင်**ဖြစ်သည်။
၂။ ထုတ်ဝေမည့်စာအုပ်တွင် ဗုဒ္ဓသာသနာနုဂ္ဂဟအဖွဲ့ချုပ်သည် **မူပိုင်ရှင်** ဖြစ်ကြောင်းဖော်ပြရမည်။
၃။ သာသနာတော်ပြန့်ပွားရေးအတွက် **ဓမ္မဒါန**အဖြစ် ပုံနှိပ်ဖြန့်ဝေရန်။
၄။ ဤခွင့်ပြုချက်သည် **ကိုရီးယားဘာသာဖြင့်** ပြန်ဆိုထုတ်ဝေရန်အတွက်သာဖြစ်သည်။
၅။ ပုံနှိပ်ထုတ်ဝေသောစာအုပ်တွင် **ကျေးဇူးတော်ရှင်မဟာစည်ဆရာတော်ဘုရားကြီး၏ (ဆေးရောင်စုံ)ဓာတ်ပုံ၊ ဘဝဖြစ်စဉ်နှင့် ထေရုပ္ပတ္တိအကျဉ်း** ဖော်ပြပါရှိရမည်။
၆။ ပုံနှိပ်ထုတ်ဝေသောစာအုပ်အရေအတွက် ဖော်ပြရမည်။
၇။ ပုံနှိပ်ထုတ်ဝေသောစာအုပ်(   )ကို ဗုဒ္ဓသာသနာနုဂ္ဂဟအဖွဲ့ချုပ်သို့ ပေးပို့ရမည်။
၈။ စည်းကမ်းချက်များနှင့် ညီညွတ်မှုမရှိပါက ခွင့်ပြုချက်ကို ပြန်လည်ရုပ်သိမ်းမည်။

အထက်ဖော်ပြပါစည်းကမ်းချက်များအတိုင်း လိုက်နာဆောင်ရွက်မည်ဖြစ်ပါကြောင်းဂတိပြုပါသည်။

ဦးသောဓန
ဘဒ္ဒန္တသောဓန
[၅/မရန(သ)၀၀၀၀၉၄]
(သာသနဓဇဓမ္မာစရိယ) မဟာစည်ကမ္မဋ္ဌာနာစရိယ
ပဓာနနာယကဆရာတော်၊ ကိုရီးယားမဟာစည်ရိပ်သာ၊
ဘူဖျောင်းမြို့၊အင်ချန်းမြို့နယ်၊
တောင်ကိုရီးယားနိုင်ငံ။

(ဦးဝင်းထိန်)
ဥက္ကဋ္ဌ
ဗုဒ္ဓသာသနာနုဂ္ဂဟအဖွဲ့ချုပ်
မဟာစည်သာသနာ့ရိပ်သာ
ဗဟန်း၊ရန်ကုန်မြို့။

Namo tassa bhagavato arahato sammāsambuddhassa.

Namo tassa bhagavato arahato sammāsambuddhassa.

Namo tassa bhagavato arahato sammāsambuddhassa.

아라한이며 정등각자이신 거룩한 세존께 예경 올립니다.

아라한이며 정등각자이신 거룩한 세존께 예경 올립니다.

아라한이며 정등각자이신 거룩한 세존께 예경 올립니다.

차 례

약어 ı 14
일러두기 ı 16
마하시 사야도 일대기 ı 17
우 조띠빨라의 서문 ı 23

제1장

분신 부처님의 질문 게송 ı 34
법문을 듣는 것은 적정해지기 위해서이다 ı 36
이해시키기 위해 반복해서 설하셨다 ı 38
진짜 부처님의 대답 게송 1 ı 39
죽기 전에 갈애가 없어야 한다 ı 40
직접 경험할 수 있는 가르침이다 ı 41
가르침의 여러 덕목 ı 42
직접 스스로 경험할 수 있는 결과가 생기는 모습 ı 43
죽기 전에 갈애를 소멸시키도록 실천하는 방법 ı 46
계를 통해 위범갈애를 제거하는 모습 ı 49
삼매를 통해 현전갈애를 제거하는 모습 ı 50
통찰지를 통해 잠재갈애를 제거하는 모습 ı 50
잠재 두 종류 ı 52
시하 장군의 장담 ı 54

어떻게 적정한가 | 57
갈애가 사라지도록 실천하는 방법 | 60
죽기 전 바로 이생에서 이익이 드러나야 한다 | 61
관찰할 때 갈애가 적정해지는 모습 | 62
즉시 직접 경험해야 한다 | 64
몸과 마음에 도달하도록 실천해 두어야 한다 | 65
위험과 만났을 때 능력이 분명하다 | 66
현자라면 각자 알 수 있는 가르침이다 | 67
자기가 먹으면 자기만 배부르다 | 68
앞부분을 의지하지 않아야 한다 | 69
갈애와 사견으로 의지하다 | 70
나중도 기대하지 않아야 한다 | 76
중간 부분에도 헤아려지지 않아야 한다 | 80
께왓따 바라문의 계획 | 83
마호사다의 지혜가 큰 모습 | 85
께왓따 바라문의 생각 | 87
패전의 위험을 두려워하기 때문에 도망친다 | 89
이간책을 펼치기 위해 첩자를 보내다 | 89
전쟁에서 남은 상처 | 90
이 일화의 의미 | 91
등록되는 것은 두려운 일이다 | 93
등록이 말소되도록 하는 방법 | 93
아라한이 되어야 완전히 등록이 말소된다 | 96

제2장

진짜 부처님의 대답 게송 2 | 102
화내지 않아야 한다 | 104
들을 때 성냄이 쉽게 생겨난다 | 106
감촉도 참을 수 없는 경우가 있다 | 108
성냄은 처음에는 약하다가 점점 커져간다 | 108
맹꽁이와 같다 | 109
약이 없으면 고통을 당하고 약이 있으면 편안해진다 | 110
원망의 토대 아홉 가지 | 111
화낼 대상이 아닌 것들에 대해서는 화내지 마라 | 113
걱정하지 않아야 한다 | 115
우쭐대지 않아야 한다 | 118
비행이 없어야 한다 | 120
①팔과 발을 가만히 두지 못하는 비행 | 121
②율 비행 | 126
③자책 비행 | 127
제일 중요한 비행 | 128
젊은 환자 비구의 일화 | 130
부처님의 목적 | 131
임종 즈음에 의지처를 마련하는 것이 매우 중요하다 | 133
고려한 뒤에 말해야 한다 | 139
마음을 산란하지 않게 해야 한다 | 142
진짜 부처님의 대답 게송 3 | 143

진짜 부처님의 대답 게송 4 | 146
번뇌가 생길 만한 것에서 물러나야 한다 | 147
계략이 없어야 한다 | 150
①필수품과 관련된 계략 | 150
②특별한 덕목과 관련된 계략 | 151
③자세와 관련된 계략 | 152
부러워하며 갈망하지 않아야 한다 | 152
좋은 갈망 | 153
자신의 일만 스스로 하라 | 155
인색이 없어야 한다 | 157
거침도 제거해야 한다 | 157
혐오도 제거해야 한다 | 160
이간하지 말아야 한다 | 162
네 번째 대답 게송에 대한 요약설명 | 162

제3장

진짜 부처님의 대답 게송 5 | 168
쾌락거리에 빠지지 않아야 한다 | 171
쾌락거리에 빠지는 모습 | 171
존재꼭대기까지 흘러가는 모습 | 173
지옥도 애착하는가 | 177
밋따윈다까 일화 | 178
지옥꽃을 황금꽃으로 생각한다 | 179

아귀 탄생지도 애착한다 | 181
축생의 삶도 애착한다 | 181
인간·천신·색계 범천의 삶도 애착한다 | 183
무색계 탄생지를 열반이라고 생각한다 | 185
알라라와 우다까 | 185
법성품으로는 종성까지 흘러간다 | 186
부자의 마음이 생겨난 것과 같다 | 188
어떠한 선법이든 전부 닦을 만한 가치가 있다 | 189
종성도 애착한다 | 191
7년 7개월 동안 임신해야 했다 | 192
즐길 만한 것으로 위장하여 괴롭힌다 | 195
죽은 후에 아귀로 태어나 업과 업보를 알다 | 197
방일하지 않는 것이 매우 중요하다 | 197
위빳사나의 관점으로 보면 괴로움의 진리일 뿐이다 | 199
다른 이를 무시하지 않아야 한다 | 202
가까이하기에 적당한 재가자의 덕목 아홉 가지 | 203
사꺄족의 자만 | 204
위따뚜바를 무시하는 모습 | 206
자만 때문에 사꺄족이 멸망하다 | 207
부드러워야 한다 | 210
몸과 말이 부드러운 모습 | 210
마음으로 부드러운 모습 | 211
영감을 갖춰야 한다 | 214
수행하고 나서야 문헌을 잘 이해할 수 있다 | 214
수행을 통해 아는 것은 쉽지 않다 | 215

정신·물질 구별의 지혜 | 216
교학적으로 해박하지 않지만 법은 잘 안다 | 217
"생멸"이라고 독송하는 것만으로 생멸하는 것을 알 수 있는가 | 217
맹신이 없어야 한다 | 219
믿는 것보다 아는 것이 더욱 거룩하다 | 220
찟따 장자와 나따뿟따 | 226
스스로 아는 것과 다른 이가 말한 것을 믿는 것 | 227
애착이 이미 없어야 한다 | 229
애착을 제거하는 중이다 | 230
애착을 제거하고 있는 중이 아니다 | 231
진짜 부처님의 대답 게송 6 | 231
진짜 부처님의 대답 게송 7 | 234
항상 새겨야 한다 | 236
항상 새기는 모습 | 236
새김을 확립하는 것이 새김확립 | 238
마음청정이 생겨나는 모습 | 240
정신·물질 구별의 지혜가 생기는 모습 | 240
형성평온의 지혜로 평온하게 관찰하는 모습 | 242
여섯 구성요소 평온 | 243
세 가지 자만이 없어야 한다 | 246
파도가 없어야 한다 | 248
진짜 부처님의 대답 게송 8 | 248
진짜 부처님의 대답 게송 9 | 251
진짜 부처님의 대답 게송 10 | 253

진짜 부처님의 대답 게송 11 | 254
진짜 부처님의 대답 게송 12 | 256
진짜 부처님의 대답 게송 13 | 258

부 록

역자의 주석 | 264
「뿌라베다숫따」 빠알리어와 해석 | 298
마하시 사야도의 『뿌라베다숫따 법문』 요약게송 | 308
인식과정 | 309
칠청정과 위빳사나 지혜들 | 312
31탄생지 | 314
빠알리어의 발음과 표기 | 315

역자후기 | 321
참고문헌 | 324
찾아보기 | 327

약어

A.	Aṅguttara Nikāya 앙굿따라 니까야 增支部
Ah.	Abhidhammatthasaṅgaha 아비담맛타상가하
D.	Dīgha Nikāya 디가 니까야 長部
DA.	Dīgha Nikāya Aṭṭhakathā 디가 니까야 주석서
Dhp.	Dhammapada 담마빠다 法句經
DhpA.	Dhammapada Aṭṭhakathā 담마빠다 주석서
DhsA.	Dhammasaṅgaṇī Aṭṭhakathā = Aṭṭhasālinī 담마상가니 주석서
It.	Itivuttaka 이띠웃따까 如是語說
J.	Jātaka 자따까 本生譚
JA.	Jātaka Aṭṭhakathā 자따까 주석서
M.	Majjhima Nikāya 맛지마 니까야 中部
MA.	Majjhima Nikāya Aṭṭhakathā 맛지마 니까야 주석서
MAṬ.	Majjhima Nikāya Aṭṭhakathā Ṭīkā 맛지마 니까야 복주서
Nd1.	Mahā Niddesa 마하 닛데사 大義釋

PeA. Petavatthu Aṭṭhakathā 빼따왓투 주석서

Ps. Paṭisambhidāmagga 빠띠삼비다막가 無碍解道

PTS Pāli Text Society

S. Saṁyutta Nikāya 상윳따 니까야 相應部

SA. Saṁyutta Nikāya Aṭṭhakathā 상윳따 니까야 주석서

Sn. Suttanipāta 숫따니빠따 經集

SnA. Suttanipāta Aṭṭhakathā 숫따니빠따 주석서

Thag. Theragāthā 테라가타 長老偈

ThīgA. Therīgāthā Aṭṭhakathā 테리가타 주석서

Ud. Udāna 우다나 感興語

UdA. Udāna Aṭṭhakathā 우다나 주석서

Vin. Vinaya Piṭaka 위나야 삐따까 律藏

VinA. Vinaya Aṭṭhakathā 위나야 주석서

Vis. Visuddhimagga 위숫디막가 淸淨道論

Vv. Vimānavatthu 위마나왓투 天宮史

일러두기

1. 본문에 인용된 빠알리 문헌은 모두 제6차 결집본이다.

2. M.ii.147은 제6차 결집본 『맛지마 니까야』 제2권 147쪽을 뜻하고, M142는 『맛지마 니까야』의 142번째 경을 뜻한다. Dhp.350게는 「담마빠다」 350번째 게송을, Thag.30게는 「테라가타」 30번째 게송을 뜻한다.

3. 법문자인 마하시 사야도의 번역은 **대역** 이나 **해석** 으로 표시했고, 역자의 번역은 괄호로 표시했다.

4. 대역할 때 한 단어의 여러 의미는 쌍반점';'으로 표시했다. 법문자인 마하시 사야도의 보충 설명은 겹화살 괄호 '《 》', 역자의 보충 설명과 청중의 대답은 소괄호 '( )', 관찰할 때 명칭은 홑화살 괄호 '〈 〉'로 표시했다. (시의 단락 구분에서 행을 빗금 '/'으로 표시했다.)

5. 법문자인 마하시 사야도의 주석은 ㉯으로 표시했고, 한국마하시 우 소다나 사야도의 주석은 ㉻으로 표시했다. 표시가 없거나 ㉾으로 표시된 것은 역자의 주석이다. 본문의 내용을 주석으로 옮긴 내용은 ㊂으로 표시했다.

6. 빠알리어는 로마자 정체로 표기했고, 영문은 로마자 이탤릭체로 표기했다. 미얀마어는 영어로 표기한 후 로마자 이탤릭체로 표기했다.

7. 약어에 전체 빠알리어가 제시된 문헌은 본문에 따로 빠알리어를 표기하지 않았다.

8. 미얀마어로 된 참고문헌은 로마자 이탤릭체로 표기한 뒤 그 의미를 이어서 소괄호 안에 표기했다. 저자도 로마자 이탤릭체로만 표기했다.

9. 반복 인용된 문헌은 처음에만 저자를 표기하고 두 번째부터는 책의 제목만 표기했다.

10. 인용문과 게송은 들여쓰기를 했다.

11. 우리말 어순이나 표현법 등에 어울리지 않는 부분이 더러 있지만 불교적·경전적 표현으로 허용해 사용했다.

마하시 사야도 일대기

장차 '마하시 사야도*Mahāsi Sayadaw*'라고 불리게 될 귀한 아들이 1904년 7월 29일 금요일 새벽 3시, 사가인 주, 쉐보 시, 세익쿤 마을에서 아버지 우 깐도와 어머니 도 쉐오욱 사이의 일곱 자녀 중 둘째 아들로 태어났다[1]. 어릴 때의 이름은 마웅 뜨윈이었다.

마웅 뜨윈은 1910년 6세 때 세익쿤 마을 인진또 정사의 뻬마나 짜웅 사야도 밧단따 아딧짜Bhaddanta Ādicca 스님에게 기초학문을 배웠다. 1916년 12세 때는 부모님의 후원으로 어릴 적 스승이었던 밧단따 아딧짜 스님에게 사미계를 수지했다. 법명은 신 소바나Shin Sobhana였다.

1923년 11월 26일 월요일 오전 8시, 세익쿤 마을 인진또 정사의 밧다Baddha 계단戒壇에서 우 아웅보와 도 띳의 후원으로 탄신 마을에 있는 수메다 짜웅 사야도 밧단따 님말라Bhaddanta Nimmala 장로를 은사로 모시고 뚜지 짜웅의 밧단따 빠라마Bhaddanta Parama 등 여러 갈마사를 포함한 35분의 갈마진행 승가가 구족계 갈마를 행하면서 섭수하여 거룩한 비구가 되셨다. 법명은 아신 소바나Ashin Sobhana였다.[2]

1924년[3] 비구로서 첫 번째 안거를 나기도 전에 정부가 주관하는 빠

1 최신본에서는 " ~ 아들을 ~ 쉐오욱이 낳았다. 일곱 자녀 중 둘째인 보배 아들이었다"라고 표현했다. 우리말 표현이 더 자연스러운 이전 본에 따랐다.

2 저본에 이 단락부터 경어체를 써서 그대로 따랐다.

3 이전 본에는 9월 2일이라고 밝혔다.

알리어 시험의 초급에 합격했고, 1926년 중급에 이어 1927년 고급단계까지 합격하셨다. 1941년에는 정부가 두 번째로 시행한 '정부 주관 담마짜리야' 시험에서 필수 세 과목을 포함해 특별 다섯 과목에 합격함으로써 사사나다자 시리빠와라 담마짜리야Sāsanadhaja Sīripavara Dhammācariya 칭호를 받으셨다.

1928년에는 만달레이 시 서쪽 외곽에 있는 킨마깐 짜웅다익의 브와도 짜웅에 머물면서 어릴 때의 여러 스승을 포함해서 찬다지 다익 사야도 밧단따 락카나Bhaddanta Lakkhaṇa, 킨마깐 다익띠짜웅 사야도 밧단따 인다왐사비왐사Bhaddanta Indavaṁsābhivaṁsa 등 교학으로 유명했던 여러 사야도에게 성전과 주석서 등을 배우고 익혀 교학에 능통하게 되셨다. 1929년 음력 6월, 같은 고향 출신이었던 밧단따 아딧짜 장로의 청으로 몰라먀인의 따운와인갈레이 강원으로 가서 비구와 사미 등 학인들에게 교학을 가르치셨다.

1932년 1월 29일, 사마타 수행과 위빳사나 수행을 실천하기 위해 도반이었던 밧단따 떼자완따Bhaddanta Tejavanta와 함께 진짜익, 따토웅, 뗄라사, 먀더베익 산, 짜익티요우 산, 쉐이야운빠 산, 우오웅칸 숲속 정사 등에서 여러 수행주제를 실천하면서 검증하고 익히셨다.

1932년 3월 11일, 따토웅 시의 밍군 제따완 사야도를 찾아가 새김확립 관찰방법을 배우고 실천하셨다. 그러던 중 1932년 7월 9일, 따운와인갈레이 강원 사야도 밧단따 아딧짜 장로의 건강이 좋지 않다는 소식을 듣고 따토웅에서 다시 몰라먀인 따운와인갈레이 강원으로 가셨다. 1932년 7월 16일에 따운와인갈레이 강원 사야도가 입적하셔서 그 강원에서 지도스승으로 학인들을 돌보며 교학을 가르쳤고 수행실천에도 계속 힘쓰셨다.

1938년 5월에는 친척들을 섭수하기 위해 고향인 세익쿤 마을 마하시 짜웅다익으로 가셨다. 그곳에서 7개월 정도 머무르며 친척인 우 툰 에이, 우 포우초웅, 사야 짠 세 명에게 당신께서 직접 실천하셨던 새김 확립 위빳사나 수행을 처음 지도하셨다. 그리고 다시 몰라마인 따운와 인갈레이 강원으로 돌아가셨다.

1941년 11월, 제2차 세계대전으로 몰라마인 따운와인갈레이 강원에서 고향인 세익쿤 마을로 다시 돌아오셨고, 바로 그해부터 새김확립 위빳사나 수행법을 본격적으로 설하셨다. 이후 수행자들이 매년 늘어났다. 이때 머무시던 곳이 세익쿤 마을 인진또 정사 마하시 짜웅*Mahāsi kyaung*이었다. 마하시 짜웅은 세익쿤 마을의 수행자들에게 수행시간을 알리면서 쳤던 큰*mahā* 북*si*이 있는 정사*kyaung*라는 뜻이다. '마하시 사야도'라는 이름은 여기에서 유래됐다.

1943년에는 총 950쪽이나 되는 『*Vipassanā Shunyikyan*(위빳사나 수행방법론)』(전체 2권)을 저술하셨다. 그 책은 이어지는 후대 현자들의 경의와 찬사를 받았다.

1947년 11월 13일, 거룩하신 부처님의 교학과 실천의 가르침을 진흥하고 선양하려는 목적으로 불교진흥회*Buddhasāsanānuggaha Organization*가 사또우시리수담마 거사 사우뜨윈을 회장으로 양곤에 설립됐다. 다음 해 1948년 9월 26일에는 사우뜨윈이 양곤 시 바한 구의 대지 5에이커를 불교진흥회에 보시해 사사나 수행센터를 개원하게 됐다. 마하시 사사나 수행센터는 현재 20에이커까지 확장됐고, 수행 법당과 수행 지도자 및 남녀 출가자와 재가자 건물 등이 속속 들어섰다.

마하시 사야도께서는 당시 수상이었던 우 누와 사우뜨윈 등의 요청으로 1949년 11월 10일부터 양곤 수행센터에서 머무시다가 그해 12월

4일부터는 집중수행자 25명에게 위빳사나 수행을 지도하셨다. 그 후 몇 년 지나지 않아 미얀마 전역에서 마하시 수행센터가 개원됐으며, 태국이나 스리랑카 등 여러 이웃 나라에도 수행센터가 개원돼 마하시 사야도의 위빳사나 수행방법을 지도하고 있다. 현재 마하시 수행센터는 미얀마 국내외를 합쳐 697곳에 이른다. 2018년 12월 31일 현재 마하시 사야도의 위빳사나 수행방법으로 수행을 경험한 미얀마 국내외 수행자들은 무려 518만 3천15명에 이른다.[4]

마하시 사사나 수행센터에서 지도하신 지 2년 후인 1952년 1월 4일에는 사야도의 계·삼매·통찰지의 덕목을 존중하고 기리면서 정부에서 수여하는 최승대현자Aggamahāpaṇḍita 칭호를 받으셨다.

1954년 5월 17일, 음력 4월의 보름날(수요일)을 시작으로 7년 넘게 제6차 결집Chaṭṭhasaṅgayanā이 열렸다. 마하시 사야도께서는 제6차 결집의 여러 중요한 모임에서 의무를 다하셨다. 특히 성전과 주석서, 복주서를 최종적으로 검증해 결정하는 최종결정회osānasodheyya의 위원으로서 여러 성전과 주석서를 독송하고 결정하셨다. 사야도께서는 제6차 결집 질문자pucchaka 역할도 맡으셨다. 마하시 사야도의 질문에 대답하는 송출자visajjaka 역할은 밍군 삼장법사께서 맡으셨다.

부처님께서 완전 열반에 드신 뒤 열린 첫 번째 결집에서 마하깟사빠Mahākassapa 존자가 질문자를 맡고 우빨리Upāli 존자와 아난다Ānanda 존자가 독송하고 송출하며 결집에 올리셨다.

그와 마찬가지로 제6차 결집이라는 중대한 모임에서 성전을 결집한 뒤 주석서와 복주서는 마하시 사야도를 비롯한 여러 사야도의 주도

4 이 자료는 마하시 사사나 수행센터 불교진흥회 71번째 연례보고서를 참조한 것이다.

로 결집하여 1962년 2월 16일에 복주서의 결집까지 성공적으로 마쳤다. 마하시 사야도께서는 그런 여러 중요한 모임에 포함돼 의무를 다하셨다.

마하시 사야도와 관련된 책은 80권이 넘는다. 그중에는 6년 동안 매일 가르치시며 저술하신 『*Visuddhimagga Mahāṭīkā Nissayakyan*(위숫디막가 마하띠까 대역)』(전체 4권) 등 널리 알려진 여러 책들도 포함된다. 또한 지혜 있는 이들을 위해 『위숫디막가 마하띠까』의 심오한 내용을 담고 있는 「사마얀따라Samayantara」 부분을 발췌해 『*Visuddhimagga Mahāṭīkā Samayantara Gaṇṭhi Nissaya*(위숫디막가 마하띠까 사마얀따라 간티 대역)』라는 제목으로 편집, 출간되기도 했다.

마하시 사야도께서는 태국, 라오스, 캄보디아, 스리랑카, 네팔, 인도, 인도네시아, 일본 등 동양의 여러 국가와 미국, 영국, 프랑스, 이탈리아 등 서양의 여러 국가에 가서 새김확립 위빳사나 수행법을 지도하시면서 테라와다 불교 교법Theravāda Buddhasāsana을 널리 보급하셨다.

현재 세계 곳곳에서 마하시 새김확립 위빳사나 관찰방법을 지도하고 있는 정사들, 수행센터들이 늘어나고 있다. 양곤과 만달레이에 있는 국립불교대학의 교과 과정에 수행이 포함돼 있는데, 교학 과정을 마친 뒤 정해진 기간 동안 마하시 사사나 수행센터에서 새김확립 위빳사나 수행을 직접 실천하도록 정하고 있다. 실제 수행을 마쳐서 교학과 실천 덕목을 모두 갖춘 승가에게 학위를 수여한다.

1982년 8월 13일 오후, 마하시 사야도께서는 평상시처럼 수행자들에게 수행방법에 관해 법문하셨다. 그러다 그날 저녁 7시 경 심각한 마비 증세가 왔고, 다음날인 8월 14일 토요일 오후 1시 36분, 마하시 싼자웅 건물에서 세랍 78세, 법랍 58하夏로 입적하셨다. 다비식은

1982년 8월 20일 열렸다.

특출한 용모와 예리한 지혜, 특별한 위빳사나 지혜를 두루 갖춘 마하시 사야도께서는 교학과 실천을 통해 여러 법문을 설하고, 새김확립 위빳사나 수행방법을 능숙하게 지도하셨다.

사야도께서 한평생 설하고 지도하고 저술하신 위빳사나 수행방법은 동서양을 막론하고 온 세계에 퍼져 수많은 사람에게 많은 이익을 주었다. 이렇듯 직접 실천하고 닦으셨던 위빳사나 수행, 평생에 걸친 법과 관련된 업적으로 마하시 사야도께서는 테라와다 교법에서 특별하고 거룩하고 뛰어난 분으로 추앙받고 있다.

2024년 2월에 새로 고쳐 실었다.[5]

5 *Mahāsi Sayadaw*, 『*Paṭiccasamuppāda tayatawgyi*(연기 법문)』의 서문에서 인용했다.

우 조띠빨라의 서문

부처님께서 「뿌라베다숫따Purābhedasutta(죽기 전에 경)」를 설하시게 된 배경을 간략하게 소개하겠습니다.

부처님과 아라한 비구 500명

한때 부처님께서는 삭까Sakka 국 까삘라왓투Kapilavatthu 성 근처의 마하와나Mahāvana에 머물고 계셨습니다. 마하와나는 히말라야 산과 이어진 원림이었습니다.[6] 그때 부처님께 수행주제를 받고 마하와나 숲속 나무 아래나 기울어진 바위 아래 등 각자 적합한 장소에서 수행하여 아라한과를 증득한 사꺄Sakya 족 왕자 출신 비구 500명이 자신들이 얻은 아라한과라는 특별한 법을 부처님께 아뢰고자 한 사람씩 차례대로 와서 부처님 앞에 공손하게 앉아 있었습니다.[7]

큰 모임

그때 일만 우주의 천신과 범천들이 갓 아라한과를 증득한 아라한 비구 500명과 부처님을 뵙기 위해 마하와나를 시작으로 철위산cakkavāḷa·鐵圍

6 앞부분에 있었던 일화에 대해서는 본서 부록 pp.264~270 참조.

7 일반적으로 부처님의 제자들은 자신이 증득한 법을 부처님께 아뢴다. 그래서 제일 처음 아라한과를 증득한 비구가 부처님께 그 사실을 알리기 위해 왔는데 바로 이어서 다른 비구가 오자 자신의 덕목을 드러내려 하지 않는 아라한들의 성품에 따라 아뢰지 못하고 그대로 앉아 있었다. 그러자 다른 비구들도 차례대로 와서 500명이 모두 그대로 앉아 있는 상황이었다.

山[8] 주변을 가득 메웠습니다. 천신과 범천들의 '큰 모임mahāsamaya'이 누구의 초청이나 권유 없이 법성품dhammatā에 따라[9] 저절로 생겨난 것입니다.

제도할 만한 이와 제도하지 못할 이

이렇게 매우 광범위한 천신과 범천들의 모임 가운데 육색 광명을 나투며 장엄하게 머무시던 부처님께서도 번뇌의 때로부터 완전히 벗어나 매우 청정하셨고, 이제 갓 아라한과에 도달하여 번뇌의 때로부터 완전히 벗어나 매우 청정한 아라한 비구 500명이 부처님을 둘러싸고 있었기 때문에 그 모임은 매우 존경스러운 장면이었습니다.

그때 부처님께서는 몇 억, 몇 조로도 헤아릴 수 없는 수많은 천신과 범천들을 믿음 등의 기능이 여린지 성숙됐는지 아는 지혜인 '기능성숙지혜indriyaparopariyattañāṇa'와 중생의 습성과 잠재성향을 아는 '습성잠재지혜āsayānusayañāṇa'라는 불안buddhacakkhu·佛眼, 즉 부처님의 눈을 통해 살피신 후 제도할 만한 이와 제도하지 못할 이라는 두 무리로 나누셨습니다.

기질 6가지와 가르침 6가지

제도할 만한 천신과 범천들의 무리를 다시

① 애착기질rāgacarita인 한 무리,

② 성냄기질dosacarita인 한 무리,

---

8 하나의 우주를 철옹성처럼 둘러싼 바위산들을 말한다. '우주' 자체를 나타내기도 한다. *Dhammācariya U Ei Nain*, 『*Buddha Abhidhammā mahānidān*』, p.98 참조.

9 조건이 형성되면 그 조건에 해당하는 결과가 틀림없이 생겨나는 것을 '법성품에 따라'라고 표현한다.

③어리석음기질mohacarita인 한 무리,
④사유기질vitakkacarita인 한 무리,
⑤믿음기질saddhācarita인 한 무리,
⑥깨달음기질buddhicarita인 한 무리,

이렇게 기질에 따라 여섯 무리로 나누셨습니다. 그 여섯 무리 중

①애착기질인 무리에게는
「삼마빠립바자니야숫따Sammāparibbājanīyasutta(올바른 유행경)」,
②성냄기질인 무리에게는
「깔라하위와다숫따Kalahavivādasutta(다툼과 논쟁경)」,
③어리석음기질인 무리에게는
「마하뷰하숫따Mahābyūhasutta(전열 긴 경)」,
④사유기질인 무리에게는
「쭐라뷰하숫따Cūḷabyūhasutta(전열 짧은 경)」,
⑤믿음기질인 무리에게는
「뚜와따까숫따Tuvaṭakasutta(신속경)」,
⑥깨달음기질인 무리에게는
「뿌라베다숫따Purābhedasutta(죽기 전에 경)」를 설하시려고 구분해서 결정하셨습니다.

질문에 따른 설법

이렇게 결정하신 뒤

①자신의향attajjhāsaya: 당신 스스로 원해서 가르치시는 설법,
②타인의향parajjhāsaya: 법문을 듣는 대중 중 어느 한 사람이 원해서 가르치시는 설법,

③ 연유발생atthuppattika: 생겨난 연유에 따라서 가르치시는 설법,

④ 질문수반pucchāvasika: 질문에 따라 가르치시는 설법,

이렇게 네 종류의 설법 중 '질문에 따라 가르치시는 설법'을 통해서만 그곳에 모인 천신과 범천들이 사성제를 깨달아 윤회에서 벗어날 것을 아셨습니다.

부처님 형상을 따로 하나 만드시다

이렇게 아신 뒤 천신과 범천들의 바람에 따라 질문할 수 있는 이를 살펴보셨습니다. 하지만 그렇게 질문할 수 있는 이는 무한한 우주에서 어느 한 존재도 찾아볼 수 없었습니다. 그래서 당신과 모습이 동일한 부처님의 형상 하나를 선정과 신통의 힘으로 만들어내셨습니다.

그렇게 창조된 분신 부처님이 찬란한 광명을 비추며 동쪽 세계로부터 와서 진짜 부처님 앞에 여법하게 앉아 「삼마빠립바자니야숫따Sammāparibbājanīyasutta(올바른 유행경)」 등 관련된 질문들을 부처님의 바람에 따라 질문하게 하셨습니다. 그 질문에 대해 진짜 부처님께서 대답하셨습니다.

이러한 질문과 대답을 듣던 천신과 범천 대중들은 다른 우주에서 부처님 한 분이 오셔서 질문을 하고 현존하는 지금 부처님께서 대답을 하고 계신다면서 매우 기쁘게 법문을 경청했습니다. 그렇게 법문을 받아 지니면서 헤아릴 수 없이 많은 대중이 성스러운 도와 과라는 특별한 법을 얻었습니다.[10]

10 각각의 경마다 1조의 천신과 범천들이 아라한이 됐고, 그 아래 단계의 도와 과를 얻은 존재들은 헤아릴 수 없이 많았다. 비구 일창 담마간다 지음, 『부처님을 만나다』, p.296 참조.

「뿌라베다숫따」

이렇게 질문과 대답으로 설하신 여섯 경 가운데 「뿌라베다숫따 Purābhedasutta(죽기 전에 경)」는 통찰지가 두드러진 깨달음기질의 천신과 범천들을 위해 분신 부처님께서 "kathaṁdassī kathaṁsīlo, upasanto-ti vuccati. 어떻게 보고 어떻게 행실해야/ 참적정자寂靜者라고[11] 불릴 수 있습니까?"라는 게송을 통해 진짜 부처님께 질문하고 진짜 부처님께서 "vītataṇho purā bhedā 부서지기 전에 갈애에서 떠났고" 등으로 대답하신 경입니다.

의미가 매우 심오하다

「뿌라베다숫따」는 부처님께서 통찰지가 두드러진 깨달음기질의 천신과 범천들을 대상으로 설하신 경이기 때문에 일반 사람들에게는 경의 해석과 의미를 설명하는 것조차 어려울 정도로 매우 심오합니다. 더 나아가 이 경을 실천수행의 차례가 분명하게 드러나도록 설법방법desanānaya과 고유성질sabhāva에 따라 설명하기도 어렵고 심오하다는 사실은 말할 필요도 없습니다.

이렇게 매우 심오한 경이지만 마하시 사야도께서는 많은 출가자와 재가자가 이 경을 보다 쉽게 이해할 수 있기를 바라는 '바른 열의sammāchanda'가 매우 강하셨습니다. 그래서 주석서와 복주서 등 해설서에 제시된 여러 방법과 풍부한 미얀마어의 어휘와 비유로 장식하면서 「뿌라베다숫따」의 의미가 쉽고 분명하게 드러나도록 설하셨습니다.

11 'santa'를 '적정자寂靜者'라고 표현했고 'upasanta'는 '매우 적정한 이'라는 뜻이어서 '참적정자'라고 표현했다.

설하신 모습과 방법

마하시 사야도께서 「뿌라베다숫따」를 설하실 때 어떤 심오한 내용을 어떻게 쉽고 분명하게 드러내셨는지를 알기 위해서는 "vītataṇho purā bhedā 부서지기 전에 갈애에서 떠났고"라는 구절 하나에 대한 설명만 봐도 충분합니다. 직역하면 이 구절은 "물질·정신 무더기가 부서져 없어지기 전에 먼저, 즉 죽기 전에 갈애가 제거된 이를 '참적정자upasanta'라고 부른다"는 의미입니다. 그렇지만 부처님께서 바라시는 것은 그 정도가 아닙니다. 또한 그때 법문을 듣고 있던 깨달음기질의 천신과 범천들도 그 정도 의미로 이해한 것이 아닙니다. 부처님께서는 그 천신과 범천들이 "그렇게 갈애가 제거되도록 계를 이러이러한 방법과 이러이러한 모습으로 실천해야 한다. 삼매와 통찰지를 이러이러한 방법과 이러이러한 모습으로 실천해야 한다. 그러한 실천 법은 'sandiṭṭhika 스스로 보아 알 수 있는 가르침' 등의 덕목들을 갖춘 법이기 때문에 죽기 전에 바로 이생에서 갈애의 제거라는 이익을 얻게 할 수 있다" 등으로 매우 광범위한 의미들도 알기를 바라셨습니다. 깨달음기질의 천신과 범천들도 그러한 의미들을 알고 보고 이해했습니다. 그렇기 때문에 가르침을 듣고 있는 바로 그동안에 계·삼매·통찰지를 갖춰 1조에 달하는 천신과 범천이 아라한과에 이르렀고, 헤아릴 수 없이 많은 천신과 범천이 수다원과 등에 이르렀습니다. 부처님께서 바라신 그런 자세한 의미들을 마하시 사야도께서 『뿌라베다숫따 법문』에서 분명하게 드러내 보이셨습니다.

거듭 반복해서 설하시는 이유

"갈애가 제거되면 '참적정자'라고 부른다"라는 구절만으로도 질문에 대한 답이 충분한데 왜 다시 "pubbamantamanissito 앞의 부분을 의지하지 않는다네" 등으로 설하셨는지 질문할 수 있습니다. 그런 의미에 대해서도 마하시 사야도께서는 『뿌라베다숫따 법문』에서 흡족할 만한 대답을 내놓으셨습니다.

등록되지 않도록 실천하는 모습

"Vemajjhe nupasaṅkheyyo 중간 부분에 헤아려지지 않고"라는 구절을 직역하면 "중간 부분인 현재의 물질과 정신에 대해 애착하는 이 등으로 헤아려지지 않고"라는 의미입니다. 하지만 이 정도의 해석만으로는 의미를 이해하기가 매우 어렵습니다. 이 구절에 대해서도 생겨나는 물질과 정신을 관찰해서 'ratta 애착하는 이', 'duṭṭha 더럽혀진 마음이 있는 이' 등으로 등록되지 않는 모습, 등록이 말소되는 모습, 등록이 사라지는 모습 등을 『뿌라베다숫따 법문』에서 자세하게 설명해 놓으셨습니다. 이 설명도 매우 주목할 만합니다.

평온하게 드러나는 모습

"Upekkhako sadā sato 항상 새김을 확립하여 평온하고"라는 구절을 쉽게 이해하도록 마하시 사야도께서는 "항상새겨 평온하고" 등 미얀마어 요약게송으로 만드셨습니다. 그래서 새김을 통해 형성평온의 지혜까지 차례대로 관찰해 나가는 모습, 지혜의 단계가 향상되는 모습, 평온하게 관찰할 수 있는 모습들을 분명하게 설명하셨습니다. 위빳사나를 제대로 수행해 본 적이 있는 이들이라면 이 설명이 자신의 경험과 일치하기 때문에 매우 기뻐하고 만족해할 것입니다. 또한 이 단락에서 소개한 관찰방법은 위빳사나 수행을 진실로 열심히 노력하고자 하는 이들에게도 매우 의지할 만하고 배워서 지니기에 좋은 방법입니다.

이런 내용들을 통해 이 책을 읽는 독자들은 마하시 사야도의 『뿌라베다숫따 법문』에서 특별히 주목할 만한 내용, 도와 과의 지혜에 도달하고자 열심히 노력하는 참사람들이 관찰하는 방법과 실천해야 하는 법 등을 하나하나씩 차례대로 알게 될 것입니다.

책으로 출판되기까지 과정

지금까지의 간략한 소개만으로도 『뿌라베다숫따 법문』이 지닌 특별한 덕목들을 가늠할 수 있을 것입니다. 이제 『뿌라베다숫따 법문』이 책으로 출판되기까지의 과정을 소개하겠습니다.

사실 『뿌라베다숫따 법문』이 책으로 출판되기까지의 과정은 특별히 서문에서 언급할 필요는 없을 듯합니다. 왜냐하면 양곤시 빤다노 길 15번지에 위치한 담마뷰하Dhammabyūhā 출판사에서 펴낸 잡지 『담마뷰하Dhammabyūhā』 제4권 9호 3쪽에 사사나다자시리빠와라 담마짜리야Sāsanadhajasirīpavara dhammācariya이자 깜맛타나짜리야Kammaṭṭhānācariya인 우 상와라Saṁvara 존자가 아래와 같이 소개한 내용이 있기 때문입니다.

담마뷰하에서 소개한 내용

> 존경하는 마하시 사야도께서는 1938년부터 쉐보 시 세익쿤 마을 마하시 짜웅다익에 머무르며 「마하사띠빳타나숫따Mahāsatipaṭṭhānasutta(새김확립 긴 경)」 가르침을 기본으로 두고 위빳사나 수행을 직접 분명하게 설하고 지도하셨습니다. 이후 양곤 시 불교진흥회*Buddhasāsanānuggaha Organization*의 초청으로 양곤 시 사사나 수행센터로 오셨고, 그곳에서 위빳사나 수행과 관련

하여 1949년 11월부터 1965년 현재까지 16년간 한 달에 네 번씩 포살일마다 정기적으로 법문하셨습니다.

사야도께서 법문을 하실 때는 항상 어느 한 경을 기본으로 두고 위빳사나 수행과 관련된 가르침을 설하셨습니다. 그중 「뿌라베다숫따」는 1960년 7월 22일(음력 6월 그믐)부터 포살일마다 법문하셨습니다. 이 「뿌라베다숫따」는 매우 듣기 어려운 법문으로, 그 내용이 대단히 심오한 것으로 알려져 있습니다. 하지만 사야도께서는 쉽고 분명한 표현과 여러 비유를 통해 잘 장엄해서 설하셨습니다. 그래서 이 법문을 들은 출가자와 재가자 참사람들은 크게 만족스러워했으며, 기쁨과 희열이 생겨났습니다.

일부 후원자들은 사야도의 법문을 한 번 듣는 것만으로는 마음이 흡족하지 못해 여러 번 듣고 기억할 수 있도록 들을 때마다 녹음을 해 두었습니다. 그 녹음된 법문을 듣고 본승은[12] 너무나 존경스럽고 기쁘고 감사한 마음이 들어서 마하시 사야도의 『뿌라베다숫따 법문』을 다른 여러 참사람도 들었으면 좋겠다는 믿음과 열의가 일어났고, 법보시를 하려는 의도들이 생겨났습니다.

그러던 중에 담마뷰하 출판사 측에서 사야도의 법문을 잡지에 실어 전국적으로 법보시를 하면 어떻겠느냐고 제안했습니다. 이렇게 해서 출판사 측에서 책 출간에 앞서 『뿌라베다숫따 법문』을 녹취하게 됐습니다.

우 상와라, 사사나 수행센터, 양곤 시

12 우 상와라 존자를 말한다.

위에서 소개한 것처럼 담마뷰하 잡지에 한 부분씩 수록된 『뿌라베다숫따 법문』을 읽은 '담마마마까Dhammamāmaka, 법을 자기 것으로 신봉하는' 출가자와 재가자들은 띄엄띄엄 연결시키며 읽는 것에 만족하지 못하고 책으로 한꺼번에 읽었으면 하는 강한 열의가 생겨났습니다. 이들의 열의에 부응하고자 마하시 사야도의 허락을 받아 양곤 시 사사나 수행센터 전법 출판사에서 『뿌라베다숫따 법문』을 단행본으로 출판하게 됐습니다.

『뿌라베다숫따 법문』을 읽는 이들의 바람이 이루어져 몸과 마음이 행복하기를 기원합니다. 또한 '죽기 전에 갈애가 없어져 참적정자寂靜者가 되도록' 노력하기를 기원합니다.

우 조띠빨라*U Jotipāla*
수행지도스승
짜케와인짜웅다익, 버고 시
1966년 5월 21일

제1장

1960년 7월 22일

(1960년 음력 6월 그믐)

오늘 설할 법문은 '마하사마야mahāsamaya'라는 천신과 범천들의 큰 모임에서 부처님께서 여섯 가지 기질cariya에 따라 설하신 여섯 법문 중 마지막에 해당하는 「뿌라베다숫따Purābhedasutta(죽기 전에 경)」입니다.(Sn.855게~868게)

'뿌라베다purābheda'라는 표현에서 '베다bheda'는 '부서짐', '뿌라purā'는 '먼저'라는 뜻입니다. 그래서 '뿌라베다purābheda'는 '부서지는 것보다 먼저; 부서지기 전에; 죽기 전에'라는 의미입니다. 부서지기 전에, 죽기 전에 갖춰야 할 법들, 경험해야 할 법들을 설하셨기 때문에 이 경을 「뿌라베다숫따Purābhedasutta(죽기 전에 경)」라고 부릅니다. 법문이 설해지는 동안 이러한 의미들이 드러날 것입니다.

부처님께서는 「뿌라베다숫따」를 설하실 때도 「삼마빠립바자니야숫따Sammāparibbājanīyasutta(올바른 유행경)」 등을 설하실 때와 마찬가지로 먼저 분신 부처님을 만드셨습니다. 그리고 분신 부처님이 진짜 부처님의 바람대로 깨달음기질의 천신과 범천들을 위해 진짜 부처님께 다음과 같이 질문하게 하셨습니다.

분신 부처님의 질문 게송

1 Kathaṁdassī kathaṁsīlo,
upasantoti vuccati;
taṁ me gotama pabrūhi,

pucchito uttamaṁ naraṁ.(Sn.855게)

해 석

어떻게 보고 어떻게 행실해야
참적정자라고 불릴 수 있습니까?
으뜸인 분께 묻사오니, 고따마시여
그것을 저에게 말씀해 주십시오.

대 역

Gotama고따마시여; 고따마 족성에서 태어나신 부처님이시여, kathaṁdassī어떻게 보는 이가; 어떻게 보는 이를, kathaṁsīlo 어떻게 행실하는 이가; 어떤 행실과 실천이 있는 이를[13] upasan-toti참적정자라고; 진실로 적정한 이라고 vuccati불립니까; 말합니까? gotama고따마시여, uttamaṁ naraṁ으뜸인 분께; 거룩한 분께 pucchito묻사오니 《질문받은 으뜸인 분께서는》[14] taṁ그것을; 그것에 대해 me저에게 pabrūhi말씀해 주십시오; 설해 주십시오.

이 게송은 분신 부처님이 진짜[15] 부처님께 질문한 내용입니다. 이렇게 「뿌라베다숫따」는 분신 부처님과 진짜 부처님, 두 분의 부처님께서 번갈아 문답하신 내용을 담은 경입니다. 질문은 하나의 게송이고 대답은 열세 개의 게송입니다. 대답 게송들 중 일부만 자세히 설하고 나머

13 저본에서 "kathaṁdassī"는 "어떻게 보는 이를"이라고 대역했고 "kathaṁsīlo"는 "어떤 행실과 실천이 있는 이를"이라고 대역했다.

14 *Bhaddanta Sajjanābhivaṁsa*, 『*Suttanipāta Pāḷitaw Nissaya thik*』, p.665에서는 "pucchito 질문 받은 uttamaṁ naraṁ=uttamo nāro으뜸인 분께서는"이라고 대역했다.

15 '분신 부처님'과 대비해서 그때 현존하셨던 고따마 부처님을 말한다.

지 게송들은 간략하게 설명하겠습니다. 모든 게송을 자세히 설명하면 법문을 듣는 일부 대중이 '이미 설한 내용을 다시 설하고 있다'라고 생각할 수도 있을 것입니다. 나머지 게송들은 대부분 비슷한 내용이기도 합니다.

법문을 듣는 것은 적정해지기 위해서이다

질문 게송에서 말하려는 기본 내용은 "어떠한 계 등의 실천을 갖춘 이, 어떠한 앎과 봄을 갖춘 이를 '참적정자, 진실로 적정한 이'라고 부릅니까?"라는 의미입니다. 이 법문에서 자주 나오는 '적정하다'란 단어는 여러 가지 괴로움이나 피곤함이 없이 완전히 고요하고 적멸한 상태를 말합니다. 여러분이 이렇게 법문을 듣고 수행을 하는 것은 모두 이런 적정한 성품을 얻기 위해서입니다. 부처님의 가르침 안에서 실천하고 노력하는 것 모두가 이런 적정함을 얻기 위해서입니다. 꼭 불교가 아니라도 다른 종교의 가르침을 따르는 것도 이런 적정함을 기대하기 때문입니다. 종교와 교리는 달라도 저마다의 가르침에 따라 실천하고 노력하는 것은 모두 적정해지기 위해서입니다. 다만 진짜로 적정한 것과 가짜로 적정한 것(적정하지 않은 것), 거기에 차이가 있을 뿐입니다.

세상 사람들은 저마다 '적정하고 행복하게 지내기'를 바랍니다. '세계 평화'라는 것도 세상이 적정하기를 바라는 것입니다. 세계 평화를 외치는 사람들은 자기 혼자만을 위해서 그리하는 것이 아닙니다. 인간 세상 전체를 위해 평화를 외치는 것입니다. 하지만 그러한 적정함과 평화는 서로 다툼이 일어나지 않는 상태를 뜻하는 정도입니다. 의미가 그리 광범위하지 않습니다.

「뿌라베다숫따」에서 말하는 '적정'이란 그런 단편적인 의미가 아닙니다. 진실로 적정한 것, '참적정'을 말합니다. 괴로움이나 고통, 근심 등이 전혀 생겨나지 않고 완전히 없어져 적정해진 상태가 지속되는 것을 말합니다. 그렇게 적정해진 이를 'upasanta 참적정자, 진실로 적정한 이'라고 말합니다. "그렇게 적정하게 지내는 이는 어떠한 앎과 봄을 갖춰야 합니까? 어떠한 계 등의 실천을 갖춰야 합니까?"라고 분신 부처님이 진짜 부처님께 질문한 것입니다. 이 질문을 쉽게 기억하도록 '어찌보고 실천해 적정하다 표현해'라고 요약게송으로 표현했습니다.

질문 게송에서는 'upasanto'라고 표현했고 대답 게송들에서는 'santo'라고 표현했습니다. 'upasanta'와 'santa'는 같은 의미입니다. 요약게송에서는 '적정'이라고 표현했습니다.[16] "'santa 적정자'라고 불리는 이들은 어떤 앎과 봄, 어떤 실천을 갖췄습니까?"라고 질문한 것입니다. 요약게송을 같이 독송합시다.

어찌보고 실천해 적정하다 표현해

다르게 표현하면 "적정자가 되려면 어떤 실천을 갖춰야 합니까? 어떤 앎과 봄을 갖추도록 노력해야 합니까?"라는 질문입니다.

이렇게 분신 부처님이 질문하자 아라한 등 아홉 가지 덕목을[17] 구족

16 저본의 미얀마어 요약게송에서는 '산따santa'라고 빠알리어를 그대로 사용했다.

17 ①모든 번뇌로부터 멀리 떠나 특별한 공양을 받을 만하신 분arahaṁ·應供, ②알아야 할 모든 법을 스스로 바르게 깨달으신 분sammāsambuddho·正等覺者, ③명지와 실천을 구족하신 분vijjācaraṇasampanno·明行足, ④바르고 훌륭한 말씀만 설하신 분sugato·善逝, ⑤모든 세상을 잘 아시는 분lokavidū·世間解, ⑥제도할 만한 이들을 제도하는 데 가장 으뜸이신 분anuttaro purisadammasārathi·無上士 調御丈夫, ⑦천신과 인간의 진정한 스승이신 분satthā devamanussānaṁ·天人師, ⑧사성제의 바른 법을 깨달으신 분buddho·佛, ⑨여러 가지 공덕을 모두 구족하신 분bhagavā·世尊이라는 아홉 가지 덕목이다. 혹은 '⑥제도할 만한 이들을 제도하는 데 가장 으뜸이신 분'의 덕목을 '가장 으뜸이신 분anuttaro·無上士'과 '제도할 만한 이들을 제도하시는 분purisadammasārathi·調御丈夫' 둘로 나누어 열 가지 덕목으로 말하기도 한다.

하신, 현존하시는 진짜 부처님께서 열세 개의 게송으로 대답하셨습니다. 이 게송들에서 적정하여 'santa'라고 불리는 이들의 덕목들을 드러내어 보이셨습니다. 대답 게송들 중 몇몇 단어는 의미가 비슷합니다. 하지만 당시 천신과 범천들이 매우 다양해서 일부는 앞에서 설명한 덕목의 표현으로는 다 이해하지 못했습니다. 그런 이들을 위해 부처님께서는 뒤에서 다른 단어로 바꿔서 다시 설하셨습니다.

이해시키기 위해 반복해서 설하셨다

본승이[18] 법문할 때도 마찬가지입니다. 앞에서 설명했더라도 대중이 이해하지 못했다는 생각이 들면 뒤에서 다시 설명합니다. 이렇게 반복해서 설명하는 이유는 대중이 이해하지 못할까 염려해서, 대중을 확실하게 이해시키기 위해서입니다. 그와 마찬가지입니다. 부처님께서 「뿌라베다숫따」를 설하실 때 천신과 범천 대중들이 매우 많고 다양했습니다. 천신들도 모두 같은 부류가 아닙니다. 범천들도 모두 같은 부류가 아닙니다. 여러 부류로 매우 다양합니다. 인간 세상에서도 한 나라 안에서조차 이 지역과 저 지역의 말이 서로 다릅니다. 나라가 다르면 말이 잘 통하지 않습니다. 천신들 사이에서도 마찬가지입니다. 이 천상세계와 저 천상 세계에서 사용하는 표현이 서로 다릅니다.[19] 그래서 부처님께서 일부 의미는 비슷한 단어들을 반복해서 설하셨을 것입니다. 본승은 그렇게 반복해서 설하신 게송들 중 여러분에게 적합한 게송들을 추려서 자세하게 설명하겠습니다.

18 마하시 사야도를 말한다.
19 ㊟대부분 서로 대화할 필요가 없을 것이다.

진짜 부처님의 대답 게송 1

2 Vītataṇho purā bhedā,
pubbamantamanissito;
vemajjhe nupasaṅkheyyo,
tassa natthi purakkhataṁ.(Sn.856게)

해 석

부서지기 전에 갈애에서 떠났고[20]
앞의 부분을 의지하지 않는다네.[21]
중간 부분에 헤아려지지 않고
나중 부분을 내다봄이 없다네.

대 역

《Muni성인이시여; 분신 부처님이시여, yo어떤 이는》 purā bhedā 부서지기 전에; 몸이라는 집이 부서져 죽기 전에; 죽기 전 이생에서 vītataṇho hoti갈애에서 떠났습니다; 갈애가 소멸했습니다; 갈애가 없습니다. pubbaṁ antaṁ앞의 부분을; 앞의 끝을 anissito ca hoti의지하지도 않습니다. vemajjhe중간 부분에; 현재 법 무더기에 nupasaṅkheyyo hoti=na upasaṅkheyyo hoti헤아려지지 않습니다; 헤아릴 수 없습니다; 애착하는 이 등으로

20 대역에서는 저본에 따라 "~습니다"라고 표현했고, 해석에서는 자연스러운 표현이 되도록 "~고"라고 표현했다.

21 대역에서는 "~습니다"라고 표현했고 둘째 구의 해석에서는 시적 표현을 살려 "~네"라고 표현했다.

불리지 않습니다. tassa그에게는 purakkhataṁ나중을 내다봄이; 나중을 기대하며 고대함이 natthi없습니다. 《taṁ그러한 이를 upasantoti참적정자라고 ahaṁ나는 brūmi부릅니다.》

죽기 전에 갈애가 없어야 한다

첫째 구절에서 "muni성인이시여; 분신 부처님이시여, yo어떤 이는 purā bhedā부서지기 전에; 몸이라는 집이 부서져 죽기 전에; 죽기 전 이생에서 vītataṇho hoti갈애에서 떠났습니다; 갈애가 소멸했습니다; 갈애가 없습니다. taṁ그러한 이를 upasantoti참적정자라고 ahaṁ나는 brūmi부릅니다[22]"라고 설하셨습니다.

"죽기 전에 갈애가 없어야 한다. 그러한 이를 'upasanta 참적정자'라고 말한다", "갈애가 소멸된 법을 죽기 전에 직접 경험해야 한다"라는 뜻입니다. 이렇게 갈애를 소멸시키는 것이 매우 중요합니다. 지혜가 넘치는 '깨달음기질buddhicarita'인 이들은 숙고하고 반조하는 경향이 있습니다.[23] 「뿌라베다숫따」도 깨달음기질을 가진 이들을 대상으로 설하신 법문입니다. 따라서 맨 처음 나오는 단어나 구절은 지혜 있는 이들에게는 매우 중요하고 심오한 의미가 있습니다. 세상에서 일반적으로 믿

22 저본에서 각각의 덕목을 따로 대역할 때는 끝에 "taṁ그러한 이를 upasantoti참적정자라고 ahaṁ나는 brūmi부릅니다"라는 구절을 붙였다. 덧붙여 저본에서는 'upasantāti'라고 표현했으나 질문에서 'upasantoti'라고 표현한 점, 뒷부분에 'upasantoti'라고 표현한 점을 고려해 본문에서는 'upasantoti'라고 표현했다.

23 ㉻깨달음기질은 숙고하고 살피는 경향이 있기 때문에 잘못된 가르침에 잘 속지 않는다. 하지만 올바른 가르침을 들었을 때도 지나치게 숙고하느라 빨리 받아들이지 못한 채 좋은 기회를 놓쳐버리는 경우가 있다. 반대로 믿음기질은 살피지 않고 잘 믿는 경향이 있기 때문에 바른 가르침을 들었을 때 즉시 믿고 실천해서 이익을 빨리 얻는다. 하지만 잘못된 가르침을 들었을 때도 살피지 않고 믿어버리기 때문에 잘 속는 경우가 있다.

고 의지하는 여러 종교나 교리는 대부분 '다음 생을 위해서만' 가르칩니다. "죽고 나면 하느님이[24] 이렇게 저렇게 구원해 줄 것"이라고 죽은 후에 어떻게 해 준다는 말만 합니다. 하지만 죽은 후에 하느님이 구원해 준다는 말이 진실인지 거짓인지 증명할 길이 없습니다. 어느 누구도, 어떤 방법으로도 사후의 구원 여부를 증명하기란 불가능합니다.

그러므로 중요한 것은 죽기 전에 스스로 직접 경험할 수 있느냐 하는 것입니다. 실천할 만한 법을 실천하고, 그러한 법의 이익과 결과들을 죽기 전에, 목숨이 붙어 있을 때, 현생에서 직접 경험하는 것, 그것만이 확실한 가르침입니다. 지혜 있는 이들이 볼 때는 이렇게 죽기 전에 분명하게 경험할 수 있어야 흡족할 것입니다. 그래야만 확신하고 안심할 수 있습니다.

직접 경험할 수 있는 가르침이다

부처님께서는 당신의 가르침에 대해 "sandiṭṭhika 스스로 보아 알 수 있는 가르침이다"라고 칭송하셨습니다. 이번 생에 직접 경험할 수 있고 볼 수 있는 가르침이라는 뜻입니다. 죽은 후에 경험할 수 있는 가르침이 아닙니다. 직접 실천한다면 이 가르침을 지금 현재 생에서 직접 경험할 수 있습니다.

부처님 당시 재가자로서 지혜 있는 바라문brāhmaṇa이나 유행자paribbājaka들이 부처님께 다음과 같이 질문했습니다.

"부처님, 'sandiṭṭhika 스스로 보아 알 수 있는 가르침', 'sandiṭṭhika 스스로 보아 알 수 있는 가르침'이라고[25] 말하고 있습니다. 어

24 각각 종교에서 창조주로서 신앙의 대상이 되는 존재를 말한다.

25 성전 원문과 저본 모두에서 반복하여 그대로 따랐다.

느 정도의 덕목들을 갖춰야 스스로 보아 알 수 있는 가르침, 직접 경험할 수 있는 가르침이라고 부를 수 있습니까?"(A.i.156/A3:53)[26]

가르침의 여러 덕목

부처님께서는 여러 경에서 당신의 가르침을 다음과 같이 칭송하셨습니다.

"Sandiṭṭhiko스스로 보아 알 수 있는 가르침이며, akāliko즉시 결과를 주는 가르침이며; 시간을 기다리지 않고 직접 결과를 주는 가르침이며, ehipassiko와서 보라고 권유할 만한 가르침이며, opaneyyiko자기 안에 머물도록 인도할 만한 가르침이며; 자기에게 도달하고 생겨나도록 실천할 만한 가르침이며, paccattaṁ veditabbo viññūhi현자들이라면 각자 알 수 있는 가르침이다; 현자들이라면 각자 경험할 수 있는 가르침이다."(D.iii.4/D24 등)[27]

이러한 덕목들에 대해 부처님 당시 재가자로서 지혜 있는 바라문이나 유행자들이 질문한 것입니다. 부처님께서는 그들이 만족해할 만한 대답을 해 주셨습니다.[28] 이러한 문답들은 「뿌라베다숫따」에서 인용한 것이 아닙니다. "죽기 전에 갈애를 제거해야 한다"라는 내용과 관련해

26 대림 스님 옮김, 『앙굿따라 니까야』 제1권, p.399 참조.

27 각묵 스님 옮김, 『디가 니까야』 제3권, p.42 참조.

28 대답 내용은 바로 뒤에 설명이 이어진다.

서 그 의미를 더욱 분명하게 드러내기 위해 다른 경들에서 인용한 것입니다.

직접 스스로 경험할 수 있는 결과가 생기는 모습

직접 경험할 수 있는[29] 결과에 대한 질문에 부처님께서는 다음과 같이 대답하셨습니다.

> "바라문이여, 한번 생각해 보십시오. 애착rāga이 있는 이들은 애착에 뒤덮이고 제압당해서, 애착이 부추기고 조장해서 자신에게 불이익이 생겨나도록 행합니다. 다른 이에게도 불이익이 생겨나도록 행합니다. 몸과 말과 마음의 악행들도 행합니다. 애착이 소멸되면 자신에게 불이익이 생겨나도록 행하지 않습니다. 다른 이에게도 불이익이 생겨나도록 행하지 않습니다. 이러한 가르침이야말로 직접 경험할 수 있는 가르침이 아닙니까?" (A3:53)[30]

부처님께서는 당신에게 질문한 이들에게 이렇게 다시 질문하셨습니다. 숙고하고 반조해 보도록 다시 질문하신 것입니다. 그러면 질문한 이들은 이해합니다. 하지만 단지 그렇게 들은 것만으로 질문한 이들에게서 애착이 완전히 소멸되는 것은 아닙니다. 단지 이해하는 정도입니다.

29 "Sandiṭṭhiko스스로 보아 알 수 있는"이라는 구절의 의미가 더욱 분명하도록 저본에서는 '직접 경험할 수 있는'이라고 표현했다.

30 『앙굿따라 니까야』 제1권, p.399 참조.

이 질문에서 말하고자 하는 바는 애착이 소멸되도록 실천해야 한다는 것입니다. 지금 현재 애착이 소멸돼야 합니다. 애착이 있으면 자신의 불이익이나 남의 불이익이 생겨나도록 행합니다. 불이익을 행하는 것은[31] 성냄 때문이기도 하고 어리석음 때문이기도 하지만 애착 때문이기도 합니다. 애착도 불이익을 행하는 데 분명히 한 부분을 차지합니다. 예를 들어 애착이 있는 이들은 바라고 좋아하고 탐닉하는 것들과 관련해서 '다른 이는 어찌 됐든 나에게 이익이 있으면 그만이다'라고 생각해서 바라는 바를 얻기 위해 무모하게 행합니다. 다른 이의 재산을 훔치거나 약탈하기까지 합니다. 법에 어긋나는 일도 서슴지 않습니다. 그렇게 행하는 것은 바로 애착 때문입니다.

그렇게 행하게 되면 자신에게도 불이익이 생겨나고 다른 이에게도 불이익이 생겨납니다. 몸과 말과 마음의 불선업과 악행들도[32] 생겨납니다. 이것들은 모두 애착을 조건으로 생겨납니다.

그와 마찬가지로 성냄dosa을 조건으로 생겨나는 악행들도 있습니다. 어리석음moha을 조건으로 생겨나는 악행들도 있습니다. 자만māna을 조건으로 생겨나는 악행들도 있습니다. 자신을 치켜세우고 남을 멸시하며 적당하지 않은 것들을 행하고 말합니다. 사견diṭṭhi을 조건으로 생겨나기도 합니다. 사견이란 잘못된 견해를 올바르다고 생각하고서 집착하고 고집하는 성품입니다. 그렇게 잘못된 견해에 의지해 적당하지 않은 것들을 행합니다. 견해가 같지 않은 이들에게 불이익이 생겨나도록 행합니다. 잘못된 견해들은 차치하고 세상의 여러 다양한 교리vāda

31 저본에서 앞에는 '불이익이 생겨나도록 행한다'라고 표현했고 뒤에서는 '불이익을 행한다'라고 표현해서 그대로 따랐다.

32 저본에서 강조하기 위해 '불선업'과 '악행'을 연결해서 언급했다.

조차 자신의 교리와 일치하지 않으면 무조건 반대하고 나쁘게 말합니다. 그렇게 행하는 것은 탐욕·성냄·어리석음·자만·사견이라는 나쁜 법들 때문입니다. 그러한 나쁜 법들 때문에 자신의 이익과 다른 이의 이익이 모두 무너지도록 악행을 행하는 것입니다.[33]

이러한 것들은 현재 직접 겪어야 하는 결과들입니다. 죽고 나서 겪어야 하는 결과들은 더욱 많습니다.[34] 그러한 악행들 때문에 경험하고 겪어야 하는 여러 불이익이나 고통은 근본 조건이 되는 애착이 완전히 사라진다면, 성냄·어리석음·자만·사견이 완전히 사라진다면 생겨날 기회가 없을 것입니다. 애착이 완전히 사라진다면 그렇게 불이익들을 생겨나게 하는 악행들을 행하지 않을 것입니다. 따라서 어떤 가르침에 애착이나 성냄과 같은 나쁜 법들을 소멸시키도록 실천하는 방법도 있고, 그 방법에 따라 실천했을 때 그러한 불이익들이 사라진 결과들을 직접 경험할 수 있다면 그 가르침을 'sandiṭṭhika 직접 경험할 수 있는 가르침'이라고 부릅니다. 부처님의 이러한 설명을 들으면 질문한 이들은 '직접 경험할 수 있는 가르침'에 대해 잘 이해합니다.

이렇게 직접 경험할 수 있는 덕목은 부처님 가르침 밖의 종교나 교리들은 확신 있게 말하지 못합니다. "죽고 난 후에야 창조주issara라는 하느님이 구원해 줄 것이다. 천국에 이르게 될 것이다. 어떻게 될 것

33 ㉿어떤 사람이 범죄를 저질러 많은 사람이 피해를 보았다고 하자. 그 범죄자를 보면 '매우 나쁜 사람이다'라고 성냄이 일어날 수 있다. 그것은 범죄자라는 사람에게 허물이 있다고 생각하기 때문이다. '저런 범죄를 저지르게 한 탐욕·성냄이야말로 매우 좋지 않은 것이다'라고 탐욕 등 번뇌에 허물이 있다고 올바르게 마음을 기울인다면 성냄이 생겨나지 않을 것이다.

34 ㉿과거에 한 여인이 남편의 친구에게 식사를 잘 대접하기 위해 집 뒤에서 기르던 암양의 머리를 잘라 요리해 손님에게 대접했다. 그 여인은 죽은 뒤 바로 지옥에 태어나 오랜 세월 고통을 겪었고, 지옥에서 벗어나 축생이나 사람으로 태어났을 때도 그 양의 털 숫자만큼 머리가 잘려 죽었다.(Dhp.60게 일화)

이다"라는 정도로만 말합니다. 그것은 확실한 것이 아닙니다. 직접 현생에, 죽기 전에 경험할 수 있어야 확실합니다. 그래서 부처님께서는 직접 현생에 경험할 수 있는 가르침을 염두에 두고 "yo어떤 이는 purā bhedā부서지기 전에; 몸이라는 집이 부서져 죽기 전에; 죽기 전 이생에서 vītataṇho hoti갈애에서 떠났습니다; 갈애가 소멸했습니다; 갈애가 없습니다. taṁ그러한 이를 upasantoti참적정자라고 ahaṁ나는 brūmi부릅니다"라고 설하신 것입니다.

죽기 전에 갈애를 소멸시키도록 실천하는 방법

죽기 전에 갈애를 소멸시키도록 실천하는 방법은 도 구성요소maggaṅga로 말하면 여덟 가지입니다. 수련sikkhā으로 말하면 계·삼매·통찰지라는 세 가지입니다. 따라서 계를 실천해야 합니다. 삼매를 실천해야 합니다. 통찰지를 실천해야 합니다.

계sīla는 몸과 말로 범할 수 있는 위범번뇌vītikkamakilesa, 범하는 번뇌를 제거합니다.

삼매samādhi는 마음 상속에 생겨 드러난 현전번뇌pariyuṭṭhānakilesa, 드러난 번뇌를 제거합니다.

통찰지paññā는 조건이 형성되면 드러날 수 있는 잠재번뇌anusayakilesa, 잠재된 번뇌를 제거합니다.

따라서 계를 통해 위범번뇌에 해당하는 거친 갈애를 제거해야 합니다. 삼매를 통해 현전번뇌에 해당하는 중간 정도의 갈애를 제거해야 합니다. 통찰지를 통해 잠재번뇌에 해당하는 미세한 갈애를 제거해야 합니다.

갈애는 대상으로 나누면 여섯 종류가 있습니다.

형색에 애착하는 갈애, 소리에 애착하는 갈애, 냄새에 애착하는 갈애, 맛에 애착하는 갈애, 감촉에 애착하는 갈애, 성품법에 애착하는 갈애, 이렇게 여섯 종류입니다.

이것은 간단히 나눈 것이고 자세히 나누면 종류가 훨씬 더 많습니다.[35] 형색이라는 한 종류에도 눈으로 보고 나서 즐기고 좋아하는 것들에 여러 가지가 있습니다. 자신의 내부와 외부로도 나눌 수 있습니다. 자신의 내부에 대한 갈애란 자신의 얼굴·손·발 등의 모습을 좋아하고 즐기는 갈애입니다. 지금 아름답고 훌륭한 것처럼 나중에도, 다음 생에도 아름답고 훌륭하길 바랍니다. 지금보다 더욱 아름답고 훌륭하길 바랍니다. 이것도 갈애입니다. 지금 아름답지 않다면 나중에라도 아름답길 바랍니다. 훌륭하길 바랍니다. 멋지고 아름다운 사람, 멋지고 아름다운 천신으로 태어나길 바랍니다. 이것도 갈애입니다. 이것은 자신의 내부 상속과 관련된 형색에 대해 갈애가 생기는 모습입니다.

갈애는 타인의 상속과 관련된 형색을 애착하고 좋아하기도 합니다. 가족을 비롯해 자신이 알고 지내는 이들이 아름답고 훌륭하기를 바랍니다. 옷, 장식품, 필수품들이 아름답고 훌륭하기를 바랍니다. 이러한 것들을 가지기 전부터, 보기 전부터 마음속으로 생각하고 바랍니다. 직접 경험하여 보게 됐을 때는 더더욱 바랍니다. 이것도 보고 싶고, 저것도 보고 싶어 합니다. 갈수록 바라는 것들이 많아집니다. 그러다가 그

35 ①감각욕망과 관련된 감각욕망갈애kāmataṇhā, ②상주견과 관련된 존재갈애bhavataṇhā, ③단멸견과 관련된 비존재갈애vibhavataṇhā라는 세 종류로도 나뉜다. 본문에 언급한 대상으로 나눈 여섯 가지 각각에 감각욕망갈애 등 세 가지씩 갈애가 있고(6×3=18), 각각 과거와 미래와 현재라는 세 시기로 나눠지므로(18×3) 54종류가 있다. 여기에 각각 자신의 상속과 타인의 상속에서 생겨나는 것을 고려하면(54×2) 갈애는 모두 108가지로 나뉜다. 우 소다나 사야도 법문, 비구 일창 담마간다 편역, 『아비담마 강설 2』, pp.295~296 참조.

것들을 갖게 되면 애착하고 즐깁니다.[36]

예를 들어 옷에는 흰색·노란색·푸른색·붉은색 등 여러 색의 옷이 있습니다. 그러한 여러 색깔의 옷을 좋아합니다. 집·건물·깔개·우산·신발·탈것 등 일상에서 사용하는 여러 물건을 좋아하고 바랍니다. 아름답고 훌륭하다고 생각하는 것이라면 모두 좋아하고 애착합니다. 지금 가지고 있는 것도 좋아합니다. 아직 가지지 못한 것도 좋아하고 바랍니다. 좋다고 생각되는 것은 모두 즐기고 바랍니다.

아름다운 형색을 좋아하는 것처럼 달콤한 소리, 향기로운 냄새, 좋은 맛, 좋은 감촉도 좋아하고 즐깁니다. 이것을 소리 갈애saddataṇhā, 냄새 갈애gandhataṇhā, 맛 갈애rasataṇhā, 감촉 갈애phoṭṭhabbataṇhā라고 합니다. 이러한 것들도 매우 종류가 다양합니다. 마음속으로 생각하고 숙고하면서 좋아하고 바라는 성품도 있습니다. 이것을 법 갈애dhamma-taṇhā라고 합니다.[37] 그렇게 여섯 문에서 생겨나서 드러나는 좋아함과 즐김이라는 갈애를 제거해야 합니다.[38] 계를 완벽하게 갖춰서 보호한다면 방금 설명한 대로 몸의 업과 말의 업으로 범할 수 없기 때문에 위범 번뇌 정도의 갈애들이 사라집니다.

36 ⓗ"아무것도 갈망하면 안 된다. 원하면 안 된다"라고 말하면 그렇게 말하는 사람에게 "왜 원하지 말라고 하는가"라고 화를 낸다.

37 ⓗ〈부푼다, 꺼진다〉라고 관찰하다가 마음속으로 이런저런 대상을 생각하는 것을 즐기고 좋아하고 갈망하는 법 갈애의 힘이 세기 때문에 즉시 망상이 일어난다. 이것은 모두 법 갈애에 수행자가 지는 것이다.

38 좋아할 만한 대상뿐만 아니라 좋지 않은 대상에도 집착할 수 있다. 과거 미얀마에서 한 여인이 결혼식에 참석하기 위해 배를 타고 가는 중이었다. 한 강도가 그녀가 차고 있던 팔찌를 빼앗으려고 그녀의 팔을 잘라 팔찌를 취하고 그녀를 물속으로 빠뜨렸다. 때마침 강도의 부인이 임신을 했고 열 달이 지나 딸이 태어났다. 신기하게도 강도가 여인의 팔을 자른 그 부분만큼 딸에게 팔이 없었다. 선업이 과보를 주어 사람으로 태어났더라도 죽을 때 '나의 팔이 이 정도로 잘렸다'라고 집착했기 때문에 팔이 온전하지 않았던 것이다. 나중에 딸이 과거생을 기억하고 지금의 아버지가 자신을 죽였다는 사실을 어머니에게 말했고, 두 모녀는 다른 마을로 도망가서 따로 살았다고 한다. 이 일화는 갈애가 좋지 않은 대상까지 집착한다는 사실, 갈애의 힘이 매우 강하다는 사실을 드러낸다.

계를 통해 위범갈애를 제거하는 모습

예를 들어 계를 중시하지 않는 이가 아름다운 형색 등 어떤 대상이나 물건을 바란다고 합시다. 그 대상이나 물건을 갖기 위해 남을 속여야 한다면 거짓말을 할 것이고, 남의 것을 훔쳐야 가질 수 있다면 도둑질을 할 것이고, 남을 죽여야 가질 수 있다면 살생을 할 것입니다. 이렇게 거짓말하고, 도둑질하고, 살생을 하면 계가 무너집니다. 위범갈애가 생겨난 것입니다.

계를 중시하는 이는 어떤 사람이나 물건을 바라더라도 그렇게 바라는 갈애에 이끌려 속이지 않습니다. 훔치지 않습니다. 죽이지 않습니다. 거짓말과 도둑질과 살생을 범할 정도로 부추기고 자극하는 위범갈애가 없습니다. 이것은 계의 실천을 통해 위범갈애가 사라진 모습입니다.

비구들에게는 행하거나 말하면 안 되는 것들이 많습니다. 행하거나 말해서는 안 되는 것은 행하거나 말하고 싶더라도 삼가야 합니다. 삼가면 위범갈애가 사라집니다. 보시하게 하려는 목적으로 말하거나 청해서는[39] 안 되는 것들이 있습니다. 필수품들을 원하더라도 그것을 간접적으로든 직접적으로든 말해서는 안 됩니다. 그렇게 해서 보시를 받아서도 안 됩니다. 보시하게 하려는 목적으로 말하거나 청하면, 그리고 그렇게 해서 보시를 받으면 그러한 필수품들을 받았든지 받지 않았든지 그 수련항목과 관련해서 계가 청정하지 않게 됩니다. 그러한 목적으로 말하지 않고, 청하지 않고, 보시 받지 않으며 지내는 비구는 그 수련항목과 관련해서 계가 청정합니다. 이것도 계를 통해 위범갈애가 사라진 모습입니다.

39 둘러서 간접적으로 말하거나 직접 청하는 것을 말한다.

요약하자면 자신이 바라는 결과나 일을 성취하기 위해서 죽이거나 훔치거나 거짓말을 하는 등으로 몸과 말의 악행을 행하면 위범갈애가 생겨나고, 그렇게 행하거나 말하지 않고 계를 지키고 보호하면 위범갈애가 사라집니다. 부처님의 가르침에서 제일 낮은 단계로 '위범갈애'라는 거친 갈애를 제거하기 위해서는 계를 실천해야 합니다.

삼매를 통해 현전갈애를 제거하는 모습

계를 통해 위범갈애를 제거하기는 하지만 그렇게 갈애를 제거하는 모습은 아직 분명하지 않습니다. 삼매 수행의 영역이 돼야 더욱 분명합니다. 삼매 수행samādhibhāvanā이란 두루채움kasiṇa 등 삼매 대상 중 어느 하나에 집중해서 끊임없이 마음을 기울이는 것입니다. 이렇게 끊임없이 마음 기울이면 마음이 다른 대상으로 달아나지 않습니다. 가끔 달아날 때는 마음을 수행주제 대상으로 다시 되돌려 놓아야 합니다. 이렇게 삼매 수행에 집중하고 있는 동안에는 형색 대상이나 소리 대상 등 여러 대상을 생각하고 숙고하며 바라고 좋아하는 갈애가 생겨나지 않고 사라집니다. 이것은 삼매 실천을 통해 현전갈애를 제거하는 모습입니다.

통찰지를 통해 잠재갈애를 제거하는 모습

삼매를 통해 현전갈애를 제거하기는 하지만 수행에 집중하는 동안에만 갈애가 없습니다. 수행하지 않을 때는 사라지지 않습니다. 여전히 생겨날 수 있습니다.[40] 갈애를 뿌리까지 완전히 제거하려면 통찰지 수

40 ㉻한 부부가 사마타 수행센터에 와서 삼매 수행주제를 닦을 때는 싸우지 않고 조용하게 각자 자신의 수행에 힘쓰다가 집으로만 가면 자주 싸웠다고 한다. 비유하면 사마타 수행은 나무의 가지를 자르는 정도이다. 뿌리가 남아 있기 때문에 시간이 지나면 다시 가지가 자란다. 위빳사나 수행은 뿌리까지 자르는 수행이다.

행paññābhāvanā을 실천해야 합니다. '통찰지 수행'이란 위빳사나 수행입니다. 볼 때마다 계속해서 관찰해야 합니다. 들을 때마다 관찰해야 합니다. 맡을 때마다 관찰해야 합니다. 맛볼 때마다, 닿을 때마다 관찰해야 합니다. 갈 때마다, 설 때마다, 앉을 때마다, 누울 때마다 관찰해야 합니다. 굽힐 때마다, 펼 때마다, 움직일 때마다 관찰해야 합니다. 생각하고 숙고할 때마다 관찰해야 합니다. 요약하자면 여섯 문에서 분명하게 드러나는 것은 무엇이든 모두 생겨나는 대로 관찰해야 합니다. 이렇게 생겨나는 대로 모두 관찰하게 되면 보이는 것, 들리는 것, 닿아지는 것, 알아지는 것이 사실은 좋아하고 바랄 만한 것이 전혀 아니라는 사실을 알게 되기 때문에 좋아하고 바라는 갈애가 생겨나지 않습니다.[41]

위빳사나 수행을 하지 않는 일반인들에게는 좋은 것을 보거나 듣거나 닿거나 알 때 그것들을 좋아하고 바라는 갈애가 생겨납니다. 좋지 않은 것들을 보거나 듣거나 경험하거나 알 때도 좋은 것을 바라는 갈애가 생겨납니다.[42] 볼 때마다, 들을 때마다, 경험할 때마다, 알 때마다 끊임없이 관찰하는 수행자에게는 그렇게 생겨나는 모든 대상이 좋은 것으로 드러나지 않습니다. 좋지 않은 것으로도 드러나지 않습니다

41 ㉻생겨날 기회를 주지 않고 사라지는 것이다. 이것을 '그 대상과 관련해서 관찰하지 않으면 생겨날 갈애를 부분적으로 제거했다'라고 표현한다.

42 ㉻허리의 통증이나 몸의 뜨거움 등 괴로운 느낌이 생겨날 때 '이 아픔이 없어지면 좋겠어'라고 바라면서 관찰한다면 탐욕이 들어온 것이다. 또 '네가 이기는지 내가 이기는지 한번 해 보자' 라고 관찰한다면 성냄이 들어온 것이다. 이런 탐욕과 성냄이 들어오지 않도록 괴로운 느낌이 분명하면 그곳에 마음을 잘 밀착시켜 '이 아픔이란 어떤 성품을 가지고 있는가? 점점 심해지는가, 점점 약해지는가? 아픔이 지속되는가, 중간에 끊어졌다가 다시 이어지는가?' 등으로 아픔을 잘 알도록 〈아프다; 뜨겁다〉 등으로 관찰해야 한다. 사실 통증이 생기면 마음이 저절로 통증에 집중되기 때문에 삼매도 좋아지고, 졸리지도 않게 되고, 망상도 없어진다. 그래서 "차라리 아프면 좋겠습니다"라고 말하는 수행자들도 있다.

다. 생겨나서는 즉시 사라지는 것으로만 드러납니다. 《이것은 무너짐의 지혜[43] 정도까지 지혜가 성숙됐을 때 드러나는 모습을 말하는 것입니다.》 이렇게 사라지는 것으로만 드러나기 때문에 무상이라고 알고 봅니다. 괴로움이라고도 알고 봅니다. 각각의 성품에 따라 생멸하는 성품법일 뿐이라고도 알고 봅니다. 이렇게 알고 보기 때문에 그러한 봄·들음·닿음·앎 등과 관련해서 좋아하고 바라는 갈애가 생겨나지 않습니다. 관찰하는 대상마다 갈애가 사라집니다. 이것은 통찰지를 통해 잠재갈애가 사라지는 모습입니다.

잠재 두 종류

잠재anusaya에는 대상잠재ārammaṇānusaya와 상속잠재santānānusaya라는 두 종류가 있습니다.

'대상잠재'란 위빳사나 수행을 통해 관찰하지 못한 대상들을 돌이켜 생각할 때 생겨날 수 있는 감각욕망애착kāmarāga 등을 말합니다. 무너짐의 지혜까지 지혜가 무르익은 수행자는 볼 때마다, 들을 때마다, 경험할 때마다, 알 때마다 분명한 대상을 모두 관찰합니다. 관찰할 때마다 모든 물질·정신이 즉시 사라지는 것으로만 드러납니다. 따라서 수행자는 그 대상을 무상이라고, 괴로움이라고, 무아의 성품법일 뿐이라고 알고 봅니다. 그렇게 알고 보기 때문에 그것을 항상하다고, 좋다고, 자아라고 돌이켜 생각해서 좋아하고 바라는 갈애가 생겨나지 않습니다. 이것은 위빳사나를 통해 대상잠재라는 미세한 갈애가 사라지는 모습입니다.

---

43 위빳사나 지혜의 단계는 본서 부록 pp.312~313 참조.

'상속잠재'란 범부나 수련자有學의 상속에 성스러운 도로 아직 제거되지 못했기 때문에 조건이 갖춰지면 생겨날 수 있는 감각욕망애착 등을 말합니다. 상속잠재는 성스러운 도를 통해서만 제거할 수 있습니다.[44]

제거하는 모습은 다음과 같습니다. 방금 설명한 대로 수행자가 순간도 끊임없이 계속 사라지고 있는 물질·정신을 관찰해 나가다가 위빳사나 지혜가 성숙됐을 때 생멸하는 물질·정신 형성이 모두 적멸한 성품인 열반을 수다원도로 경험하고 봅니다. 이렇게 처음 열반을 경험하고 보는[45] 수다원도가 생겨나면 존재더미사견sakkāyadiṭṭhi과 의심vicikicchā이라는 상속잠재 두 가지가 완전히 제거됩니다. 따라서 위빳사나 관찰을 하든지 하지 않든지 어떠한 대상과 관련해서도 수다원에게는 사견과 의심이 생겨나지 않습니다.[46] 감각욕망애착이라는 갈애는 수다원에게 아직 완전히 사라지지 않습니다. 하지만 사악도에 태어나게 할 정도로 거친 갈애, 범부에게 생겨날 수 있는 매우 거친 갈애는 남아 있지 않습니다.[47] 따라서 수다원은 재산이나 물건에 애착하는 갈애 때문이든, 아들이나 딸 등을 사랑하는 갈애 때문이든, 자신의 몸이나 목숨에 대한 갈애 때문이든 살생, 도둑질, 거짓말 등 사악도에 태어나게 할 수

44 '잠재anusaya' 뒤에 '번뇌kilesa'를 붙여서 '잠재번뇌anusayakilesa'라고도 표현한다. 잠재번뇌에 대한 마하시 사야도의 요약게송은 다음과 같다.

한중생의 존재상속 성스러운 도를통해
제거하지 못했기에 조건형성 되었을때
생겨날수 있는번뇌 상속잠재 번뇌라해
분명아는 대상대해 위빳사나 지혜통해
사실대로 알지못해 조건형성 되었을때
생겨날수 있는번뇌 대상잠재 번뇌라해

45 엄밀하게는 종성의 마음이 제일 처음 열반을 대상으로 한다.

46 ⓗ이것을 '수다원도의 지혜가 사견과 의심을 근절제거로 제거한다'라고 표현한다.

47 ⓗ수다원은 외적인 모습이나 행동, 어떤 것을 원하는 성품으로는 범부와 별로 차이가 나지 않아 보이지만 내부 마음 상태는 사악도에 태어나게 하는 매우 거친 번뇌가 없어졌기 때문에 범부와 큰 차이가 있다고 알아야 한다.

있는 악행들을 절대로 하지 않습니다.[48]

이 내용과 관련된 경전 근거들은 매우 많습니다. 그중 특별히 언급할 만한 것은 수다원인 시하Sīha 장군이 스스로 장담한 말에서 찾아볼 수 있습니다. 이 내용은 『앙굿따라 니까야』 여덟 가지 모음에 다음과 같이 나옵니다.

시하 장군의 장담

Na ca mayaṁ jīvitahetupi sañcicca pāṇaṁ jīvitā voropeyyāma.
(A.iii.31/A8:12)

대 역

Mayaṁ나는 jīvitahetupi목숨이라는 원인 때문에라도; 죽음으로부터 보호하기 위해서라도 pāṇaṁ생명을 sañcicca의도적으로; 죽이려는 의도로 노력하여 jīvitā na ca voropeyyāma목숨을 빼앗지 않을 것이다.

이것은 누군가가 단지 자신의 생각을 써 놓은 말이 아닙니다. 수다원인 시하 장군이 자신의 진심을 드러내며 한 말입니다. 이 중 "jīvitahetupi 목숨이라는 원인 때문에라도"라는 구절에 특히 주의를 기울여야 합니다. 일부에선 '수다원은 아직 탐욕이나 성냄이 제거되지 않았기 때문에 목숨을 위협하는 적과 만나면, 그리고 자신에게 무기도 미리 준비돼 있다면 죽임을 당하지 않고 상대를 죽일 것이다'라고 자신의 견해

48 ㉻반대로 의미를 취한다면 범부들은 재산과 자식과 자신의 목숨에 애착하는 이러한 세 가지 갈애 때문에 살생 등의 악행을 행할 수 있다. 혹은 직접 행하지 않더라도 '할까 말까'라는 마음 정도는 생겨날 수 있다. 수다원은 그런 마음조차 일어나지 않는다.

대로 생각하기도 합니다.[49] 위에서 시하 장군은 "목숨이라는 원인 때문에라도 다른 이를 죽일 수 없다"라고 말했습니다. 이것은 부처님의 모든 가르침과 일치합니다. 따라서 수다원에게는 갈애가 완전히 제거되지 않았지만 죽이거나 훔치는 등 사악도에 태어나게 하는 위범갈애는 완전히 제거됐다고 알아야 합니다.

수다원도를 통해 갈애애착taṇhārāga을 어느 한 부분도 제거하지 못한 범부는 매우 힘이 강한 갈애애착의 부추김으로 인해 사악도에 태어나게 하는 악행을 저지릅니다. 다른 이의 목숨을 해치거나 다른 이의 물건을 훔치는 등 사악도에 태어나게 하는 악행을 저지릅니다. 이것은 갈애애착의 힘이 줄어들지 않고 여전히 강하기 때문입니다. 하지만 범부 중에서도 일부는 그러한 악행을 저지르지 않습니다. 그것은 참사람의 법문을 듣고 합리적 마음기울임yonisomanasikāra이 일어나 올바르게 마음을 기울이기 때문입니다. 참사람의 마음이 깃들기 때문입니다. 하지만 이 정도로는 안심할 수 없습니다. 이런 이들이라도 나쁜 이들과 어울려 나쁜 말을 많이 들으면 이번 생이나 다음 생에서 다시 악행을 저지를 수 있습니다.

수다원은 그렇지 않습니다. 근본적으로 갈애애착의 힘이 매우 약해져 있습니다. 따라서 이번 생뿐만 아니라 다음 여러 생에서도 사악도에 태어나게 할 만한 악행들을 저지르지 않습니다. 이것이 사악도에 태어나게 할 수 있는 갈애가 사라진 성품입니다.

수다원이 다시 위빳사나 수행을 해서 사다함도에 도달하면 거친 감

49 ㉾한 미얀마 작가가 '수다원이라도 다른 생명을 죽일 수 있다. 술을 마시는 것까지 포함해서 오계를 여전히 범할 수 있다'라는 글을 쓴 적이 있다. 그 작가는 사람들의 마음을 연구해 왔다고 하는데 스스로 수다원이라 생각하는 자신의 마음을 연구한 듯하다. 왜냐하면 그 작가는 술을 아주 좋아한다는 소문을 들었기 때문이다. 마하시 사야도 지음, 비구 일창 담마간다 옮김, 『아리야와사 법문』, pp.76~79 참조.

각욕망애착kāmarāga과 거친 분노byāpāda가 사라집니다.

아나함도에 도달하면 감각욕망애착과 분노가 완전히 사라집니다. 아나함은 감각욕망애착이 없기 때문에 감각욕망거리와 관련해서 매우 적정하게 지냅니다. 그렇지만 '존재bhava'라는 새로운 생과 관련해서는 즐기는 성품이 남아 있기 때문에 '완전히 적정하다'라고는 아직 말하지 못합니다. 존재에 대한 갈애는 아라한도에 도달해야 제거됩니다. 아라한도에 도달할 때는 좋아하고 애착하는 모든 갈애가 완전히 사라집니다. 갈애가 사라지면 성냄·어리석음·자만 등 모든 번뇌가[50] 사라집니다. 번뇌라는 뜨거움, 번뇌라는 고통이 완전히 사라집니다. 이것은 죽은 뒤 다음 생에 이르러서야 경험할 수 있는 것이 아닙니다. 죽기 전에 바로 지금 생에서 경험할 수 있습니다. 그래서 이렇게 갈애가 소멸된 이를 '참적정자upasanta'라고 설하신 것입니다.[51]

이렇게 갈애가 없어져서 참적정자라고 불리는 아라한이 완전열반을 통해 죽은 뒤에는 새로운 물질·정신 무더기가 전혀 생겨나지 않습니다. 그때가 돼서야 완전히, 영원히 적정해집니다. 이것을 '무여열반anupādisesanibbāna에 들었다'라고 말합니다. 지금 설명하고 있는 '죽기 전에 갈애가 없는 적정자'란 유여열반saupādisesanibbāna을 통해 적정한 것을 말합니다.

---

50 성냄은 아나함도에서 이미 완전히 제거됐다.

51 아비담마 방법에 따라 각각 도의 지혜로 제거되는 족쇄는 다음과 같다. 수다원도의 지혜로 사견·의심·행실의례집착·질투·인색이라는 다섯 가지 족쇄가 제거된다. 아나함도의 지혜로 감각욕망애착·적의라는 두 가지 족쇄가 제거된다. 아라한도의 지혜로 존재애착·자만·무명이라는 세 가지 족쇄가 제거된다. 이 내용을 표현한 마하시 사야도의 요약게송은 다음과 같다.

견의계질 인색五 소멸수다원
감각욕망 적의둘 소멸아나함
존재자만 무명셋 소멸아라한

어떻게 적정한가

'유여열반을 통해 적정하다'라는 것은 무슨 의미일까요? 갈애가 사라진 아라한에게도 물질·정신 무더기는 계속해서 생겨납니다. 따라서 좋지 않은 대상들도 보아야 하고, 들어야 하고, 맡아야 하고, 닿아야 하고, 알아야[52] 합니다. 특히 몸이 뜨겁거나 차가운 감촉과 닿게 되면 뜨거움이나 차가움이 주는 고통을 겪어야 합니다. 사대 요소가 무너질 때는 저림, 아픔, 쑤심 등을 겪어야 합니다. 열병이 나서 몹시 불편할 때도 있습니다.[53] 하지만 특별한 점은 그렇게 참기 힘든 나쁜 대상들을 경험하더라도 아라한에게는 마음의 괴로움이 전혀 없다는 것입니다. 마음은 항상 깨끗하고 행복합니다. 매우 편안한 상태입니다.[54]

갈애가 아직 제거되지 않은 범부나 수다원, 사다함에게는 좋지 않은 대상과 만났을 때 좋지 않은 대상을 경험함으로써 생겨나는 괴로움이 하나, 다시 그것을 생각함으로써 생겨나는 마음의 불편함이라는 괴로움이 하나, 이렇게 두 가지 괴로움이 생겨납니다. 비유하자면 가시에 두 번 찔려 두 번 고통 받는 것과 같습니다. 우연히 발바닥이나 손바닥이 가시에 찔렸다고 합시다. 찔린 가시를 다른 가시로 빼내려고 하다가 그 가시조차 살에 박힌다면 첫 번째 가시로 인한 아픔이 한 번, 두 번째 가시로 인한 아픔이 한 번, 이렇게 두 번의 아픔을 겪어야 합니다. 마찬가지로 일반인들은 나쁜 대상과 닿아서 겪어야 하는 고통이 하나,

52 생각해서 아는 것을 말한다. 아라한들도 법 대상을 생각해서 안다.

53 ㉻그렇다면 다리가 아플 때 "다리가 왜 아픈가?"라고 물으면 "다리가 있어서"라고 대답할 수 있다. 머리가 아플 때 "머리가 왜 아픈가?"라고 물으면 "머리가 있어서"라고 대답할 수 있다. 몸이 있기 때문에 육체적 고통이 생겨난다.

54 ㉻부처님께서는 병문안을 가셨을 때 "'몸은 병들었지만 마음은 병들지 않을 것이다'라고 수련해야 한다"라고 자주 설법하셨다.(S22:1) 아라한이나 아나함은 성냄이 제거됐기 때문에 정신적 고통은 전혀 생겨나지 않는다.

그 고통으로 인해 마음이 괴로운 고통이 하나, 이렇게 두 가지 고통을 겪어야 합니다.[55]

지금 설명하고 있는 '죽기 전에 갈애가 제거된' 아라한들은 나쁜 대상을 경험하지 않을 때가 많습니다. 나쁜 대상들과 만나더라도 마음의 고통이 뒤따라오지 않습니다. 마음은 항상 깨끗하고 행복합니다. 항상 좋습니다. 이렇게 마음의 고통 정도만 사라진 것이 아닙니다. 성냄·어리석음 등 번뇌라는 더러움들도 완전히 사라졌습니다. 따라서 아무리 좋은 대상과 만나더라도 좋아하거나 즐기면서 동요하지 않습니다. 항상 적정하고 깨끗합니다. 그래서 완전열반에 들 때도 다시 새로운 물질·정신 무더기가 전혀 생겨나지 않습니다. 완전히 적정해집니다. 그래서 그러한 이를 '참적정자upasanta'라고 말합니다. 첫 번째 대답 게송을 다시 상기해 봅시다.

Vītataṇho purā bhedā,
pubbamantamanissito;
vemajjhe nupasaṅkheyyo,
tassa natthi purakkhataṁ.(Sn.856게)

해 석

부서지기 전에 갈애에서 떠났고
앞의 부분을 의지하지 않는다네.
중간 부분에 헤아려지지 않고
나중 부분을 내다봄이 없다네.

55 「살라숫따Sallasutta(화살 경)」에서는 화살에 맞는 것으로 비유됐다.(S36:6)

대 역

Muni성인이시여; 분신 부처님이시여, yo어떤 이는 purā bhedā 부서지기 전에; 몸이라는 집이 부서져 죽기 전에; 죽기 전 이생에서 vītataṇho hoti갈애에서 떠났습니다; 갈애가 소멸했습니다; 갈애가 없습니다.[56] pubbaṁ antaṁ앞의 부분을; 앞의 끝을 anissito ca hoti의지하지도 않습니다. vemajjhe중간 부분에; 현재 법 무더기에 nupasaṅkheyyo hoti=na upasaṅkheyyo hoti헤아려지지 않습니다; 헤아릴 수 없습니다; 애착하는 이 등으로 불리지 않습니다. tassa그에게는 purakkhataṁ나중을 내다봄이; 나중을 기대하며 고대함이 natthi없습니다. 《taṁ그러한 이를 upasantoti참적정자라고 ahaṁ나는 brūmi부릅니다.》

이 내용을 요약게송으로 다음과 같이 표현했습니다.

前不依支 後不期待
죽기전에 갈애없어 전불의지 후불기대
중간에도 못헤아려 적정자라고 부르네

"Purā bhedā부서지기 전에; 몸이라는 집이 부서져 죽기 전에; 죽기 전 이생에서 vītataṇho hoti갈애에서 떠났습니다; 갈애가 소멸했습니다; 갈애가 없습니다"에서 "뿌라 베다 purā bhedā"라는 구절을 의지해 이 경을 「뿌라베다숫따」라고 말합니다. 이 첫 번째 구절에 따라 죽기 전에 갈애를 제거해야 합니다. 고통에서 벗어나기 위해 실천하는 이라면 갈

56 'Muni'라거나 'hoti'라는 단어는 본문에 없다. 이렇게 본문에는 없지만 대역에서 자세하게 해석하기 위해 첨가된 내용은 저본에 따른 것이다. 첨가된 사실을 분명하게 밝혀야 하는 경우는 겹화살 괄호 '《 》'로 표시했다.

애가 소멸된 이익을 바로 죽기 전에 스스로 직접 경험할 것입니다. 이렇게 갈애가 제거되면 '적정자'라고 불린다는 뜻입니다.

"갈애가 제거됐다면 앞부분과 나중 부분과 중간 부분에도 집착이 사라진 것 아닙니까? 그렇다면 왜 '앞부분도 의지하지 않고' 등으로 다시 설하셨습니까?"라고 질문할 수 있습니다. 간략하게 표현한 앞 구절을 통해서는 아직 이해하지 못한 천신과 범천들을 위해 자세하게 설명하기 위해 설하셨다고 알아야 합니다. 이 내용은 법문의 앞부분에서도 언급했습니다. 다음에도 거듭 설하시는 것은 같은 방법으로 이해하면 됩니다.

갈애가 사라지도록 실천하는 방법

죽기 전에 갈애가 사라지도록[57] 어떻게 실천해야 하는가에 대해 이어서 "pubbamantamanissito 앞의 부분을 의지하지 않는다네" 등으로 설하셨습니다.

앞부분을 의지하지 않도록 실천해야 합니다. 나중 부분을 기대하지 않도록 실천해야 합니다. 중간 부분인 현재에도 헤아려지지 않도록 실천해야 합니다. 이 내용도 이해하기가 쉽지 않습니다.

「뿌라베다숫따」는 지혜가 예리한 이들을 위해 설하신 법문이라고 앞에서도 언급했습니다. 일반인들은 쉽게 이해할 수 없더라도 지혜가 예리한 이들은 이해할 수 있을 것입니다. 지혜가 예리한 이들을 위한 법문이기 때문에 깊이 있게 숙고해야 할 내용들도 포함돼야 합니다.[58] 그래서 경의 앞부분부터 "죽기 전에 갈애가 사라져야 한다"라고 깊이 있는

57 저본에서도 '갈애가 사라지도록, 갈애가 제거되도록, 갈애가 적정하도록' 등으로 여러 표현을 사용해 그대로 따랐다.

58 ㉺지혜가 예리한 이들은 쉽게 이해되는 법문에는 흥미를 가지지 않는다. 감춰져서 불분명한 의미에 흥미를 가져 '이 표현은 어떤 의미일까'라고 숙고하는 것을 좋아한다. 지혜가 예리하지 않은 이들은 "그냥 분명하게 말하지 왜 불분명하게 말하는가?"라고 말한다. "숙고할래, 일할래?"라고 물으면 "일하겠습니다"라고 대답한다. "숙고할래, 죽을래?"라고 물으면 "차라리 죽겠습니다"라고까지 대답한다.

내용으로 법문을 시작하신 것입니다.

죽기 전 바로 이생에서 이익이 드러나야 한다

지혜가 예리한 이들은 이런 내용으로 경의 앞부분을 시작하는 것이 매우 마음에 들 것입니다. 어떤 교리를 실천할 때는 죽기 전에 이익이 드러나야 안심할 수 있습니다. 죽고 난 후에 이익이 드러나는 교리라면 안심할 수 없습니다.

비유하자면 어떤 병이 생겨 치료를 한다고 할 때 이번 생 안에 병이 사라져야 치료한 보람이 있을 것입니다. 다음 생에 이르러서야 병이 사라진다면 누가 애써서 병을 치료하겠습니까. 지금 생에서도 몇 달, 며칠 내로 가급적 빨리 병이 사라져야 좋을 것입니다. 몇 시간, 몇 분 안에 즉시 사라지면 더욱 좋을 것입니다. 마찬가지로 이번 생 안에, 죽기 전에 갈애가 사라져 적정한 이익을 얻을 수 있다면 매우 만족할 만합니다. 그렇게 이해하고서 제대로 실천하면 죽기 전, 바로 이번 생 안에 갈애가 사라진 아라한이 될 것입니다. 아라한이 되면 'upasanta 참적정자'라고 불립니다. 그래서 아홉 번째 대답 게송에서 "taṁ brūmi upasantoti 그를 참적정자라고 부릅니다"라고 설하셨습니다.

Taṁ brūmi upasantoti.(Sn.864게)

해석

그를 참적정자라고 부른다네.

대역

Taṁ그를; 그러한 모든 덕목을 구족한 아라한을 upasantoti참적정자라고 ahaṁ나는 brūmi부릅니다.

또한 제일 마지막 게송에서도 다음과 같이 설하셨습니다.

Sa ve santoti vuccati.(Sn.868게)

해 석

그야말로 참으로 적정자라고 불린다네.

대 역

Sa=So그야말로; 지금까지 말한 덕목들을 모두 구족한 아라한 이야말로 ve참으로 santoti적정자라고; 번뇌의 불이 모두 적멸해 적정한 이라고 vuccati불립니다.

앞의 여러 게송에서 언급한 모든 덕목을 위의 두 구절 중 어느 하나의 구절과 연결해서 끝내야 합니다.

그래서 "죽기 전에 갈애가 사라진 이를 '적정자'라고 부른다"고 설명했습니다. 죽기 전에 갈애가 사라지도록 실천하는 모습도 계·삼매·통찰지를 통해 충분히 설명했습니다. 하지만 위빳사나 수행을 통해 갈애가 사라져 적정해진 모습을 조금 더 설명하겠습니다.

관찰할 때 갈애가 적정해지는 모습

위빳사나란 볼 때마다, 들을 때마다, 경험할 때마다, 알 때마다, 여섯 문에서 분명하게 드러나는 모든 것을 끊임없이 관찰하는 수행입니다. 그렇게 관찰하는 이유는 갈애를 제거하기 위해서입니다. 관찰하는 대상마다 부분적으로 번뇌가 소멸됩니다. 번뇌가 사라집니다. 조금 관찰하면 번뇌가 소멸되는 것을 조금 압니다. 많이 관찰하면 많이 압니다. 오래도록 거듭 관찰하면 거친 번뇌가 생겨나지 않습니다. '거친 번뇌들이 이전처럼 다시 생겨나지 않는다'라고 생각될 만큼 적정해지는 경우도 있습니다. 이렇게 적정해지는 것은 수행 중에 경험하는 것을 말합니다. 성스러운 도에 이르러 적정해진 것을 말하는 것이 아닙니다. 어떤 사람들은 이렇게 적정해진 것을 두고 '번뇌가 사라졌다'라고까지 생각합니다. 하지만 성스러운 도에 도달하기 전에는 진짜 적정해진 것이 아닙니다. 위빳사나 수행을 쉬다가 여러 날이 지나면 거친 번뇌가 조금씩 다시 생겨납니다. 이렇게 수행 중에 관찰하면서 갈애가 적정해지는 것을 경험하게 됩니다. 그렇게 적정해지는 것이 죽기 전에 얻을 수 있는 이익입니다.

삼매와 지혜의 힘이 좋은 수행자들은 더욱 잘 알 것입니다. 즐김이나 좋아함이 생겨날 때 한두 번 정도만 관찰해도 사라집니다. 다시 생겨나지 않습니다. 이렇게 갈애가 적정해지는 것을 경험합니다. 삼매와 지혜의 힘이 매우 좋을 때는 즐김이나 좋아함이 전혀 생겨나지 않고 적정합니다. 즐기고 좋아할 만한 대상들과 만나더라도 이미 그것을 관찰하고 있기 때문에 즐기거나 좋아할 만한 것으로 드러나지 않고 휙휙 사라지는 성품으로만 드러납니다. 즐김이나 좋아함이 전혀 생겨나지 않은 채 적정합니다. 이것이 위빳사나 관찰을 할 때 갈애가 적정한 모습입니다. 죽기 전에 경험할 수 있는 이익입니다.

이렇게 끊임없이 관찰해 나가다가 위빳사나 지혜가 무르익어 완전히 구족됐을 때 성스러운 도에 도달합니다. 성스러운 도에 도달하면 사악도에 떨어지게 하는 갈애가 전혀 생겨날 수 없게 완전히 사라져 버리는 것을 직접 경험할 수 있습니다. 이것도 죽기 전에 경험할 수 있는 이익입니다.

즐김이나 좋아함이 완전히 사라지는 것은 아라한도에 도달해서 아라한이 됐을 때 경험할 것입니다. 이것도 죽기 전에 경험할 수 있는 이익입니다.

즉시 직접 경험해야 한다

그래서 아라한에게는 갈애가 전혀 생겨나지 않습니다. 완전히 사라진 것을 경험할 수 있습니다. 이렇게 경험할 수 있는 가르침이야말로 "sandiṭṭhiko 스스로 보아 알 수 있는" 가르침입니다. "akāliko 시간을 기다리지 않고 직접 결과를 주는" 가르침, 시간을 기다릴 필요 없이 직접 경험할 수 있는 가르침입니다. 또한 이렇게 직접 스스로 이익들을 경험할 수 있기 때문에 "ehipassiko '와서 실천해 보라'라고 권유할 만한" 가르침입니다. 맞습니다. 만일 어떤 사람이 "이 방법으로 수행해 보십시오"라고 권유해서 그 방법대로 수행했는데 이익이 드러나지 않는다면 그 수행법은 적당한 것이 아닙니다. 이익이 드러나는 데 오래 걸리지 않아야, 즉시 직접 이익이 드러나야만 적당한 수행법이고, 그것을 권유한 이에게 고마워할 것입니다.

예를 들어 어떤 사람이 "이 약을 한번 시험 삼아 복용해 보십시오"라고 권유해서 병든 환자가 그 약을 복용했는데, 즉시 낫지 않았다고 합시다. 그러면 그 약도, 그 약을 준 사람도 믿지 못할 것입니다. 반면에 그 약을 복용한 뒤 즉시 편안해지고 병이 나았다면 그 약도 믿고, 그 약을 권유한 이에게도 고마워할 것입니다. 확실히 이러한 약은 아픈 사람에게 권유할 만한 약입니다.

그와 마찬가지로 부처님의 가르침도 "ehipassiko '와서 실천해 보라'라고 권유할 만한" 가르침입니다. 권유하고 초청한 대로 실제로 실천하면 죽기 전에 바로 지금 생에서 번뇌와 갈애가 소멸한 결과를 직접 경험할 수 있습니다. 이렇게 경험하면 자신에게 권유해 준 이들에게도 많이 고마워합니다.

몸과 마음에 도달하도록 실천해 두어야 한다

또한 부처님의 가르침은 "opaneyyiko 자기 안에 머물도록 인도할 만한" 가르침입니다. 자신의 몸과 마음에 도달하도록 실천할 만한 가르침이라는 뜻입니다. 병을 낫게 하는 약, 기력을 보충해 주는 수액, 기운을 내게 하는 음식, 피부병을 낫게 하는 연고 등은 직접 복용하고, 맞고, 먹고, 발라야 우리 몸에서 제 기능을 합니다. 그렇게 해서 그 약이나 영양소들이 우리 몸 안에 속속 퍼져야 병을 이겨낼 힘이 생기고 건강해집니다.

그와 마찬가지로 부처님의 가르침도 "opaneyyiko", 자기에게 도달하도록 실천할 만한 가르침입니다. 자기에게 도달하도록 실천해 두면 좋은 대상이나 나쁜 대상을 견딜 수 있는 힘이 생겨납니다.[59] 번뇌라는 병이 사라집니다. 어떻게 사라질까요? 번뇌가 생겨날 만한 대상을 접했을 때 관찰할 수 있습니다. 이렇게 관찰하면 좋은 대상이든 나쁜 대상이든 휙휙 사라지는 것만 경험합니다. 즐기고 좋아하는 갈애가 생겨나지 않습니다. 좋아함이나 싫어함이 생겨나더라도 잘 집중해서 관찰하면 즉시 사라져 버립니다. 이렇게 사라지는 것은 마음이 불편할 때 더욱 분명합니다.[60] 수행을 해 보았다고 하면서도 마음의 불편함을 관찰해서 제거하지 못한다면 수행이 아직 자리 잡지 않았기 때문이라고, 자신에게 법 요소를 수용할 만한 힘이 아직 충분하지 않기 때문이라고 알아야 합니다.[61]

59 ㉻이와 관련해서 마하시 사야도의 수행스승이신 밍군 제따완 사야도의 일화가 있다. 밍군 제따완 사야도가 혼자 있을 때 많은 신도가 와서 결혼·가족·사업·정치 등 이런저런 얘기를 한 시간 동안 매우 시끄럽게 나눴다. 사야도는 가만히 듣고만 있었다. 신도들이 돌아간 뒤 도와주던 거사가 "사야도, 시끄럽지 않으셨습니까? 마음이 불편하지 않으셨습니까?"라고 여쭈었다. 사야도는 "아무렇지도 않았네"라고 말씀하셨다.

60 ㉻비유하면 쓰레기가 가득 찬 지저분한 방을 깨끗하게 치웠을 땐 눈이 시원하듯이 마음속에 번뇌가 없기 때문에 마음이 깨끗하고 시원하다.

61 ㉻수행 자체의 잘못이 아니다.

위험과 만났을 때 능력이 분명하다

Āpadāsu thāmo veditabbo.(A.i.507/A4:192)

대 역

Āpadāsu위험에서; 장애들에 이르렀을 때 thāmo능력을; 어떤 이의 힘과 능력을 veditabbo알 수 있다.

조건이 형성되기 전에는 어떤 사람이 "이 사람은 용기가 있다. 능력이 뛰어나다"라고 칭송을 받더라도 아직 확실하게 결정할 수 없습니다. 반대되는 여러 조건과 맞닥뜨렸을 때도 견딜 수 있어야 비로소 확실하게 결정할 수 있습니다.

세상에 여러 위험이나 장애가 없을 때는 "용기 있는 사람이다"라는 칭송을 받더라도 아직 장담할 수 없습니다. 실제로 위험이나 장애를 만났을 때 '그가 이기거나 내가 이기거나'라고 겨루면서 두려워하지 않고 과감하고 용기 있게 맞설 수 있어야 "진짜 용기 있는 사람이다"라고 확실하게 결정할 수 있습니다.

그와 마찬가지로 법의 측면에서도 "수행했기 때문에 법들을 충분히 갖췄다. 매우 적정하게 지낸다"라고 말하더라도 반대되는 여러 조건과 만나지 않았다면 아직 마음을 놓을 수 없습니다. 확실하게 적정하다고 결정할 수 없습니다. 반대되는 여러 조건이나 장애와 만났을 때 맞설 수 있어야 적정하다고 결정할 수 있습니다. 탐욕이 생겨날 만한 대상과 만나더라도 탐욕이 분명하게 생겨나지 않고, 성냄이 생겨날 만한 대상과 만나더라도 성냄이 분명하게 생겨나지 않고, 슬퍼할 만한 대상과 만나더라도 슬픔이 분명하게 생겨나지 않는다면 그런 사람에 대해 "참을 수 있는 힘과 용기가 있다"라고 칭송할 것입

니다.[62]

부처님의 가르침을 자기에게 조금 도달하게 하면 어떤 장애나 위험이 닥쳤을 때 조금만 맞설 수 있습니다. 많이 도달하게 하면 많이 맞설 수 있습니다. 전부 도달하게 하면 전부 맞설 수 있습니다. 여섯 문 중 어디에서 오든 모든 위험과 장애에 전부 맞설 수 있습니다.[63] 그래서 부처님의 가르침은 "opaneyyiko", 자기에게 도달하도록 실천할 만한 가르침입니다.

현자라면 각자 알 수 있는 가르침이다

부처님의 가르침은 또한 "paccattaṁ veditabbo viññūhi 현자들이라면 각자 알 수 있는" 가르침입니다. 스스로 실천해야만 자기 자신이 가질 수 있습니다. 다른 이가 실천한 것은 가질 수 없습니다. 자기가 실

62 ㉻부처님 당시 빠세나디Pasenadi 왕의 총사령관이었던 반둘라Bandula 장군이 32명의 아들과 함께 반란군을 토벌하러 나갔다가 돌아오는 길에 모함에 빠져 모두 죽었다. 마침 그날 반둘라 장군의 아내 말리까Mallikā는 두 상수제자와 500명의 비구를 집으로 초청해서 공양을 올리고 있었다. 그때 남편과 자식 모두가 죽었다는 편지가 도착했다. 말리까는 편지를 읽고는 그대로 접어서 호주머니에 넣고 그대로 공양을 올렸다. 그러다가 한 하인이 버터를 담은 항아리를 떨어뜨려 항아리가 산산조각이 났다. 사리뿟따 존자는 말리까에게 "부서지기 마련인 것은 부서지기 마련이니 마음에 두지 마십시오"라고 말했다. 그러자 말리까는 호주머니에 넣어 두었던 편지를 꺼내며 "방금 남편과 자식들이 모두 죽었다는 편지를 받고서도 신경 쓰지 않았는데 단지 항아리 하나 깨졌다고 신경 쓰겠습니까"라고 대답했다. 미리 부처님 법문을 듣고 법을 갖췄기 때문에 평온하게 지낼 수 있었다고 알아야 한다.(Dhp.47게 일화) 무념·응진 역, 『법구경 이야기』 제1권, pp.531~532 참조.

63 ㉻미얀마의 순륜 사야도는 다가오는 여러 위험과 장애, 혹은 괴로운 느낌을 잘 관찰해 나가면 수행이 진전되기 때문에 오히려 수행이 잘 돼 간다고 생각해야 하고, 반대로 좋은 상황이 계속되면 탐욕이 생길 수 있기 때문에 윤회에 헤맬 수도 있다고 생각해야 한다고 설하셨다. 이 내용을 "느끼기에 나쁘면 수행잘해 나가는것/ 느끼기에 좋으면 윤회윤전 헤매는 것"이라고 요약게송으로 표현했다.
혹은 지금 수행할 때는 힘들어도 그것으로 인해 다음 생에는 인간과 천상의 행복, 더 나아가 열반의 행복까지 누려서 편안해진다. 반대로 지금 수행하지 않고 편하게 지내면 그것으로 인해 다음 생에 사악도에 태어나서 괴로움을 겪는다. 이 내용을 "생고사행生苦死幸 생행사고生幸死苦"라고 표현할 수 있다.

천해 놓은 법을 다른 이에게 줄 수도 없습니다. 스승도 제자에게 줄 수 없습니다. 부모도 자식에게 줄 수 없고 자식도 부모에게 줄 수 없습니다. 가까운 이들끼리 서로 나누어 가질 수 없습니다.[64]

자기가 먹으면 자기만 배부르다

세간에서도 자신이 원하는 일을 이루기 위해선 자신이 직접 그 일을 해야 합니다. 밥을 먹는 일도 그렇습니다. 내가 밥을 먹으면 내 배가 부르지 다른 이의 배가 부르지 않습니다. 잠을 자는 일도 그렇습니다. 잠이 오면 내가 자야지 다른 이가 대신 잘 수 없습니다. 내가 잠을 자면 나의 수면이 보충되지 다른 이의 수면이 보충되지 않습니다. 내가 잠을 잤는데 다른 이의 수면이 보충되는 일은 없습니다. 이렇듯 내가 직접 할 일을 다른 이에게 대신 시킬 수 없습니다. 그와 마찬가지로 부처님의 가르침도 스스로 실천해야 자신에게 구족됩니다. 그래서 "paccattaṁ veditabbo viññūhi", 현자라면 각자 알 수 있는 가르침이라고 하는 것입니다. 이러한 "sandiṭṭhiko 스스로 보아 알 수 있는" 가르침 등의 덕목들이 분명하게 드러나도록 부처님께서 「뿌라베다숫따」에서 "purā bhedā 부서지기 전에; 몸이라는 집이 부서져 죽기 전에; 죽기 전 이생에서 vītataṇho hoti갈애에서 떠났습니다; 갈애가 소멸했습니다; 갈애가 없습니다"라는 구절을 시작으로 설하신 것입니다. 이어지는 여러 구절은 이 구절에 대해 자세히 설명한 것이라고 앞에서 언급했습니다. 의미가 중복된다고 생각하지 마십시오. 이어지는 구절들을 설명하겠습니다.

64 ㊉위빳사나 수행이 잘 돼서 믿음이 많이 생겨나면 '오, 이렇게 좋은 수행을 아버지에게도 권해야지. 어머니에게도 권해야지' 등으로 수행을 권유하려는 마음이 많이 생겨난다. 하지만 단지 수행방법만 전해줄 수 있을 뿐 삼매나 지혜를 직접 줄 수는 없다. 이렇게 권유하려는 마음도 빨리 관찰해야 한다.

앞부분을 의지하지 않아야 한다

둘째 구절에서 "pubbaṁ antaṁ앞의 부분을; 앞의 끝을 anissito ca hoti의지하지도 않습니다", '앞의 끝을 의지하지 않는다'라고 설하셨습니다. 'pubba anta 앞의 끝'이란 앞부분을 말합니다. 앞부분이란 생으로 말했을 때 지나간 이전의 생들을 말합니다. 하지만 세간 사람들 중 이전의 생들을 알 수 있는 이들은 드뭅니다. '환생자'라고도[65] 부르는, 전생을 아는 지혜jātissara ñāṇa가 있는 이들 몇몇, 숙명통pubbenivāsa abhiññāṇa을 가진 이들 몇몇 정도입니다. 대부분 사람들은 이전의 생을 알지 못하기 때문에 '앞부분'을 '이전의 생'으로 취한다면 "앞부분을 의지하지 않는다"라는 구절에 따라서는 실천할 것이 없게 될 것입니다. 따라서 앞의 끝, 앞부분이란 일반적으로 지금 현재를 시점으로 과거의 시간들을 모두 취해야 합니다. 다시 말해 지나간 여러 해, 여러 달, 여러 날, 여러 시간, 여러 분, 여러 초 모두가 앞의 끝, 앞부분인 것입니다. 지금 부처님께서 설하시고 있는 시간부터 거꾸로 돌이켜 아침이나 오후에 보고, 듣고, 알고, 경험한 모든 것이 '앞부분'입니다. 지금 말하고 있는 중에도 말하거나 듣기 전에 했던 모든 말은 '앞부분'이 됩니다. 지금 하고 있는 말, 듣고 있는 말이 현재입니다. 앞으로 말하거나 들을 말이 미래입니다. 여기서는 지나간 시간에 보고, 듣고, 경험하고, 알았던 것들을 '앞부분'이라고 말합니다. 그 앞부분에 해당하는 것들을 의지해서는 안 된다는 뜻입니다.

65 환생자라고 부르는 이유에 대해서는『아비담마 강설 2』, p.443 참조

갈애와 사견으로 의지하다

'의지한다'는 것은 갈애와 사견으로 의지하는 것을 말합니다. 갈애와 사견에 대해선 자주 설명해서 익숙하겠지만, 다시 한번 짚어보겠습니다. 설할 기회가 됐는데도 설하지 않고 내버려 두면 그 부분에 공백이 생길 것입니다. 여기서는 '의지하는 성품'으로서의 갈애와 사견에 대해 설명하겠습니다.

부처님께서 설하신 가르침에서 '의지한다'라고 하면 그것은 '갈애와 사견'일 뿐입니다. 이 두 가지 법만을 대상으로 'nissito 의지하고서', 'anissito 의지하지 않고서', 'nissāya 의지하고', 'anissāya 의지하지 않고'[66] 등으로 부처님께서는 설하셨습니다. 맞습니다. 어떤 대상을 즐기고 좋아하고 있으면 그 대상을 갈애로 의지하는 것입니다. 잘못된 견해로 집착하고 있으면 그 대상을 사견으로 놓아버리지 않고 집착해서 의지하는 것입니다.

과거의 여러 대상에 대해 돌이켜 좋아하고 있으면 '갈애로 의지하고 있다'라고 말합니다. 예를 들어 벽에 기대어 앉아 있으면 벽에 의지하고 있는 것입니다. 벽에 힘을 주어 의지하고 있는 것입니다. 기둥에 기대어 앉아 있으면 기둥에 의지하고 있는 것입니다. 기둥에 힘을 주어 앉아 있는 것입니다. 땅 위에 앉아 있으면 땅에 의지하고 있는 것입니다. 바닥 위에 앉아 있으면 바닥에 의지하고 있는 것입니다.

그와 마찬가지로 갈애도 과거에 경험해 본 대상들을 거듭 반조하여 좋아하고 즐기며 의지하고 있습니다. 과거에 본 형색들, 들은 소리들, 맡은 냄새들, 닿은 감촉들을 돌이켜 생각하면서 좋아하고 즐기는 것은

66 저본에는 'anissito'가 중복됐으나 문맥상 'anissāya'로(A.i.95) 표현했다.

모두 갈애로 의지하는 것입니다. 과거 생을 알 수 있는 이들이 과거 생에서 경험한 여러 일을 돌이켜 회상하면서 좋아하고 즐기는 것도 갈애로 의지하는 것입니다. 다만 과거 생의 여러 일을 기억하는 사람들이 많지는 않습니다.[67]

하지만 「뿌라베다숫따」는 천신과 범천들의 큰 모임mahāsamaya에서 설하신 경이기 때문에 그 당시 천신과 범천들은 과거 생들을 능히 알 수 있었을 것입니다. 그렇게 과거 생들을 알 수 있는 이들이 자신의 과거 생들을 회상하면서 즐긴다면 그것이 갈애로 의지하는 것입니다. 일반인들은 과거 생은커녕 현생에서 서너 살 때의 일을 기억하는 것도 어렵습니다. 만일 기억한다 해도 너무 어릴 때라 그때 경험한 여러 가지는 좋아하고 애착할 만한 정도가 되지 않을 것입니다. 중요한 점은 어느 정도 나이가 들었을 때 경험한 여러 가지는 돌이켜 회상할 수도 있고, 그 대상을 집착할 만한 것으로 생각하기도 한다는 사실입니다. 어떤 것들을 회상하며 좋아할까요? 과거에 지내던 장소들, 먹던 음식들, 사용하던 물건들, 어울리던 지인들, 즐기던 일들, 가고 오고 행하고 생각하던 것들, 이러한 것들입니다. 그러한 것들을 돌이켜 생각하며 좋아하고 집착합니다. 가끔은 굳이 회상하지 않아도 과거에 즐기던 것들이 생각 속에 저절로 드러나기도 합니다. 이렇게 과거의 것들을 회상하며 좋아하고 즐기는 것이 '앞부분을 의지하는 것'입니다. 앞부분을 의지하지 말라는 것은 이렇게 앞부분인 과거를 의지하며 지내면 안 된다는 뜻입니다.

67 ㉻사람의 생에서 신체적·정신적 힘이 좋을 때 무기나 사고로 갑자기 죽은 후 다음 생에 병이 없는 모친의 깨끗한 태에 들어가서 태어난 이는 전생을 기억할 수 있다. 너무 늙어 완전히 혼미한 채로 죽은 경우에는 전생을 기억하지 못한다. 『아비담마 강설 2』, pp.443~444 참조.

첫째 구절에서 설명한 대로 갈애가 없으면 갈애로 의지하는 일도 없을 것입니다. 그렇다면 "앞부분을 의지하면 안 된다"라는 구절이 사족이 될 수도 있습니다. 하지만 "갈애가 없다"라는 첫째 구절은 간략한 표현입니다. 간략한 표현만으로는 이해할 수 없는 이들을 위해 다시 "앞부분을 의지하지 마라" 등으로 자세하게 설하신 것입니다.

"앞부분을 의지하지 마라"라는 가르침은 노력하고 있는 수행자들에게 더욱 중요합니다. 수행 중에 과거의 여러 상황을 회상하며 즐기고 있으면 앞부분을 의지하는 것입니다. 그렇게 의지하면 안 됩니다.[68] 그러한 현상이 생겨나면 관찰해서 즉시 제거해야 합니다. 과거에 본 것들을 돌이켜 생각하면 그것을 관찰해서 제거해야 합니다. 들은 것들, 누린 것들, 즐긴 것들, 그러한 것들을 돌이켜 생각하면 즉시 관찰해서 제거해야 합니다. 과거의 대상들이 마음속에 드러났을 때 즉시 관찰할 수 있으면 즐김과 좋아함이라는 의지가 생겨날 수조차 없습니다. 의지함이 완전히 사라져 버립니다.

"과거에 생겨난 것들"이라고 했지만 여기에는 그리 멀지 않은 과거도 해당됩니다. 어제의 일들도 해당됩니다. 불과 몇 시간, 몇 분, 몇 초 전에 보거나 듣거나 경험했던 것들도 모두 해당됩니다. 가까운 과거의 일들은 전생이나 먼 과거보다 분명하기 때문에 더욱 주의해야 합니다. 그제, 어제, 오늘 오전, 오늘 오후, 몇 분 혹은 몇 초 전에 경험한 현상들은 구태여 회상하지 않아도 생각 속에 저절로 드러나곤 합니다. 그래서 가까운 과거의 대상일수록 더욱 주의해야 합니다. 가까운 과거의 대상들이 드러날 때마다 계속 관찰해서 제거해야 합니다. 이것이 갈애로

68 저본에서는 "그런 의지가 있게 해서는 안 된다"라고 표현했다.

의지하는 것을 제거하는 모습입니다.

사견으로 의지하는 것도 이와 마찬가지입니다. 일반인들은 '과거에 보아서 아는 것, 들어서 아는 것, 경험해서 아는 것이 나다'라고, '보이는 것, 들리는 것, 알게 된 것이 누구다. 개인이다. 중생이다' 등으로[69] 어떤 중생으로 돌이켜 생각합니다. 그렇게 실체가 있는 어떤 중생으로 생각하고 반조하는 것이 사견으로 의지하는 것입니다. 어떤 사견으로 의지할까요? 존재더미사견sakkāyadiṭṭhi이나 자아사견attadiṭṭhi으로 돌이켜 생각하는 것입니다. 그렇게 생각하는 것도 관찰해서 제거해야 합니다.[70] 그래서 요약게송에 '죽기전에 갈애없어 전불의지前不依支'라고 표현했습니다.[71] '전불의지前不依支'의 원래 의미는 과거에 대해 의지하지 말라는, 과거의 부분을 의지하지 말라는 뜻입니다.

---

69 앞에서는 주체를, 뒤에서는 대상을 표현했다.

70 (한)관찰해서 제거하지 않으면 생겨날 수 있는 허물을 『마가데와』에서 다음과 같이 요약게송으로 표현했다.

진리몰라 사견가진 어리석은 눈먼범부
사람륜왕 천신제석 정점범천 되더라도
무더기멸 선업끊겨 확실히 악처떨어져

'진리몰라', 네 가지 진리를 몰라서 '사견가진', 존재더미사견을 제거하지 못한 '어리석은 눈먼범부', 눈먼 어리석은 범부는 '사람륜왕', 사람으로 제일 높다고 할 수 있는 전륜성왕으로 태어나더라도 '천신제석', 욕계 천신으로 제일 높은 제석천왕으로 태어나더라도 '정점범천 되더라도', 탄생지 중 정점이라고 할 수 있는 비상비비상처천에 범천으로 태어나더라도 '무더기멸', 물질·정신 무더기가 소멸했을 때 '선업끊겨', 그리고 선업이 끊겼을 때 '확실히 악처떨어져', 언제든지 악처에 떨어질 수 있다. 존재더미사견이 없어지기 전까지 안심하면 안 된다.

비슷한 내용으로 한린 사야도의 요약게송이 있다.

위빳사나 수행않아 명색못봐 사견가진
눈먼범부 악처헤매 멀다네 열반행복과

위빳사나 수행을 하지 않아서 물질·정신의 실제 성품을 보지 못하고 '나다. 누구다'라는 존재더미사견을 가진 눈먼 범부들은 악처에서 주로 헤맨다. 열반의 행복과는 매우 거리가 멀다.

위빳사나 수행하면 명색보고 사견없애
혜안갖춘 참사람들 가깝네 열반행복과

반대로 위빳사나 수행을 실천하면 물질·정신의 실제 성품을 보아 '나다. 누구다'라는 존재더미사견을 없앤다. 그런 지혜의 눈을 갖춘 참사람들은 악처에서 떠나 열반의 행복과 가깝다.

71 미얀마어 요약게송의 표현과 관련된 설명은 생략했다.

여기에서 앞부분이라고 하는 것은 지나가 버린 과거의 시간에 생멸하고 경험했던 여러 가지를 말합니다. "그런 앞부분의 여러 가지를 돌이켜 생각하면서 갈애로 좋아하며 지내면 안 된다. 그렇게 좋아하며 반조하는 마음이 생겨나면 즉시 관찰해서 제거해야 한다"라는 뜻입니다. 관찰해서 제거하는 이 방법은 매우 훌륭합니다. 수행을 해 본 적이 있는 수행자라면 이러한 수행방법이 매우 드물다는 것을 알 수 있습니다. 드러나는 마음들을 새기면 그러한 마음들이 사라져 가는 것을 경험할 수 있습니다.[72] 그래서 '그러한 마음들은 과거에 있었던 것이 아니다. 바로 지금 생겨나서 바로 지금 사라져 버리기 때문에 무상하다. 영원하지 않은 법이다'라고 분명하게 알 수 있습니다. '어떤 개인이나 중생이 아니라 각각의 성품에 따라 생멸하는 성품법일 뿐이다'라고도 분명하게 알 수 있습니다. 이렇게 알기 때문에 즐기고 좋아하는 갈애가 생겨날 수 없습니다. '나'라거나 '중생'이라고 생각하는 사견도 생겨날 수 없습니다. 따라서 이렇게 관찰하는 것은 과거를 의지해서 생겨나는 갈애와 사견을 제거하는 매우 좋은 방법입니다. 과거 부분과 관련돼 생겨나는 모든 생각을 이러한 방법대로 관찰해서 제거해야 합니다.

이렇게 관찰해서 제거해 가다보면 마지막에는 아라한 도와 과에 도달하게 될 것입니다. 아라한 도와 과에 도달하면 앞부분을 의지하는 갈애와 사견이 완전히 없어집니다. 따라서 이렇게 갈애와 사견이 완전히 없어지도록 범부일 때부터 실천해야 합니다. 그렇게 실천하지 않으면 갈애와 사견을 제거할 수 없습니다. 범부일 때부터 실천해서 위빳사나 지혜들이 구족되면 수다원도에 이르러 수다원이 됩니다. 그때 사견과

72 ㊥수행의 단계가 매우 향상됐을 때는 망상이 잘 생겨나지 않고, 생겨나더라도 즉시 관찰하면 '내가 방금 어떤 망상을 했는가'라는 생각조차 알 수 없을 정도로 완전히 사라진다.

사악도에 떨어지게 하는 갈애라는 의지가 사라집니다.[73] 수다원이 된 다음에 계속 위빳사나를 실천하면 사다함이 됩니다. 사다함이 된 다음에 계속 위빳사나를 실천하면 아나함이 됩니다. 아나함이 되면 감각욕망과 관련해 의지하는 것이 완전히 제거됩니다. 아나함이 된 다음에 계속 위빳사나를 실천하면 아라한이 됩니다. 아라한이 되면 의지하는 것이 모두 사라집니다.

여기에서 자만으로 의지하는 것에 대해 잠시 설명하겠습니다. 방금 설명한 대로 사견으로 의지하는 것은 수다원도에 도달할 때 제거됩니다. 하지만 수다원이나 사다함에게도[74] '나'라고 우쭐대는 자만은 조금 남아 있습니다. '자아라는 실체가 진실로 존재한다'라고 집착하지는 않지만, 자만이 생기는 모습은 사견이 생기는 모습과 어느 정도 비슷합니다. '자아'인 듯, '나'인 듯, 자만이 우쭐대며 생겨나기도 합니다. 이러한 자만은 사견을 대체하듯이 생겨나는 성품이 있기 때문에 '나라는 자만asmimāna', '사견자만diṭṭhimāna'이라고 부르기도 합니다. 수다원·사다함·아나함의 위빳사나와 위 단계의 도 세 가지가 이 사견자만이라는 의지함도 (각각 해당하는 만큼)[75] 제거합니

73 ㊞위사카 부인은 7세에 수다원이 돼서 16세에 결혼을 했다. 아들딸을 각각 10명씩 모두 20명의 자식을 두었고, 그 자식들도 다시 아들딸을 각각 10명씩 낳아 손주가 모두 400명이었다. 손주들도 아들딸을 각각 10명씩 낳아 증손주가 모두 8천 명이었다. 위사카 부인과 손녀들, 증손녀들이 같이 가면 누가 위사카 부인인지 모를 정도로 용모가 그대로 유지됐다고 한다.(DhpA. i.256/Dhp.53게 일화;『법구경 이야기』 제1권, pp.586~587 참조) 위사카 부인은 사악도에 떨어지게 하는 갈애라는 의지가 사라진 수다원이었기 때문에 죽은 뒤 화락천에 천왕비로 태어났다.

74 아나함도 포함된다.

75 '위 단계의 도 세 가지'란 사다함도, 아나함도, 아라한도를 말한다. 수다원·사다함·아나함이 관찰할 때 각각 해당하는 만큼 '나'라는 자만을 부분제거로 제거한다. '나'라는 자만은 사악도에 떨어지게 하는 불선법은 아니어서 수다원도가 해당하는 만큼 근절제거한다고 말할 수 없다. 사다함도와 아나함도는 각각 해당하는 만큼 '나'라는 자만을 근절제거하고 아라한도가 남김없이 제거한다.

다.[76] 아라한 도와 과에 이르러 아라한이 되면 갈애·사견·자만이라는 의지함이 완전히 없어집니다.[77] 이렇게 앞부분과 관련해서 생겨나는 의지함이 완전히 없어지도록 실천하게 하려는 목적으로 "pubbaṁ antaṁ앞의 부분을; 앞의 끝을 anissito ca hoti의지하지도 않습니다"라고 설하신 것입니다.

나중도 기대하지 않아야 한다

"전불의지(前不依支) 후불기대(後不期待)"라는 요약게송에 따라 앞부분을 의지하지 않는 모습을 설명했고 이제 나중을 기대하지 않는 모습을 설명하겠습니다. 게송에서는 넷째 구절입니다.[78]

Tassa natthi purakkhataṁ.(Sn.856게)

대 역

Tassa그에게는 purakkhataṁ나중을 내다봄이; 나중을 기대하며 고대함이 natthi없습니다.

여기서 '내다본다'는 자신이 가야 할 길 쪽으로 시선을 두는 것을 말합니다. 기차 여행을 한다면 '기차역에 어떻게 갈 것이다. 표를 어떻게

76 ㉾자만에는 수승자만·동등자만·열등자만으로 세 종류가 있다. 수승한 이가 수승하다고 생각하는 자만 등을 사실자만, 수승한 이가 동등하다거나 열등하다고 생각하는 자만 등을 비사실자만이라고 한다. 수다원도는 비사실자만을 완전히 제거한다. 하지만 수다원, 사다함, 아나함에게도 '나는 수다원이다. 사악도의 문이 닫혔다' 등으로 생각하는 사실자만은 남아 있다. 『아비담마 강설 2』, p.330 참조.

77 저본의 표현을 따랐다. 사견은 수다원에서 이미 없어졌다.

78 저본에서 셋째 구절은 넷째 구절 다음에 설명했다.

끊을 것이다. 자리를 어떻게 찾아 앉을 것이다' 등으로 원활한 여정이 되도록 미리미리 숙고해 두어야 합니다. '목적지에 도착했을 때는 누구와 만날 것이다. 어디로 갈 것이다. 어떤 일을 할 것이다' 등으로 미리 계획해 두어야 합니다. 이것이 바로 여행과 관련된 'purakkhataṁ 나중을 내다봄'입니다.

이 가르침에서도 그와 마찬가지입니다. 중생들은 윤회의 여정을 계속해 나가기 때문에[79] 이생에서 죽고 난 후 다음 생에서 자신이 바라는 것들을 미리 내다보며 기대하고 고대합니다. 인간 세상에 태어난다면 왕으로, 거부장자로, 상류층으로 태어나길 기대합니다. '용모가 훌륭하기를. 재산이 많기를. 거느리는 사람이 많기를' 등으로 기대하고 고대합니다. 천상 세상에 태어난다면 '위력이 큰 천신으로 태어나기를' 등으로 기대하고 고대합니다.[80] 지금 현재 생에서도 '장수하기를. 여러 위험이 없기를. 재산이 늘어나기를. 대중이 많기를' 등으로 기대하고 고대합니다. 이러한 것들이 '내다보며 기대하는 것'입니다.

'내다본다'는 것은 뒤쪽으로 돌이켜 보는 것이 아닙니다. 훗날의 여행에서 생겨나고 겪을 수 있는 여러 일과 관련해 기대하는 성품입니다. 미래의 여러 일과 관련해 기대하는 성품입니다. 그 미래를 '나중의 시간'이라고도 말합니다. 과거의 시간을 대상으로 하는 것은 '전불의지(前不依支)'라고 표현했고, 미래와 관련해서는 '후불기대(後不期待)'라고 표현했습니다. '후'라

79 (한)중생들은 윤회 여행에 방랑하고 있는 '윤회 여행자, 윤회 방랑자'라고 할 수 있다.

80 (한)「뻬따왓투Petavatthu」에 작은 공덕으로도 큰 영화를 갖춘 천자·천녀로 태어난 일화가 소개돼 있다.(Vv.10 등; 전재성 역주, 『자타카전서』, pp.1273~1274 참조) 「담마빠다」에는 진실을 말하는 것, 화를 내지 않는 것, 조금이라도 보시하는 것이라는 세 가지로 천상에 태어날 수 있다는 내용이 나온다.(Dhp.224게 일화) 옛날 스리랑카에서는 탁발하러 온 스님에게 공양 올릴 게 없으면 꽃 한 송이, 혹은 작은 고추 하나라도 올렸다고 한다.

는 것은 나중, 훗날, 미래의 일을 말합니다. 이러한 나중을 기대하거나 생각하고 고대하면서 지내지 말아야 합니다. 그렇게 나중을 생각하거나 기대하면 그것을 관찰해서 제거해야 합니다.[81]

이것도 수행에 열심히 전념하고 있는 수행자들에게 해당되는 말입니다. 수행하지 않고 집에서 그냥저냥 지내는 이들, 세속 일을 하는 이들은 이러한 계획이나 기대를 관찰하지 못합니다. 계획이나 기대를 관찰하며 지낸다면 세간의 일들을 제대로 할 수 없습니다.[82] 이것은 수행하는 중일 때 중요합니다.[83] 몇 시간이든 며칠이든 끊임없이 노력하고 있을 때는 관찰하는 것만이 수행자의 일입니다. 따라서 나중의 일을 생각하거나 계획하면 그것을 관찰해야 합니다.[84]

관찰할 대상은 매우 많습니다. 나중의 일을 생각한다면 그 생각하는 성품, 바라는 생각을 관찰해야 합니다. 이번 생 안에서 무엇인가 얻기를 바랍니다. 원하는 대로 이루어지기를 계획하고 기대합니다. 직접 행하고 실천한 계 등을 토대로 '사람의 행복이 생기기를, 천상의 행복이 생기기를' 등으로 계획하고 바랍니다. 이러한 계획이나 바람이 생겨나면 관찰해서 제거해야 합니다. 출가자라면 실천의 가르침paṭipatti sāsana을 전법하려고 계획하기도 합니다. 이것은 물론 좋은 계획입니다. 하

81 ㊞기대하면 〈기대한다〉, 어떻게 되려 하면 〈되려 한다〉, 얻으려 하면 〈얻으려 한다〉, 바라면 〈바란다〉 등으로 관찰해야 한다.

82 ㊞예를 들어 청소를 해야 할 때 〈하려 한다〉라고 관찰하면 청소하려는 의도가 없어지기 때문에 청소하는 동작이 이어서 생겨나지 않고 가만히 멈춰 있게 된다. 설거지를 해야 할 때 〈하려 한다〉라고 관찰하면 설거지를 하는 동작이 이어서 생겨나지 않고 가만히 멈춰 있게 된다. 운전할 때도 운전에 집중해야 한다. 어떤 수행자는 신호등에 멈춰 있다가 빨간불을 보고 〈본다, 본다〉라고 관찰하다가 파란불로 바뀌었는데 그대로 운전하지 않고 보고만 있었다고 한다.

83 ㊞이와 반대로 하는 경우가 많다. 수행할 때는 미래에 대해 망상을 하면서 수행을 놓치고, 정작 회사에서 업무를 볼 때는 관찰한답시고 중요한 일을 놓치는 경우가 있다.

84 ㊞수행할 때 수행자에게는 수행하는 하나의 일만 있다. 끊임없이 관찰하는 것 하나만이 수행자의 일이다.

지만 이런 계획도 오랜 시간 지속되면 관찰하는 수행의 일이 무너집니다. 삼매와 지혜가 생겨나지 않고 무너집니다. 그래서 지혜가 향상되지 않기도 합니다. 따라서 그러한 좋은 계획이나 생각들도 관찰해서 제거해야 합니다. 어떤 때는 삼매와 지혜가 향상되기를 바라면서 계획하기도 합니다. 이것도 너무 지나치다면 관찰해서 제거해야 합니다. 그러한 계획이나 생각들도 관찰해서 제거해야 합니다.[85]

이렇게 나중의 일을 계획하는 것이나 바라는 것을 모두 관찰해서 제거해 나가면 위빳사나 지혜들이 차례로 향상돼 성스러운 도와 과에 도달하게 될 것입니다.[86] 아라한 도와 과에 이르러 아라한이 되면 그렇게 나중과 관련해 기대하고 바라는 것들이 완전히 없어질 것입니다.[87] 아라한에게는 나중의 생에 대해 바라고 애착하는 갈애가 전혀 없기 때문에 완전열반의 임종 다음에 새로운 생의 물질·정신 무더기가 전혀 생겨나지 않고 완전히 적멸해 버립니다. 범부나 수련자들은 바라고 애착하는 갈애가 아직 남아 있기 때문에 임종 즈음에 드러나는 업이나

85 ㉻수행이 잘 되어 마음이 깨끗해지고 여러 가지 법의 맛을 경험하게 되면 깨끗한 마음을 바탕으로 수행지도 스승에 대한 믿음이 많이 생겨난다. 하지만 믿음이 지나쳐서 수행 도중에 '이렇게 좋은 수행을 나 혼자만 할 수 없다. 아버지에게 권유하리라. 어머니에게 권유하리라. 어느 가족, 어느 친구에게 권유하리라' 등으로 마음속으로 권유하면서 시간을 보내기도 한다. 그러면 수행이 끊어지기 때문에 그런 생각도 빨리 관찰해서 제거해야 한다.

86 ㉻수행자에게는 관찰하는 일, 하나만 있다. 수행자가 자신의 일인 관찰만 계속 이어나간다면 위빳사나 지혜는 저절로 향상된다. 위빳사나 지혜가 향상되는 것, 도와 과에 도달하는 것은 법의 일이다. 수행자의 일과 법의 일, 이 두 가지를 구분해야 한다. 수행자는 수행자의 일만 해야 한다. '왜 수행이 향상되지 않는가?'라고 따지면 법의 일에 간섭하는 것이고, 그러면 법도 '이 수행자는 내가 하는 일에 간섭한다. 잘 보여주지 않겠다'라고 하면서 수행이 향상되지 않는다.

87 ㉻미래에 대한 기대가 완전히 없어지는 것은 제일 높은 단계인 아라한이 될 때다. 수다원 · 사다함 · 아나함이 될 때도 적당한 만큼씩 미래에 대한 기대가 없어진다. 예를 들어 수다원의 경우에는 다음에 윤회할 때 사악도에는 전혀 태어나지 않고 선처에도 일곱 생까지만 태어나기 때문에 '나는 더 이상 사악도에는 태어나지 않을 것이다. 천상에 태어나서 행복하게 지낼 것이다'라는 정도의 기대는 남을 수 있다. 하지만 '인간이나 천신으로 태어나도 윤회의 고통이 이어지기 때문에 서둘러 수행하리라'라고 경각심을 일으켜 사다함, 아나함, 아라한까지 계속 수행하는 경우도 많다.

업 표상, 거취 표상이라는[88] 대상들 중 어느 하나를 버리지 못한 채 집착하고 애착합니다. 그래서 임종 바로 다음에 그 대상만을 대상으로 재생연결하여 새로운 무더기가 생겨납니다. 이렇게 새로운 생, 새로운 무더기가 생겨나기 때문에 늙어야 하고, 병들어야 하고, 죽어야 하는 등 여러 고통을 겪게 하는 길이 열립니다.[89] 따라서 이러한 고통들에 도달하지 않도록 '전불의지(前不依支) 후불기대(後不期待)'라는 표현 그대로 이미 지나가버린 과거에 생겼거나 경험했던 것을 돌이켜 생각하지 말고, 나중에 생기거나 경험할 것도 기대하지 말고, 모두 관찰해서 제거해야 한다는 뜻입니다.

중간 부분에도 헤아려지지 않아야 한다

셋째 구절에서는 다음과 같이 설하셨습니다.

Vemajjhe nupasaṅkheyyo.(Sn.856게)

대 역

Vemajjhe중간 부분에; 현재 법 무더기에 nupasaṅkheyyo hoti=na upasaṅkheyyo hoti헤아려지지 않습니다; 헤아릴 수 없습니다; 애착하는 이 등으로 불리지 않습니다.

88 ㉻예를 들어 업이란 직접 보시하는 것처럼, 직접 살생을 하는 것처럼 드러나는 것이다. 업 표상이란 보시와 관련된 보시물이나 보시를 받는 사람, 혹은 살생과 관련된 칼 등이 드러나는 것이다. 거취 표상이란 어머니의 탯속, 천상의 궁전, 지옥의 불길 등이 드러나는 것이다.

89 ㉻다시 태어나는 곳이 인간 세상이나 천상 세상이면 지옥에 태어나는 것보다는 좋을 것이다. 하지만 인간 세상에 태어나더라도 늙고 병들고 죽어야 한다. 천상에 태어나더라도 마지막 임종 즈음에는 매우 심한 근심이 생겨난다. 그래서 미얀마에서는 '천상 세상이나 인간 세상은 좋긴 좋은데 좋지 않다'라고 말한다. 수행자들도 위빳사나 수행을 시작해서 어느 정도 낮은 단계의 지혜를 경험했을 때는 '이 정도면 충분하다. 도리천에 태어나면 행복할 것이다'라고 기대하지만 염오의 지혜 등 높은 단계의 지혜가 생겨날 때는 '천상에 태어나더라도 죽어야 한다. 모두 괴로움이다. 모든 괴로움이 사라진 법을 얻으면 좋으리라'라고 생각하게 된다.

'중간 부분에서 헤아려지지 않는 상태에 도달해야 한다'라는 뜻입니다. 어떻게 헤아려지지 않는 것일까요? '누구다'라고 헤아려지지 않도록, '이 사람은 애착하는 이다. 즐기는 이다'라고도 헤아려지지 않도록, '이 사람은 어리석음이 생겨나고 있는 이다. 알지 못하는 이다. 유능하지 않은 이다'라고도 헤아려지지 않도록, '이 사람은 자만이 큰 이다. 뽐내는 이다'라고도 헤아려지지 않도록, '이 사람은 의심이 많은 이다. 들뜸이 많은 이다. 번뇌가 많은 이다. 화가 많은 이다'라고도 헤아려지지 않도록, '이 사람은 새로운 생에 태어날 존재다. 새로운 생을 얻을 존재다. 지옥·축생·아귀에 태어날 존재다. 사람으로 태어날 존재다. 천상에 태어날 존재다'라고도 헤아려지지 않도록 해야 한다는 뜻입니다. 그렇게 헤아려지지 않을 만한 상태, 불리지 않을 만한 상태에 도달하도록 노력하라는 뜻입니다.

'앞부분을 의지하지 마라. 나중 부분을 기대하지도 마라'라는 구절은 과거 부처님 당시에 사용했던 표현입니다. 요즘 시대에는 쓰지 않는, 이해하기 쉽지 않은 표현입니다. 또한 과거라 하더라도 이 경은 일반인들이 아닌, 깨달음기질을 가진 이들을 위한 법문입니다. 따라서 지혜가 특별한 이들이라야 쉽게 이해할 수 있습니다. 특히 "nupasaṅkheyyo 헤아려지지 않습니다"라는 구절은 의미가 더욱 깊습니다. 이 내용은 좀 더 자세히 설명하겠습니다.

"Vemajjhe중간 부분에 nupasaṅkheyyo hoti=na upasaṅkheyyo hoti헤아려지지 않습니다"라는 구절에서 '중간 부분'이란 바로 지금, 볼 때, 들을 때, 맡을 때, 먹을 때, 닿을 때, 알 때, 이렇게 여섯 문에서 드러나는 성품법을 말합니다. 그러한 중간 부분의 여러 성품 대상과 관련해서 '애착하는 이, 화내는 이'라는 등으로 헤아려지지 말고 불리지 말라는 뜻입니다. 보이는 형색을 좋아하고 애착하면 '애착하는 이'라고 불릴 것입니다. 들리는 소리를 좋아하고 애착해도 '애착하는 이'라고 불릴 것입니다. 보이는 형색과 관련해 화를 내면 '화를 내는 이'라고 불릴 것입니다. 들리는 소리, 닿아지는 여러 감촉과 관련해 화를 내더라도 '화를 내는 이'라고 불릴 것입니다. 보이고 들리고 경험되고 알아지는 대상들을 사실대로 알지 못하면 '어리석음이 생겨나고 있는 이'라고 불릴 것입니다.

그와 마찬가지로 보이고 들리고 경험되고 알아지는 대상들과 관련해 덕목을 자랑하거나 뽐내면 '오만한 이, 거만한 이'라고 불릴 것입니다. 보이는 것을 '나다. 내가 본다' 등으로 생각하면 '사견이 생겨나고 있는 이'라고 불릴 것입니다. 보이고 들리는 등의 대상과 관련해 불선법들이 생겨나고 있으면, 혹은 관찰하지 않아서 불선법들이 생겨날 기회를 주고 있으면 '사악도에 태어날 이'라고 불릴 것입니다. 선법들이 생겨나고 있으면, 또는 선법들이 생겨날 기회를 주고 있으면 '사람으로 태어날 이, 천상에 태어날 이'라고 불릴 것입니다. 이렇게 불리지 않도록, 불리기에 적당하지 않도록, '등록되지 않도록' 노력해야 한다는 뜻입니다. 등록되지 않도록 어떻게 노력해야 할까요? 관찰해야 합니다. 어떠한 것들을 관찰해야 할까요? 볼 때마다, 들을 때마다, 경험할 때마다, 알 때마다 여섯 문에서 드러나는 모든 물질·정신 법들을 사실대로 바르게 알도록 관찰해야 합니다. 이렇게 관찰해서 '물질과 정신일 뿐이다. 생겨나는 모든 것은 즉시 사라져 버린다. 무상·고·무아인 성품일 뿐이다'라고 사실대로 바르게 알게 되면 바라고 좋아할 만한 점이 드러나지 않습니다. 좋아함도 생겨나지 못합니다. 보이고 들리고 경험되고 알아지는 대상들과 관련해 마음속에 사진을 찍어놓듯 집착해서 남겨두지 않습니다. 만약 반대로 좋아함이 생겨나서 마음속에 사진을 찍어놓

듯 집착해서 남겨둔다면, 그렇게 남겨둔 대상들을 돌이켜 생각해서 좋아할 만한 것이라면 좋아함이나 즐김이 거듭 생겨날 수 있습니다. 그렇게 즐김과 성냄이 생겨나는 모습은 이미 설명했습니다. 그중 성냄이 생겨나는 모습을 「마호사다자따까Mahosadhajātaka」 일화를 통해 조금 더 설명하겠습니다.(J546)[90]

께왓따 바라문의 계획

과거 쭐라니Cūḷanī 브라흐마닷따Brahmadatta 왕이 깜삘라Kampila 왕국을 다스리고 있었습니다. 왕에게는 여러 가지 일에 대해 조언을 해 주는 께왓따Kevaṭṭa 바라문이 있었습니다. 어느 날 께왓따 바라문은 왕에게 "왕이시여, 제가 말씀드린 대로 하시면 이 남섬부주 전체를 다스리는 제왕이 될 것입니다"라고 알려 주었습니다. "어떻게 해야 하는가?"라고 왕이 묻자 "그리 어렵지 않습니다. 왕께서 거느린 군사력을 동원해 힘이 약한 이웃 나라부터 정복하면 됩니다"라고 계획을 아뢰었습니다.

께왓따 바라문의 말 대로, 힘이 센 나라가 약한 나라를 정복하는 것은 쉽습니다. 강력한 군사력으로 위협하면 됩니다. "만약 그대들이 항복한다면 그대들의 나라를 그대들에게 일임하겠다. 대신 그대들은 나에게 복종해야 한다"라고 위협하면 힘이 약한 나라들은 두려워서 항복할 것입니다. 이렇게 힘이 약한 여러 소국을 정복해 나가다가 어느 정도 정복했다 싶으면 다음에는 힘이 센 나라들도 같은 방법으로 압박해 나갑니다. 그렇게 압박해 나가면 그 나라들도 앞서 정복한 소국들처럼 따르게 됩니다. 그래서 바라문은 "이러한 방법대로 전역을 돌며 병합

90 『자타카전서』, pp.2582~2594 참조.

시켜야 합니다"라고 왕에게 아뢰었던 것입니다.

께왓따 바라문은 지혜가 나쁜 이가 아니었습니다. 지혜가 어느 정도 있었습니다. 계획을 잘 세우는 것도 힘이 있어야 합니다. 힘이 없으면 계획하기가 쉽지 않습니다. 지금 시대에도 제국주의 성향이 강한 국가들은 그러한 계획 아래 영토를 확장하려 합니다. 당시 브라흐마닷따 왕도 께왓따의 책략에 따라 영토를 확장해 나갔고, 결국 영토 전쟁에서 승리했습니다. 예나 지금이나 강대국이 강력한 군사력을 동원해서 위협하면 작은 나라들은 조공을 바치거나 항복하기 마련입니다. 항복하지 않으면 계속 두려움에 떨며 고통을 겪을 것이기 때문입니다. 브라흐마닷따 왕도 이러한 방법으로 작은 나라들은 물론이고 제법 큰 나라들까지 정복해 나갔습니다.

이렇게 왕국을 넓혀가다 마호사다가 사는 위데하Videha에 이르렀습니다. 위데하는 인도의 중부, 마가다Māgadha 왕국의 북쪽, 강가 강의 북쪽에 있던 나라로, 그리 크지는 않았습니다. 과거에 16대국으로 불리던 나라들도 지금 기준으로는 그리 큰 나라들이 아닙니다. 한 나라가 보통 미얀마 정도였으며, 그보다 작은 나라들도 있었습니다. 하지만 영토가 넓은 나라들은 매우 넓었습니다. 당시 위데하는 그리 크지 않은 나라였지만, 마호사다가 있어서 께왓따는 선뜻 정벌에 나서지 못하고 미뤄두고 있었습니다. 그러다가 다른 나라들을 전부 병합하고 나서 더 강력한 나라가 되자 마침내 위데하를 침략했습니다.

문헌에는 께왓따 바라문이 이끄는 군대가 위데하를 침략했을 때, 위데하를 둘러싼 께왓따 바라문의 군인 수가 18악코비니akkhobhiṇī[91]

91 1악코비니는 10의 42제곱이다.

였다고 기록돼 있습니다. 문헌대로라면 매우 크고 두려워할 만한 규모입니다. 당시에는 칼이나 활, 창 같은 무기들로 전쟁을 벌였습니다. 요즘처럼 총이나 폭탄, 핵무기 같은 대량살상무기들이 없던 시대라 군인 수가 많은 쪽이 보통은 이겼습니다. 께왓따 바라문이 이끄는 깜뻴라는 위데하에 비해 군인 수가 압도적으로 많았습니다. 께왓따는 위데하의 수도인 미틸라Mithilā 성을 18악코비니 대군으로 사방을 포위해 어느 곳으로도 빠져나갈 수 없게 만들었습니다. 이렇게 포위한 다음 브라흐마닷따 왕의 전갈을 외쳤습니다.

"보라, 그대들은 무기를 버리고 항복할 것인가, 항복하지 않을 것인가?"

그러자 위데하 왕이 마호사다에게 "어떻게 해야 하는가?"라고 물었습니다.

마호사다의 지혜가 큰 모습

언젠가는 께왓따 바라문의 군대가 위데하도 침략할 것이라고 마호사다는 이미 알고 있었습니다. 그래서 성이 적들에게 포위될 때를 대비해 성 밖으로 나가지 않아도 도시 내에서 생활이 가능하도록 미리 준비해 두었습니다. 수로나 우물도 미리 준비해 놓았습니다. 도시 내에서 밭작물을 경작할 수 있도록 물을 충분히 비축해 둔 것입니다. 양식이나 땔감 등 필수품들도 충분히 마련해 두었습니다. 무엇보다 첩자들을 여러 나라에 잠복시켜 놓았습니다.[92] 마호사다의 첩자들은 께왓따 바라문의 군대 안에서도 아군으로 위장해서 활동하고 있었습니다. 그 첩자들

92 ㉻미얀마 세간 훈계서에 "적이 쳐들어왔을 때 화살촉을 갈면 늦다"라는 내용이 있다.

은 께왓따 군대의 비밀을 마호사다에게 전해 주고, 위데하에 유리한 내용들은 "위데하에는 여러 기반시설이 잘 갖춰져 있다"라는 등으로 소문을 내고 다녔습니다. 이렇게 위데하 성 안에는 곡식과 물 등 먹고 마실 것 등이 충분하다는 사실을 성 밖의 사람들이 알도록, 소문이 널리 퍼져나가도록 했습니다. 특히 성 안에 물이 풍족하다는 것의 증거로 연꽃의 줄기 하나를 뽑아서 성 밖으로 던졌습니다. 이 연꽃은 대나무 사이에 심어 놓아서 대나무 길이만큼 컸다고 합니다. 60완척(27m)가량 되는 연꽃 줄기를 성 밖으로 던졌는데, 위데하의 첩자들은 그 크기가 80완척(36m)가량 된다고 더욱 과장해서 소문을 내고 다녔습니다. 그러자 께왓따 바라문은 '이렇게 포위만 해서는 안 되겠다. 다른 방법을 강구해야겠다'라고 생각했습니다.

께왓따 바라문은 고심 끝에 '법 전쟁dhammayuddha'을 계획했습니다. '법 전쟁'이란 현자들끼리 지혜로 대결하는 것입니다. 말로 대결을 해서 이긴 자에게 진 자가 항복하는 전쟁입니다. 께왓따 바라문의 제안에 마호사다도 승낙했습니다. 그러면서 마호사다는 "내일 아침에 해가 뜰 때 선물을 포장한 패엽과 함께 위데하 성의 서문에서 법 전쟁을 벌일 것입니다. 그대들은 그곳에서 기다리시오"라고 대답했습니다. 다음 날 께왓따 바라문 측 군사들은 위데하 성의 서문 앞에서 넓게 진을 치고 기다리고 있었습니다. 서문 앞에서 동쪽을 바라보며 기다리고 있었기 때문에 그들의 얼굴은 떠오르는 태양을 마주보고 있어야 했습니다. 인도의 햇볕은 매우 뜨겁습니다. 께왓따 바라문은 '마호사다는 언제 나오는가, 이제 나오는가?'라며 태양이 떠오르는 쪽을 바라보며 기다리고 있었습니다. 하지만 해가 높이 떠올라도 마호사다는 나오지 않았습니다. 왜 나오지 않았을까요? 적들이 지칠 때까지 일부러 햇볕에 노출

되도록 한 것입니다. 참으로 지혜 있는 이들의 전쟁 방법이 아닐 수 없습니다. 이것도 모른 채 께왓따 군대들은 땀을 뻘뻘 흘리면서 햇볕이 내리쬐는 동쪽만을 바라보고 있었습니다. 이윽고 해가 아주 높이 떴을 때 마호사다가 나왔습니다. 마호사다가 나오자 께왓따 바라문이 "친구여, 그대 마호사다와 나 께왓따, 둘 모두 현자들이오. 현자들은 서로를 존중해야 하지 않소. 그대들을 의지해서 우리가 이곳에 머문 지 매우 오래됐소. 그런데 어찌하여 그대는 여태껏 친구에게 선물 하나 주지 않는 것이오?"라고 우회적으로 인사말을 건넸습니다. 그러자 마호사다가 "친구에게 줄 적당한 선물을 고민하느라 늦어진 것이오. 고심 끝에 여기 가치를 헤아릴 수 없이 매우 값비싼 루비 보배를 선물로 가져왔소. 이 루비를 받으시오"라고 말하면서 루비를 께왓따 바라문 쪽으로 휙 던졌습니다.

께왓따 바라문의 생각

그러자 께왓따 바라문의 마음에 이런 생각이 들었습니다.

'오, 마호사다가 매우 가치 있는 루비를 선물로 준다고 한다. 그것은 나를 예경한다는 뜻이다. 예경한다는 것은 귀의한다는 말이다. 항복한다는 말이다. 내가 이겼다는 말이구나.'

이렇게 생각한 께왓따는 매우 기뻐하며 얼른 손을 뻗어 선물을 잡으려고 했습니다. 하지만 마호사다가 루비를 께왓따의 손바닥보다 조금 앞쪽에 떨어지도록 던졌기 때문에 께왓따의 손바닥 끝에서 미끄러졌습니다. 루비는 마호사다의 양쪽 발 사이에 떨어졌습니다. 크게 기대하던 께왓따는 욕심에 사로잡혀 루비를 잡기 위해 몸을 마호사다 발 앞으로 굽혔습니다. 그때 마호사다가 께왓따의 뒷덜미를 잡고 이마를 땅에 박아 비비면서 "바라문이시여, 제가 그대보다 어립니다. 그런데 바라문께서 이렇게 절을 하다니요. 적당하지 않습니다"라고 큰소리로 외쳤습니다.

사실 께왓따 바라문은 마호사다에게 절을 한 것이 아닙니다. 두 손을 앞으로 뻗어서 루비를 잡으려고 했을 뿐입니다. 하지만 곁에서는 절을 하는 것처럼 보였습니다. 이렇게 마호사다는 한 손으로는 께왓따 바라문의 허리를 쥐고, 한 손으로는 뒷덜미를 잡고 이마를 땅에 박고 비비면서 "바라문이시여, 일어나십시오. 일어나십시오. 제가 훨씬 어리지 않습니까! 그대의 손자뻘밖에 되지 않습니다. 저에게 절하지 마십시오"라고 크게 소리치며 께왓따를 잡고서 이리저리 흔든 뒤 바닥에 내동댕이쳤습니다.[93]

그때 께왓따 바라문 휘하에 잠입해 있던 마호사다의 첩자가 "께왓따 바라문이 법 전쟁에서 져서 마호사다에게 절을 하고 있다! 께왓따 바라문이 마호사다에게 절을 하고 있다!"라고 크게 소리쳤습니다. 이 소리를 듣고서 브라흐마닷따 왕의 18악코비니 대군들이 이리저리 발 닿는 대로 줄행랑을 쳤습니다. 왕도 갑자기 일어난 일이라 놀라서 도망쳤습니다. 코끼리 군대, 말 군대, 마차 군대들도 대열이 흐트러진 채 그대로 줄행랑쳤습니다. 사람들은 두렵거나 목숨이 위험하다고 생각되면 일단 도망가기 마련입니다. 전쟁터에서는 더 그럴 것입니다. 패전은 매우 두려운 결과를 가져오기 때문입니다. 과거에는 패전의 후유증이 훨씬 더 심했을 것입니다.

93 ㉻대나무 하나나 두 개의 길이만큼(원문에는 1우사바=140완척) 멀리 내동댕이쳤다고 한다. 따라서 마호사다는 지혜의 힘뿐만 아니라 몸의 힘도 좋았다고 알아야 한다.

패전의 위험을 두려워하기 때문에 도망친다

당시 승전국은 패전국의 재산들을 마음대로 할 수 있었습니다. 생명이 있는 것이든 생명이 없는 것이든 모든 것을 가질 수 있었습니다. 도시나 마을도 불태워 파괴할 수 있었습니다. 사람들을 잡아서 죽이기도 했습니다. 포로를 노예로 부릴 수도 있었습니다. 본국에서 덕목이나 지위, 명성, 계급이 아무리 높았더라도 승전국에서 노예 신분이 되면 그들이 주는 것만 먹어야 하고, 그들이 있으라고 하는 곳에서만 지내야 하고, 그들이 시키는 것은 무엇이든 불평 없이 해야 했습니다. 이렇게 노예로 지내다가 주인의 마음에 안 들면 죽임을 당하기도 했습니다. 그러니 패전은 매우 두려운 일이었을 것입니다. 그래서 브라흐마닷따 왕과 18악코비니 대군들도 패전했다고 생각하자 몹시 두려워져서 그대로 달아났던 것입니다.

브라흐마닷따 왕과 대군들이 달아나자 께왓따 바라문이 그 뒤를 쫓아가 왕의 앞길을 가로막으며 말했습니다. "왕이시여, 도망가지 마십시오. 전쟁에 패한 것이 아닙니다. 제가 절을 한 것도 아닙니다. 말로 하는 법 전쟁조차 하지 않았습니다. 마호사다가 루비로 저를 속인 것입니다." 그러자 왕은 께왓따 바라문의 말을 이해하고서 군대를 재정비했습니다. 군대를 더욱 확고하게 정비한 왕은 이후 미틸라 성을 포위했습니다.

이간책을 펼치기 위해 첩자를 보내다

하지만 마호사다는 아누께왓따Anukevaṭṭa 바라문을 국외로 추방하는 것처럼 꾸미면서 이간책을 썼습니다. 아누께왓따는 브라흐마닷따 왕과 왕의 고문인 께왓따 바라문과 다른 왕들, 혹은 군인들 간에 의심이 생기도록, 서로 마음이 갈라지도록, 가까이에서 임무를 수행했습니다. 이간책을 간략히 말하자면[94] 브라흐마닷따 왕이 무언가 살펴보거나 조사할 때 께왓따와 다른 장군, 군인들의 무기나 물건에 마호사다의 표식이 그려져 있는 모습을 보이게 했습니다. 그래서 무기나 물건이 마치 마호사다에게 선물로 받은 것처럼 보이게 만들었습니다. 이 모습을 본 왕은 더 이상 그들을 믿지 못하게 됐습니다. '마호사다 편 사람들이구나'라고 생각하고 매우 두려워했습니다. 그러다 왕은 어느 날 밤 자정에 아누께왓따의 계획대로 몰래 도망쳤습니다. 이때 마호사다의 첩자들이 브라흐마닷따 왕이 몰래 도망치고 있다고 큰소리로 외쳤습니다. 그러자 다시 18 악코비니 대군들도 모두 놀라서 잠에서 깨 급히 도망쳤습니다.[95] 요즘 시각으로 보면 근거 없는 일화라고 생각할 수도 있습니다. 하지만 마호사다가 갖춘 지혜의 힘과 복덕의 힘을 바탕으로 생각해 본다면 이 정도의 지혜는 그리 대단한 것이 아니었습니다. 당시에 생겨났던 일에 근거가 있습니다. 미얀마 역사에도 이렇게 놀라서 패전한 전례들이 있습니다.

전쟁에서 남은 상처

그 전쟁에서 께왓따는 상처를 입었습니다. 이마에 남은 흉터였습니다. 께왓따 바라문은 거울에 비친 상처를 볼 때마다 계속해서 그때의 일들이 떠올랐습니다. 예전에 경험했던, 생겼다가 사라졌던 것들이 마음속에 새로 생겨나 드러나는 성품이었습니다. 심지어 "마호사다는 아주 나쁜 놈이다. 나에게 큰 고통을 주었다. 창피하게 만들었다. 그놈에

94 ⓗ부처님 당시 웨살리 성을 함락시키기 위해 아자따삿뚜 왕도 이간책을 사용했다. 자세한 내용은 본서 부록 pp.271~272 참조.

95 ⓗ일부 군인은 옷을 입고 가면 무거워서 천천히 가다가 잡힐까 염려해서 옷을 버리고 도망쳤다고 한다. 『자타카전서』, p.2594 참조.

게 언젠가는 복수할 것이다"라고 소리치며 화까지 냈습니다. 이 일화를 계기로 미얀마에서는 "상처를 보면 볼수록 마호사다를 미워하게 된다"라는 말까지 생겨났습니다.

이렇게 상처를 보고 그때의 일이 떠오를 때마다 '마호사다가 루비로 속여서 내게 많은 괴로움을 주었다. 나는 그 루비도 가지지 못했다. 내게는 이마의 상처만 남았다. 내 몸을 일부러 숙이게 해서 땅에 처박아 괴롭혔다. 어떠한 방법으로든 그놈에게 복수를 하리라. 괴롭히리라'라고 생각하다가 계획이 하나 떠올랐습니다. 브라흐마닷따 왕의 딸과 위데하 왕을 결혼시키려는 계획이었습니다. 결혼식에 위데하 왕을 초청하고, 이를 믿고 왔을 때 위데하 왕도, 마호사다도, 따라온 수행원들도 모두 잡아서 죽이려는 계획이었습니다. 하지만 마호사다는 그들의 계획을 미리 알고 완벽한 방비를 갖추고 가서 제압했기 때문에 그 계획도 물거품이 됐습니다.

이 일화의 의미

이 일화에서 말하고자 하는 바는 이전의 일들을 돌이켜 생각해서 화를 내는 모습입니다. 흉터를 보면서 화를 내는 모습입니다. 이것은 매우 분명합니다. '그 당시 마호사다와 법 전쟁, 지혜의 말 대결을 벌이기로 약속했다. 그때 마호사다가 루비를 주겠다고 나를 속이고는 내 이마를 땅에 처박았다. 나를 괴롭혔다. 그래서 이 상처가 생겼다. 창피를 당했다' 등으로 이전 일들이 하나씩, 하나씩 바라문에게 반복해서 드러났습니다. 마치 마음속에 사진을 찍어 놓은 듯이 드러났습니다. 만약 바라문에게 이마의 상처가 없었다면, 혹은 이전의 일들을 완전히 잊어버렸다면 마호사다에 대해 화낼 일이 없었을 것입니다. '나'라는 어떤 개인, 중생, 내 이마, 내 상처라고 하는 개념, 마호사다라고 하는 개인, 중생이라는 개념이 있기 때문에 화를 낸 것입니다. 법성품으로 말하자면 '나'라는 것은 없습니다. '내 상처'라는 것도 없습니다. '마호사다'라는 존재도 없습니다. 끊임없이 생멸하는 물질·정신이란 법들만 존재합니다. 이렇게 사실대로 바르게 안다면 전혀 화낼 일이 없습니다.[96] 하지만 께왓따에게는 께왓따라는 '나'가 있었습니다. '나의 상처'라는 것도 있었습니다. '마호사다'라는 것도 있었습니다. 그래서 '그가 나를 괴롭혔다. 그는 지금도 미틸라 성에 살고 있다' 등으로 계속 돌이켜서 화를 냈던 것입니다.

께왓따 바라문에게 생겨났던 모습과 마찬가지로, 마음에서 어떤 대상을 애착하면 그 대상을 자꾸 돌이켜 생각하게 되는데, 그렇게 돌이켜 생각하는 것은 탐욕과 성냄과 어리석음과 자만과 번뇌를 생기게 하는 기본 바탕이 됩니다.[97] 그렇게 애착할 만한 대상들은 어디에서 올까요? 보고, 듣고, 경험하고, 아는 것에서 옵니다. 그런 대상들을 볼 때, 들을 때, 경험할 때, 알 때[98] 곧바로 관찰하고 새기지 않으면 탐욕이 생겨날 수 있습니다. 성냄, 어리석음, 자만 등도 생겨날 수 있습니다.

96 ㉿화를 다스리는 방법 중 요소로 나누는 방법이 있다. 화를 내는 것은 상대방을 '누구다'라고 개념을 통해 알기 때문이다. 따라서 '저 대상의 머리털에 화를 내는가? 몸털에 화를 내는가? 손발톱에 … 이빨에 … 피부에 … 심장에 … 간에 … 똥에 … 오줌에 화를 내는가?'라고 요소로 나누면 '사람'이라는 개념이 없어지기 때문에 화가 쉽게 사라진다. 혹은 '땅 요소에 화를 내는가? 물 요소에 … 불 요소에 … 바람 요소에 화를 내는가?'라고 요소로 나눠도 개념이 없어져서 화가 일어나지 않는다. 자세한 내용은 비구 일창 담마간다 편역, 『자애』, p.102 참조.

97 ㉿가족 사이에는 자애가 있어야 한다. 동료 사이에는 인욕이 있어야 한다. 혼자 있을 때는 생각을 조심해야 한다. 혼자서 이런저런 대상을 함부로 생각하면 여러 가지 고통과 괴로움이 이어서 생겨난다. 혼자 있을 때 꼭 필요한 계획이나 숙고는 해야 하지만 불필요한 생각이나 망상 등이 생겨나면 〈생각함; 망상함〉 등으로 빨리 관찰해서 제거해야 한다.

98 생각해서 아는 것을 말한다. 저본의 표현을 그대로 따랐다.

등록되는 것은 두려운 일이다

말하자면 이것은 가방 속에서 물건을 꺼내보는 일과 같습니다.[99] 보았던 것, 들었던 것, 경험했던 것, 생각했던 것을 자꾸 돌이켜 생각하기 때문에 탐욕이나 성냄 등이 반복적으로 생겨납니다. 볼 때, 들을 때, 경험할 때, 알 때 관찰하고 새기지 못하는 이들에게는 볼 때, 들을 때, 경험할 때, 알 때부터 탐욕이 생겨납니다. 그런 이들은 '탐욕이 생겨나고 있는 이'로 불리고 그렇게 등록됩니다. '성냄·어리석음·자만이 생겨나고 있는 이'로도 불리고 그렇게 등록됩니다. '불선법들이 생겨나고 있는 이'라고 등록되기 때문에 '지옥에 갈 이'로도 등록됩니다. '축생으로 태어날 이, 아귀로 태어날 이'로도 등록됩니다. 이렇게 등록되는 것은 매우 두려운 일입니다.[100]

등록이 말소되도록 하는 방법

요약하자면 볼 때, 들을 때, 경험할 때, 알 때 관찰하지 않으면 그 보고, 듣고, 경험하고, 안 대상들과 관련해서 탐욕이나 성냄 등이 생겨날 수 있습니다. 그 탐욕이나 성냄 등의 힘이 강해지면 불선업이나 선업 중 어느 한 가지를 행합니다. 그중 불선업이 결과를 주면 사악도에 태어납니다. 따라서 관찰하지 않으면 지옥에 태어나도록, 축생으로 태어

99 ㉻요즘으로 비유하자면 핸드폰으로 찍어둔 사진을 다시 보는 것과 같다. 몇 년 전에 찍어서 보관해 두었던 사진을 다시 보면 이전에 보았던 것이나 들었던 것, 생각했던 것들이 다시 떠오른다. 그러면 그것을 조건으로 다시 탐욕이나 성냄 등이 반복해서 생겨난다.

100 ㉻"지금까지 얼마나 많은 번뇌가 잠재됐는가? 얼마나 많이 '탐욕이 생겨나고 있는 사람' 등으로 등록됐는가?"라고 묻는다면 시작을 알 수 없는 과거로부터 윤회해 왔기 때문에 "헤아릴 수 없이 많은 번뇌가 잠재됐다. 헤아릴 수 없이 많이 등록됐다"라고 대답할 수 있다. 문서로 기록해서 보관한다면 '사악도에 태어날 이' 등으로 기록된 내용이 너무 많아서 종이가 모자랄 것이다.

나도록, 아귀로 태어나도록 등록되는 것입니다.[101]

또한 탐욕이나 성냄을 연유로 선업이 생겨날 수도 있습니다. 어떻게 생겨날까요? 보고, 듣고, 경험하고, 아는 대상들을 바라기 때문에 '지금 현생에서는 얻을 수 없더라도 다음 생에서는 얻기를'이라고 바라면서 보시를 합니다. 계를 지킵니다. 이것은 탐욕을 토대로 선업이 생겨나는 것입니다. 성냄을 토대로 화를 내면서 자신이 바라는 대로 되도록 기대하면서 선업들을 행한다면 그것은 성냄을 토대로 선업을 행하는 것입니다.[102] 이렇게 선업을 행한다면 그 선업이 사람으로 태어날 결과를 줍니다. 천신으로 태어날 결과를 줍니다. 선정 선업까지 노력했다면 범천으로 태어날 결과까지도 줄 것입니다.[103] 그러한 좋은 결과와 나쁜 결과들을 주는 업들이 모든 존재마다 생겨나고 있습니다. 이것들은 무엇으로부터 비롯했는가 하면, 볼 때, 들을 때, 경험할 때, 알 때부터 등록됐기 때문입니다. 이렇게 등록되지 않도록 실천해야 합니다.[104]

---

101 ㉻상현과 하현의 8일에는 사대천왕의 신하들이, 상현과 하현의 14일에는 사대천왕의 아들들이, 15일에는 사대천왕이 직접 인간 세상에 내려와서 사람들이 부모와 사문을 공경하는지, 연장자를 공경하는지, 포살을 준수하는지, 공덕을 쌓는지 살피고 간다. 그리고 그 결과를 도리천의 수담마 법당에 모인 천신들에게 알린다. 도리천 천신들은 만약 포살을 준수하고 공덕을 쌓는 사람들이 적으면 '천신들의 무리가 줄어들 것이다'라고 언짢아하고, 포살을 준수하고 공덕을 쌓는 사람이 많으면 '천신들의 무리가 늘어날 것이다'라고 흡족해 한다.(A3:36) 미얀마 옛 큰스님들은 더욱 경각심을 일으키기 위해 "선업을 행한 사람들만 기록하는 것이 아니라 불선업을 행한 사람들도 기록한다. 선업을 행한 사람들은 황금판에 명필로 잘 써서 기록하고, 불선업을 행한 사람들은 개가죽에 악필로 흘겨 써서 기록한다"라고 설명하기도 한다.

102 ㉻성냄을 조건으로 보시를 행한 「꾸사자따까Kusajātaka」 일화(J531)는 본서 부록 pp.272~273 참조.

103 그렇게 선처에 태어나더라도 각각 탄생지와 관련된 괴로움, 죽음의 괴로움에서 벗어나지 못하기 때문에 어떤 식으로든 등록되는 것은 바람직하지 않다.

104 ㉻앞에서 사람이나 천신으로 태어나는 것은 좋기는 하지만 좋지 않다고 말했다. 부처님께서 바라시는 바는 매우 수준이 높고 거룩하다. 일반 범부라면 인간 세상에 부자로 태어나서 한평생 편안하게 잘 지내면 좋다고 생각한다. 더 할 수 있으면 욕계 천상에 태어나서 매일 영화를 누리면서 지내면 좋다고 생각한다. 더 나아가 범천에 태어나서 오랫동안 선정의 행복으로 지내도 좋다고 생각한다. 하지만 그 모두는 '다시 태어날 이, 윤회에서 고통을 받을 이'라고 등록되는 것이다. 이렇게 등록되지 않도록 실천해야 한다.

어떻게 실천해야 할까요? 볼 때마다, 들을 때마다, 경험할 때마다, 알 때마다, 여섯 문에서 드러나는 물질·정신을 끊임없이 관찰해야 합니다. 이렇게 관찰하면 무상·고·무아를 알게 될 것입니다. 아는 모습은 다음과 같습니다. 볼 때 관찰하면 '보고 나서는 사라진다'라고 압니다. '생겨나서는 사라진다'라고도 압니다. 그래서 무상하다는 사실도 분명히 압니다. 듣는 것도 관찰하면 듣고 나서 사라집니다. '생겨나서는 사라진다. 무상한 법이다'라고 압니다. 경험한 것, 생각해서 아는 것도 관찰하면 사라집니다. '생겨나서는 사라진다. 무상한 법이다'라고 압니다. 이렇게 알면 중간 부분에서 '탐욕이 있는 이, 성냄이 있는 이, 어리석음이 있는 이'로 등록되지 않습니다.[105] '탐욕이 있는 이, 애착하는 이'로도 불리지 않습니다. '성냄이 있는 이', '어리석음이 있는 이'로

105 ⓗ그래서 생멸의 지혜가 중요하다. 부처님께서 생멸의 지혜를 칭송하신 게송을 소개하면 다음과 같다.

Yo ca vassasataṁ jīve, apassaṁ udayabbayaṁ;
Ekāhaṁ jīvitaṁ seyyo, passato udayabbayaṁ.(Dhp.113게)

해석

또한 누가 백 년을 살지라도
생겨남과 사라짐을 보지 못한다면
생겨남과 사라짐을 보는 이의
단 하루의 삶이 더욱더 훌륭하다네

대역

Yo ca부처님출현 아홉 번째라는 좋은 시기에 사람으로 태어난 어떠한 이가 udayabbayaṁ집착의 대상인 다섯 무더기의 생성과 소멸을 apassaṁ=apassanto관찰하지 않고 수행하지 않아서 알고 보지 못한 채 vassasataṁ백 년이란 긴 세월동안 jīve죽지 않고 계속 살아간다 하더라도 tato그보다; 다섯 무더기의 생성과 소멸을 관찰하지 않고 수행하지 않아서 알고 보지 못한 채 백 년이란 긴 세월 동안 죽지 않고 계속 살아가는 것보다 udayabbayaṁ집착의 대상인 다섯 무더기의 생성과 소멸을 passato관찰하고 수행하여 알고 보는 이의 ekāhaṁ한 낮, 한 밤, 단 하루 정도라도 jīvitaṁ물질·정신이 연결되고 조건·결과가 이어져서 생명을 계속 유지하는 것이 seyyo부처님출현 아홉 번째라는 좋은 시기에 사람으로 태어난 보람이 있다. 거룩하고 훌륭하다.

이 내용에 대한 마하시 사야도의 요약게송은 다음과 같다.

생성소멸 못보고서 백년사는 삶보다도
생멸보는 단하루가 더욱더 거룩하다네

도 불리지 않습니다. '번뇌가 생겨나고 있는 이'로도 불리지 않습니다. '불선업이 생겨나고 있는 이'로도 불리지 않습니다. '선업이 생겨나고 있는 이'로도 불리지 않습니다.[106] '불선업과 선업이 과보를 주어 악처에 태어날 이, 선처에 태어날 이'로도 불리지 않습니다. 그렇게 등록되지 않습니다. 이렇게 드러나는 모든 대상마다 등록되지 않도록 실천해야 합니다.[107]

요약하자면 볼 때마다, 들을 때마다, 경험할 때마다, 알 때마다 분명하게 드러나는 대상들을 탐욕·성냄·어리석음이 생겨날 기회를 얻지 못하도록 끊임없이 새겨 나가야 한다는 뜻입니다. 탐욕·성냄·어리석음이 생겨나지 않으면 불선업도 생겨나지 않습니다. 새로운 생에 태어나게 하는 선업도 생겨나지 않습니다. 업이 생겨나지 않으면 업이 가져다 줄 새로운 생의 과보도 생겨날 기회가 없습니다. 따라서 이렇게 새기고 있는 이에게 새길 때마다 계속해서 등록이 말소됩니다.

아라한이 되어야 완전히 등록이 말소된다

하지만 이러한 등록들은 아라한이 됐을 때라야 완전히 말소됩니다. 아나함에게도 아직 완전히 말소되지 않습니다. 범부의 경우에는 이러한 등록이 제일 복잡합니다. 어느 곳에서 지내든지 등록됩니다. 어떤

106 ㉻만약 관찰하지 않는다면 그 대상과 관련해서 보시나 지계 정도의 선업을 실천해서 '천상이나 인간 세상에 태어날 정도의 선업이 생겨나고 있는 이'로 불릴 텐데 관찰해서 그렇게 불리지 않는다는 뜻이다.

107 ㉻관찰하지 않고 지낸다면 볼 때마다 등에 등록되기 때문에 지금까지 등록된 기록이 매우 많을 것이다. 이 사실은 매우 두려워할 만하다. 앞에서도 설명했지만 관찰할 때만 등록이 되지 않기 때문에 집중수행 기간이나 가정에서 관찰하는 짧은 시간 정도만 등록이 멈추고 일상생활을 하면서 수행을 놓아버리고 관찰하지 않는 긴 시간 동안은 계속 등록이 진행된다. 계속 기록되는 삶이다. 시작을 알 수 없는 과거로부터 윤회해 왔기 때문에 그 기록은 10테라바이트 등으로도 헤아릴 수 없을 정도로 매우 큰 용량을 차지할 것이다.

등록들일까요? 사람으로 태어날 등록, 천상에 태어날 등록, 지옥에 태어날 등록, 축생으로 태어날 등록, 아귀로 태어날 등록입니다. 범부들에게는 이러한 등록들이 모두 남아 있습니다.[108] 수다원의 경우에는 범부처럼 등록이 그리 복잡하지 않습니다. 지옥에 태어날 등록, 축생이나 아귀로 태어날 등록들이 없습니다. 사람으로 태어날 등록, 천신으로 태어날 등록, 범천으로 태어날 등록 정도만 남아 있습니다. 사다함에게도 수다원 정도의 등록만 남아 있습니다. 아나함에게는 등록이 어느 정도 많이 소멸했습니다. 사람으로 태어날 등록과 욕계 천신으로 태어날 등록은 없습니다. 색계 범천으로 태어날 정도의 등록만 존재합니다. 마지막으로 아라한에 이르면 어떠한 등록도 남지 않습니다. 모두 소멸해 버립니다. 이렇게 등록이 말소되도록 노력해야 합니다. 이 구절에서는 부처님께서 심오한 의미를 설하셨습니다. 깨달음기질이어서 지혜가 예리한 이들이라야 이해할 수 있습니다.

요약게송으로는 '중간에도 못헤아려'라고 표현했습니다. 중간 부분에서 헤아려지지 않도록 실천해야 한다는 뜻입니다. 중간 부분이란 무엇입니까? 볼 때, 들을 때, 경험할 때, 알 때 분명하게 드러나는 물질과 정신입니다. 지금 수행자들이 관찰하고 있는 대상들입니다. 지금 수행자들은 새김확립에 따라 생겨날 때마다 그것을 관찰합니다. 볼 때마다, 들을 때마다, 경험할 때마다, 알 때마다 그 대상을 관찰합니다. 저림, 뜨거움, 아픔, 쓰림 등의 느낌들을 관찰합니다. 그렇게 계속 중간 부분에서 번뇌들이 생겨나지 않도록, '탐욕·성냄·어리석음이 생겨나고 있

108 ㉻범부라면 완전히 말소된 등록이 하나도 없기 때문에 범부의 기록이야말로 제일 복잡하고 제일 지저분하고 제일 많다고 할 수 있다. 그중에서 특히 불선업과 관련된 빚, 사악도에 태어나야 될 빚이 너무나 많다. 범부는 '빚 부자'이다. 불선업 때문에 사악도에 태어날 빚이 많다는 뜻이다. 재산이 많은 부자가 아니라 채무가 많은 부자다.

다'라고 등록되지 않도록, 선처·악처 윤회의 태어남에 도달할 존재로 등록되지 않도록 이러한 대상들을 관찰해야 한다는 뜻입니다. 그렇게 관찰하다가 아라한이 됐을 때 모든 등록이 말소됩니다. 그렇게 완전히 등록이 말소된 이야말로 '참적정자'입니다.

죽기전에 갈애없어 전불의지(前不依支) 후불기대(後不期待)
중간에도 못헤아려 적정자라고 부르네

Muni성인이시여; 분신 부처님이시여, yo어떤 이는 purā bhedā 부서지기 전에; 몸이라는 집이 부서져 죽기 전에; 죽기 전 이생에서 vītataṇho hoti갈애에서 떠났습니다; 갈애가 소멸했습니다; 갈애가 없습니다. pubbaṁ antaṁ앞의 부분을; 앞의 끝을 anissito ca hoti의지하지도 않습니다. vemajjhe중간 부분에; 현재 법 무더기에 nupasaṅkheyyo hoti=na upasaṅkheyyo hoti헤아려지지 않습니다; 헤아릴 수 없습니다; 애착하는 이 등으로 불리지 않습니다. tassa그에게는 purakkhataṁ나중을 내다봄이; 나중을 기대하며 고대함이 natthi없습니다. 《taṁ그러한 이를 upasantoti참적정자라고 ahaṁ나는 brūmi부릅니다.》

이것은 부처님께서 대답하신 첫 게송입니다. 이어지는 대답 게송들이 아직 남아 있지만 여기서 법문을 마무리하겠습니다. 사실 이 한 게송만으로도 부처님께서 설하시고자 하는 가르침을 충분히 담고 있습니다. 다만 당시 법문을 듣던 천신과 범천들 중 일부는 이 첫 게송의 의미를 이해하지 못했습니다. 그렇게 이해하지 못한 이들이 이해하도록, 도와 과를 증득하도록 부처님께서 거듭 다시 열두 게송을 설하셨습니다.

이어지는 게송들은 다음 법문 때 설하겠습니다.

이 『뿌라베다숫따 법문』을 정성스럽게 경청한
청법선업 의도의 공덕으로
지금 법문을 듣는 대중들 모두가
시작을 알 수 없는 과거로부터 윤회하는 내내
자신의 상속에 포함돼 왔던
갈애라는 생겨남의 진리를
죽기 전에, 바로 이번 생에 소멸시키도록
모든 바라밀의 힘으로 닦고 노력해서
과거 부분을 의지하는 갈애와 사견이 사라지도록,
미래 부분을 기대하는 갈애가 사라지도록,
중간 부분인 현재 물질·정신과 관련해서도
탐욕·성냄·어리석음 등이 사라져 등록이 말소되도록
잘 관찰하고 새겨서
각자 서원하는 열반이라는 거룩한 법을
도의 지혜와 과의 지혜로
빠르게 실현하기를.

사두, 사두, 사두.

『뿌라베다숫따 법문』 제1장이 끝났습니다.

제2장

1960년 8월 6일

(1960년 음력 7월 보름)

「뿌라베다숫따」는 질문에 해당하는 한 게송과 대답에 해당하는 열세 게송으로 구성돼 있습니다. 그중 "죽기 전에 갈애가 제거되면 아라한이다"라는 내용, "과거도 의지하지 않고, 미래도 기대하지 않고, 현재도 번뇌가 있는 이라고 헤아려지지 않는 이라면 아라한이다"라는 내용을 설명했습니다.
아라한이 된 다음에는 더 이상 실천할 것이 없습니다. 따라서 첫 번째 게송 하나만으로도 충분합니다. 하지만 당시 천신과 범천들 중에는 이 정도 설명으로는 이해하지 못하는 이들이 있었기 때문에 부처님께서 다음과 같이 더욱 상세하게 설하셨습니다.

진짜 부처님의 대답 게송 2

3 Akkodhano asantāsī,
avikatthī akukkuco;
mantabhāṇī anuddhato,
sa ve vācāyato muni.(Sn.857게)

해 석

화를 내지 않고 걱정하지 않으며
우쭐대지 않고 비행非行이 없다네.
고려 뒤에 말하고 들뜨지 않으며
그 성인은 참으로 말을 삼간다네.

대 역

Yo어떤 이는 akkodhano ca hoti화를 내지 않습니다; 화가 없습니다. asantāsī ca hoti걱정하지도 않습니다; 걱정도 없습니다. avikatthī ca hoti우쭐대지도 않습니다; 우쭐댐도 없습니다; 뽐냄도 없습니다. akukkuco ca hoti비행非行도 없습니다; 좋지 않고 바랄 만하지 않고 혐오스러운 말과 몸의 행위도 없습니다. mantabhāṇī ca hoti고려 뒤에 말합니다; 지혜로 고려한 뒤에 말합니다. anuddhato ca hoti들뜨지 않습니다; 마음의 산란함이 없습니다. sa=so muni그 성인은 ve참으로 vācāyato hoti말을 삼갑니다; 말을 잘 보호합니다.《taṁ그러한 이를 upasantoti 참적정자라고 ahaṁ나는 brūmi부릅니다.》

이 게송의 내용도 적정한 이의 덕목과 구성요소들입니다. 이 내용을 잘 기억하도록 요약게송으로 표현했습니다.

화냄없고 걱정없고 뽐냄없고 비행(非行)없어
고려뒤말 들뜸없는 적정자 여섯덕목들

《'kukkucca'는 미얀마어로 표현하기 힘듭니다. 그래서 빠알리어 그대로 "꾹꿋"으로[109] 표현했습니다. 그리고 "고려 뒤에 말하고"란 말을 할 때는 지혜로 고려한 뒤에 말한다는 뜻입니다. 그래서 "고려뒤말 들뜸없는 적정자 여섯덕목들"이라고 표현했습니다.》

이 내용은 적정자들이 갖춘 덕목과 구성요소들입니다. 게송만으로는 이해하기가 어렵습니다. 구절들이 한 구절, 한 구절 서로 연결되지

109 원래 마하시 사야도의 요약게송에서는 2음절로 만들기 위해 "꾹꿋짜"의 "짜"를 생략했다. 본서에서는 '비행非行'으로 표현했다.

않는 덕목들뿐입니다. 미얀마어로 부드럽게 표현하기가 그리 쉽지 않습니다. 하지만 빠알리어 그대로는 이해하지 못할 수도 있어서 요약게송으로 적당하게 표현했습니다.

화내지 않아야 한다

첫째 구절에서 "akkodhano ca hoti화를 내지 않습니다; 화가 없습니다"라고 설하셨습니다. "화내는 습성이 없다"는 뜻입니다. 아나함과 아라한이 아닌 이들은 화를 내기 마련입니다. 원하지 않거나 싫어하는 대상과 만나면 화를 냅니다. 범부는 말할 것도 없습니다.[110] 수다원과 사다함조차 화를 냅니다. 아나함이 돼야 성냄이 사라집니다. 수다원과 사다함은 마음에 들지 않는 대상과 만나면 아직 화가 일어납니다. 화가 큰지 작은지 정도만 차이가 납니다.[111]

110 ㉻화가 났을 때 '오, 내가 아직 아나함이 아닌 것이 확실하구나. 아라한이 아닌 것은 더욱 더 확실하구나'라고 잠시 자신이 아나함이나 아라한이 아닌 사실을 떠올리면 화를 잠시 누그러뜨릴 수 있다. 만약 다른 사람을 해치고 싶을 정도로 화가 크게 일어났다면 '오, 내가 아직 수다원이 아닌 것이 확실하구나. 진짜 범부구나'라고 자신을 대상으로 마음을 돌리면 마찬가지로 화를 누그러뜨릴 수 있다. 왜냐하면 수다원에게는 남을 해칠 정도의 마음이 일어나지 않기 때문이다. 혹은 화를 내는 사람은 미친 사람 여덟 종류 중 한 사람에 포함되기 때문에(kodhummattaka, JA.iii.228) 화가 일어났을 때 '오, 내가 미친 사람 중에 포함됐구나'라고 마음 기울여도 화를 누그러뜨릴 수 있다. 미친 사람 여덟 종류는 본서 부록 p.274 참조.

111 ㉻예를 들어 마음에 들지 않는 대상을 만났을 때는 수다원에게도 성냄이 일어난다. 하지만 길게 지속되거나 심하게 일어나지는 않는다. 빨리 사라진다. 왜냐하면 성냄이 일어나면 이전에 행해 온 수행 때문에 성냄이 일어나는 줄 바로 알기 때문이다. 이것을 '성자의 위력, 성자의 신통'이라고도 표현할 수 있다. 수다원은 위빳사나 수행을 통해 이전에는 한 번도 경험하지 못한 열반을 직접 경험하면서 사악도에 태어나게 할 정도로 매우 거친 탐욕·성냄·어리석음 등의 번뇌를 제거했다. 그래서 대상과 만났을 때 탐욕이나 성냄이 일어나기는 하지만 바로 관찰하거나 알기 때문에 즉시 사라지고 길게 지속되지 않는다.

성냄dosa은 거친 특성이 있습니다.[112] 부드럽고 섬세한 성품이 아닙니다. 주석서에서는 이러한 거친 성품을 성난 독사와 같다고 설명합니다. 독사는 건들면 즉시 쉭쉭 소리를 내면서 옆 날개를 펼치며 일어납니다. 성냄도 그와 같아서 독사처럼 건들면 안 됩니다. 건들면 쉭쉭, 통제하지 못할 정도로 거칠게 생겨납니다. "나를 건들지 마라. 건든다면 무서운 결과를 초래할 것이다"라고 위협하는 것처럼 건드리거나 자극하는 것을 감당하지 못합니다. 어떤 사람들은 말 한 마디도 참지 못합니다. 한 마디 하면 즉시 울컥합니다. 독사처럼 쉭쉭 거립니다. 탐욕과 성냄은 상반되는 법입니다. 탐욕은 부드러워서 그리 분명하지 않지만 성냄은 거칠어서 더욱 분명합니다. 마치 성낸 이의 상황들을 기록하듯이 분명합니다. 바라지 않고 좋아하지 않는 대상들과 만나면 성냄은 쉭쉭 하면서 "이 사람은 화를 낸다. 성냄을 다스릴 수 없는 자다"라고 말하듯이 기록됩니다. 그래서 성냄은 거친 성품이라고 알 수 있습니다.[113] 사람이나 상황도 분명하게 보여준다고 말할 수 있습니다.[114] 그러한 거친 성냄이 없어지도록

112 Tattha dussanti tena, sayaṁ vā dussati, dussanamattameva vā tanti doso. So caṇḍikkalakkhaṇo pahaṭāsīviso viya, visappanaraso visanipāto viya, attano nissayadahanaraso vā dāvaggi viya. Dūsanapaccupaṭṭhāno laddhokāso viya sapatto, āghātavatthupadaṭṭhāno, visasaṁsaṭṭhapūtimuttaṁ viya daṭṭhabbo.(Vis.ii.100)

대역

Tena그것 때문에 dussanti성내고 vā혹은 sayaṁ스스로 dussati성내고, vā혹은 dussanamattameva단지 성냄일 뿐이다. iti그래서 doso성냄이다. so그것은; 그 성냄은 caṇḍikkalakkhaṇo거친 특성이 있다, pahaṭāsīviso viya마치 얻어맞은 독사처럼. visappanaraso퍼지는 역할이 있다, visanipāto viya마치 독이 떨어진 것처럼. vā혹은 attano자신의 nissayadahanaraso의지처를 태우는 역할이 있다, dāvaggi viya마치 숲에 난 불처럼. dūsanapaccupaṭṭhāno《자신과 남을》 무너뜨리는 것으로 나타난다, laddhokāso viya sapatto마치 기회를 포착한 원수처럼. āghātavatthupadaṭṭhāno원망의 토대가 가까운 원인이다. visasaṁsaṭṭhapūtimuttaṁ viya독을 섞은 썩은 오줌과 같다고 daṭṭhabbo보아야 한다.

113 ㉻얼굴이 하얀 사람은 화를 내면 붉어진다. 붉은 사람은 검어진다. 검은 사람은 칠흑같이 어두워진다.

114 ㉻성냄은 거친 성품이기 때문에 과보를 줄 때도 거친 과보를 준다. 그래서 성냄이 과보를 줄 때는 사악도 중에서도 제일 거친 과보를 받는 지옥에 태어나게 한다. 지옥에서 벗어났을 때도 그 영향이 남아 특히 용모가 추한 파생과보를 받는다.

실천해야 합니다.[115]

들을 때 성냄이 쉽게 생겨난다

성냄은 언제 생겨날까요? 좋아하지 않는 대상들과 만났을 때 생겨납니다. 좋지 않은 대상과 만나면 만나자마자 생겨납니다. 성냄은 여지를 두지 않습니다. 보기에 좋지 않으면 보는 즉시 성냄이 생겨납니다. 듣기에 좋지 않으면 즉시 성냄이 생겨납니다. 특히 성냄은 볼 때보다 들을 때 더욱 많이 생겨납니다. 단지 보는 것만으로는 거슬리긴 하지만 화까지는 잘 일어나지 않습니다. 보이는 것은 어느 정도 참을 수 있고, 다스릴 수 있습니다. 하지만 들리는 것은 다스리기 힘듭니다. 비난하는 말을 한 마디라도 들으면 그 즉시 화가 일어납니다. 거기에 한 마디 더해지면 쉭쉭, 거침없이 화가 일어납니다.

하지만 화를 내면서 내뱉은 그 한 마디 말이 듣는 사람의 몸에 부딪혀서 그의 몸을 마모시키지는 않습니다. 말은 단지 말하는 사람의 입에서 나오는 소리일 뿐입니다. 그 말이 듣는 사람의 몸에 와서 부딪히는 것도 아닙니다. 듣는 사람의 몸을 아프게 하는 것도 아닙니다. 듣는 사람의 몸은 전혀 이상이 없습니다. 하지만 이러한 말은 상황을 좋지 않게 만듭니다. 어느 정도까지 좋지 않게 만들까요? 서로 죽이는 지경까지 이르게 합니다. 서로 대화가 불편해지는 것을

115 ⓗ관찰하거나 숙고하는 방법(『자애』, pp.81~103 참조) 외에 화를 내지 말라는 다음의 경구를 중간중간 떠올리거나 독송해도 도움이 된다.

화내지마 화내지마 지금에도 화내지마
나중에도 화내지마 언제라도 화내지마
화를내면 재산줄어 용모추해 지옥가고
화안내면 재산늘어 용모준수 천상가네

시작으로[116] 다툼이 생기고, 때리고, 죽이고[117], 이렇게 범법행위로까지 이어집니다.

이러한 일들은 어디에서 비롯됩니까? 들리는 소리를 시작으로 생겨납니다. 국가 간에 분쟁이 일어나고, 세계전쟁이 발발하는 것도 적당하지 못한 대화에서 비롯되는 경우가 많습니다. 이처럼 들리는 소리는 여러 고통을 가져다줍니다.[118]

좋지 않은 냄새로 인해 화가 생겨나기도 합니다. 심한 악취나 매캐한 연기 냄새 등을 맡을 때도 화가 생겨납니다. 하지만 그런 경우는 그리

116 ㉷사실이라도 이익이 있을 때 그 사람이 좋아하든 좋아하지 않든 적당한 시기에 말해야 한다. 사실이라도 이익이 없는 말은 해서는 안 된다.(M58) 이와 관련된 일화가 있다. 한 쪽 눈을 잃은 여행자가 어느 마을 밖에 있는 허름한 초막을 지나고 있었다. 그 초막에는 할머니 한 분이 살고 있었다. 여행자는 할머니에게 "할머니, 좀 쉬어 가도 되겠습니까?"라고 물었다. "되지, 쉬어 가시게"라고 할머니가 허락했다. 여행자는 할머니에게 물을 마셔도 되겠냐고 부탁하면서 왜 이곳에 혼자 사시는지 물었다. 할머니는 "내가 바른 말을 한다고 사람들이 마을 밖에 살게 한다오"라고 대답했다. 여행자는 "바른 말이면 하셔야지요. 마을 사람들이 잘못했네요"라고 할머니 편을 들다가 시간이 지나 그 초막을 떠났다. 그런데 여행자가 모자를 두고 간 것을 알고 할머니가 큰 소리로 외쳤다. "이보게, 애꾸눈, 애꾸눈. 모자를 두고 갔네." 그 소리를 들은 여행자는 '그래도 그렇지, 나를 대놓고 애꾸눈이라고 부르다니. 사람들이 할머니를 저렇게 마을 밖에 살게 한 이유가 확실히 있구나'라고 이해했다.

117 ㉷사소한 성냄이 발단이 되어 살인까지 벌어진 일화가 있다. 미얀마의 한 강원에 친하게 지내는 두 스님이 있었다. 한 스님이 목욕을 하고 있을 때 다른 스님이 그의 슬리퍼를 장난으로 감췄다. 목욕을 마친 스님은 자신의 슬리퍼가 없어진 것을 알게 됐다. 도반 스님이 감췄다고 생각한 스님은 농담으로 "내 슬리퍼를 어떤 개가 물고 갔는지 모르겠다"라고 말했다. 어떤 의도가 포함된 말이 아니었다. 그냥 가볍게 농담으로 한 말이었다. 하지만 그 말을 들은 스님은 '나를 개에 빗대어 말하다니'라며 화가 나서 근처에 있던 벽돌로 그렇게 말한 스님의 머리를 내리쳤다. 머리를 맞은 스님은 입적했다. 입적한 스님이 처음에 한 말은 그리 심각한 것이 아니었지만 결국 목숨까지 잃게 됐다. 벽돌로 내리친 스님도 살인죄로 강제속퇴를 당한 뒤 감옥에 갇히는 형벌을 받았다. *Mahāsi sayadaw*, 『*Vammika thouk tayato*(개미탑경 법문)』, pp.140~141 참조.

118 ㉷소리를 들을 때 〈들린다, 들린다〉라고 관찰하면 이런 여러 가지 괴로움이 생겨나지 않을 것이다. 매우 좋은 이익이다. 한 거사가 수행을 마치고 돌아가서 일주일 정도 뒤에 마하시 사야도께 다시 와서 다음과 같이 말했다고 한다. "큰스님, 예전에는 제 부인이 제가 뭘 하기만 하면 '잘하지 못한다. 서툴다' 등으로 잔소리가 심했습니다. 그 때문에 마음이 너무 괴로웠습니다. 귀도 따가웠습니다. 그런데 이곳에 와서 들을 때는 〈들린다〉, 볼 때는 〈본다〉 등으로 관찰하는 방법을 잘 배워서 집으로 돌아갔을 때 부인이 잔소리를 하면 〈들린다, 들린다〉라고 관찰했습니다. 그러면 부인이 무슨 말을 하는지 전혀 의미가 들어오지 않아 화도 나지 않고 마음도 편했습니다. 매우 좋았습니다. 이 방법을 좀 더 일찍 알았으면 더욱더 편하게 살았을 텐데, 매우 고맙습니다, 큰스님."

많지 않고, 분명하지도 않습니다.

먹고 마실 때도, 맛이 없거나 좋아하지 않는 음식을 먹으면 화가 생겨날 수 있습니다. 특히 음식에 까다로운 이라면 먹고 싶은 음식을 먹지 못해 부부간에 화가 생겨나기도 합니다.[119] 이 경우도 그리 많지 않고, 분명하지 않습니다.

감촉도 참을 수 없는 경우가 있다

좋지 않은 감촉들과 닿았을 때도 화가 일어납니다. 모기나 개미 등 벌레들에게 물리면 화가 일어납니다. 그루터기에 걸려 넘어져도 화가 일어납니다. 그루터기는 그 자리 그대로 있는 것인데 넘어졌다고 화를 낸다는 것은 이치에 맞지 않습니다.[120] 하지만 길을 가는데 어떤 사람이 자기 몸에 부딪혔다면 이유가 될 수 있습니다. 더욱이 일부러 부딪혔다면 말할 필요도 없습니다. 《화낼 수도 있습니다.》 더욱 화가 날 것입니다. 이것이 화가 일어나는 모습들입니다.

성냄은 처음에는 약하다가 점점 커져간다

성냄은 원래 처음에는 그리 크지 않고 심하지 않습니다. 마음속으로만 일어나는 정도입니다.[121] 그러다가 점점 커집니다. 좋아하지 않는 말을 다른 사람에게 들었을 때 처음에는 그리 거슬리지 않습니다. 하지만 나중에 곱씹었을 때는 그 말이 매우 심하게 느껴져 불쑥 화가 생

119 ⓗ참아야 하는 것에 세 가지가 있다. 첫 번째는 다른 사람의 비방, 두 번째는 좋지 않은 음식, 세 번째는 좋지 않은 처소다.

120 성냄의 가까운 원인은 본서 pp.111~113 참조.

121 아직 거친 말이나 거친 행동을 할 정도로 심하지 않다는 뜻이다.

겨납니다. 참을성이 있는 이라면 한 마디 정도는 그리 문제가 되지 않습니다. 마음이 조금 불편한 정도입니다. 하지만 한 마디에서 두 마디, 두 마디에서 세 마디, 계속 들으면 마음이 불편한 정도에서 멈추지 않습니다. 얼굴이나 몸의 동작들이 변합니다. 뿌루퉁해지거나 안색이 어둡게 변하는 모습을 옆에 있는 사람들도 알 수 있습니다. 그래서 '이 사람이 화가 났구나'라고 알게 됩니다. 화의 힘이 더욱 강해지면 입술이 실룩실룩 무슨 말인가 하려는 듯 움직입니다. 나중에는 실제로 말이 튀어나옵니다. 어떤 말이 튀어나올까요? 좋지 않은 말들이 튀어나옵니다. 조금 지나면 몸을 들썩이며 안절부절못합니다. 말하는 것으로는 성이 차지 않아 때리거나 괴롭히려고 애쓰고 움직이는 것입니다. 마지막으로는 실제로 때리고 괴롭히는 행위를 합니다. 어디까지 행할 수 있을까요? 다른 이를 죽이기까지, 그래서 자기도 죽이는 정도까지 생겨납니다.[122] 이것은 제일 심한 성냄, 제일 나쁜 성냄입니다. 성냄은 다스리지 못하면 이렇게 단계단계 심해지고 커져 버립니다.[123]

맹꽁이와 같다

「왐미까숫따Vammikasutta(개미탑 경)」에 부처님께서는 성냄을 맹꽁이와 같다고 비유하셨습니다. 맹꽁이는 손으로 건드리면 건드릴 때마다 몸을 부풀립니다. 쉐보에서는 이런 맹꽁이를 '파오웅'이라고 부릅니

122 ㊅한 여인이 친정집을 방문했다. 그런데 딸의 결혼을 원래 반대했던 부모는 "우리는 너희의 결혼을 인정하지 못한다. 이왕 친정에 왔으니 다른 사윗감을 구해서 너를 그 사람과 결혼시키겠다"라고 말했다. 딸은 서둘러서 남편에게 전갈을 보냈다. 전갈을 받은 남편은 화가 나서 그곳으로 가 '이생에서 함께 살지 못할 바에야 차라리 같이 죽어서 내생에라도 같이 지낼 수 있기를'이라고 하면서 아내도 죽이고 자신도 스스로 목숨을 끊었다고 한다.

123 ㊅성냄은 거친 성품이기 때문에 과보를 받을 때도 매우 거친 과보를 받는다. 그래서 일반적으로 성냄으로 죽으면 지옥에 태어난다고 한다.

다. 일부 지역에서는 '파코웅닌'이라고 부릅니다. 어떤 곳에서는 '파뾰욱'이라고 부릅니다. 파뾰욱은 독이 있습니다. 지금 말하는 맹꽁이는 독이 있는 것은 아닙니다. 건드릴 때마다 커지는 모든 종류의 맹꽁이로 알면 됩니다.

맹꽁이는 쓰레기 더미나 나무 아래, 낙엽 사이에 서식합니다. 땅속에 들어가서 살기도 합니다. 맹꽁이는 앞서 말했듯 건드리면 스스로 몸을 부풀게 해서 커지는 성질이 있습니다. 천천히 건드리면 천천히 커집니다. 점점 커지다가 나중에는 움직일 수 없게 됩니다. 그러다가 뒤집히면 다시 바로 앉지도 못합니다. 그렇게 움직임이 둔해지면 까마귀 같은 적들이 와도 도망치지 못합니다. 적들의 먹잇감이 됩니다.[124]

성냄도 맹꽁이와 마찬가지입니다. 좋지 않은 대상들을 만나면, 듣고 싶지 않은 소리를 들으면 성냄이 생겨납니다. 거듭거듭 만나면 단계단계 심해집니다. 그래서 해서는 안 될 말과 행동을 하게 됩니다. 심해지면 다른 이를 죽이고 스스로도 죽입니다.

약이 없으면 고통을 당하고 약이 있으면 편안해진다

따라서 성냄이 생겨나면 생겨난 순간부터 관찰하고 새겨서 제거해야 합니다. 제거하기 위한 관찰 방법을 얻지 못한 이들은 성냄이 생겨

124 ㉻맹꽁이가 새의 먹잇감이 되듯이 성냄이 심해지면 지옥의 먹잇감이 된다. 그래서 성냄이 일어나면 '오, 성냄을 이대로 방치했다가는 지옥의 먹잇감이 될 것이다'라고 숙고하고 재빨리 다스려야 한다. 혹은 앞에서도 언급했듯이 다른 여러 숙고하는 방법(『자애』, pp.81~103 참조)으로 숙고해야 한다. 그중 한 가지 방법은 다음과 같다. 어떤 사람이 자기에게 욕을 해서 자신도 그 사람에게 욕을 했다고 하자. 그 사람이 욕을 한 것은 그 사람의 업이기 때문에 그 업 때문에 그 사람만 지옥에 갈 뿐이다. 그런데도 자신이 다시 그 사람에게 욕을 하는 것은 그 사람이 혼자 지옥에 가는 것이 외로울까 봐 자신도 지옥에 같이 따라가 주는 것과 같다. 왜 다른 사람이 지옥에 가는데 친구가 돼 주는가? 자신이 친구가 돼 주지 않아도 지옥의 친구가 되어 줄 이들은 매우 많다. 이 내용을 숙고해도 성냄이 조금 가라앉는다.

나면 그대로 고통을 당해야 합니다. 어쩔 수 없습니다. 이것은 약이 없는 사람들이 질병에 속수무책 당하는 것과 마찬가지입니다. 약이 있는 이들은 병이 들어도 즉시 적당한 약을 복용해서 편안해집니다. 약을 먹은 이들은 병이 사라져 건강하고 행복해집니다. 마찬가지로 관찰 방법을 갖추지 못한 이들은 성냄이 생겨나도 어떻게 할 수 없습니다. 성냄이 좋지 않다는 것은 알지만 제거하지 못해 그대로 마음의 고통을 겪어야 합니다.

다른 사람들이 성냄을 제어하지 못한 채 말하고 행동하는 것을 보면 대부분 좋지 않다고 압니다. 하지만 자신에게 성냄이 일어났을 때는 '좋지 않다'는 것을 잘 인식하지 못합니다. '화를 내는 것이 오히려 좋다'라고 여기기도 합니다. '그 사람이 한 마디 하면 나는 두 마디 할 것이다'라고 스스로 성냄을 부추기기도 합니다. 주위에서 참으라고, 그만하라고, 화내지 말라고 하면 그렇게 말하는 주위 사람들에게도 화를 냅니다. 화가 가라앉기를, 화를 가라앉히기를 원하지 않기도 합니다. 성냄은 이렇게 되는 경우가 많습니다. 법의 무기를 가진 이라면 성냄이 생겨났을 때 관찰하기만 하면 됩니다. 관찰해서 제거하기만 하면 됩니다.

원망의 토대 아홉 가지

성냄dosa이 심해지면 '원망āghāta·怨望'이 됩니다. 원망이 생겨나는 모습에는 사람과 관련해 아홉 가지가 있습니다. 이것을 '원망의 토대 āghāta vatthu 아홉 가지'라고 말합니다.[125]

125 뒤에 나오는 '이유 없는 화냄'과 합해서 '원망의 토대 열 가지'라고도 말한다.

다음과 같은 모습으로 어떤 한 사람이 다른 사람에게 마음이 흡족하지 않아 원망을 갖게 됩니다.

①'이 사람이 예전에 나에게 불이익을 행했다'라고 과거에 자신에게 불이익을 행했던 것을 돌이켜 숙고해서 원망을 갖습니다. '언젠가는 그에게 어떤 방법으로든 보복하겠다'라고 보복하려는 성품입니다.

②'이 사람이 지금 현재 나에게 불이익을 행하고 있다'라고 현재에 불이익을 행하고 있는 것을 연유로 원망을 갖습니다.

③'이 사람이 나중에 나에게 불이익을 행할 것이다'라고 생각해서도 원망을 갖습니다.

이렇게 세 시기와 관련해서 원망을 갖습니다.

이것은 사람들 사이에서만 해당하는 것이 아닙니다. 다른 중생들에 대해서도 원망을 가질 수 있습니다. 모기나 벼룩, 개미에 대해서도 원망을 가질 수 있습니다. '이러한 존재들이 나에게 이전에 괴로움을 주었다. 지금도 괴로움을 주고 있다. 나중에도 괴로움을 줄 것이다'라고 원망을 가집니다. 이렇게 원망을 가지면서 법을 잘 간수하지 못하는[126]이라면 이러한 존재들을 죽이기까지 합니다. 원망이 한번 생기면 한 사람, 한 마리뿐 아니라 무리 전체를 죽이기도 합니다. 개에 대해서도 원망을 갖습니다. '이 개가 예전에 나를 물었다. 내게 짖었다. 지금도 나를 물고, 내게 짖고 있다. 나중에도 나를 물고, 내게 짖을 것이다'라고 원망을 가져 '너도 나중에 언젠가는 알게 될 거다'라고[127] 위협하기도

126 불선법이 일어나지 않고 선법이 일어나도록 마음을 잘 간수하지 못하는.

127 미얀마어 표현으로 '나중에 되갚아 주겠다. 그때 너는 괴로움을 겪으면서 잘못했다고 알게 될 것이다' 등의 의미를 나타낸다.

합니다. 이런 원망은 어디에나 있습니다.[128]

지금 설명하고 있는 것은 '예전에 그가 내게 불이익을 행했다. 지금 행하고 있다. 나중에 행할 것이다'라고 세 시기와 관련해서 원망을 가지는 모습들입니다.

자신이 좋아하고 존경하는 이와 관련해서 원망을 가지는 것에도 세 가지가 있습니다.

④~⑥'내가 존경하는 이에게 예전에 불이익을 행했다. 지금 행하고 있다. 나중에 행할 것이다'라고 원망을 갖습니다.

자기가 싫어하는 이와 관련해서 원망을 가지는 것에도 세 가지가 있습니다.

⑦~⑨'내가 싫어하는 이에게 예전에 이익을 행하고 도움을 주었다. 지금 도움을 주고 있다. 나중에 도움을 줄 것이다'라고 원망을 갖습니다.

이렇게 모두 아홉 가지입니다.

그리고 한 개인이나 중생이 아닌 그루터기, 햇볕, 비 등과 같이 화낼 만한 이유가 없는 대상에 화내는 것도 있습니다. 이것을 '이유 없는 화냄aṭṭhāna kopa'이라고 말합니다.(A10:80)

화낼 대상이 아닌 것들에 대해서는 화내지 마라

화낼 대상이 아닌 것들과 원망의 토대 아홉 가지를 합해 원망의 토대 열 가지로 헤아리기도 합니다. 여기서 '화낼 대상이 아닌 것들'에 대해

128 ㉻미얀마 사가인의 따운필라 사야도가 저녁 예불을 드리려고 할 때였다. 갑자기 법당 아래에서 개 두 마리가 싸우면서 큰 소리를 냈다. 예불하는 데 도저히 집중할 수 없던 사야도는 내려가서 빗자루를 들고 개 두 마리를 때리려 했다. 그때 '때리는 놈도 개, 개도 개'라는 격언이 떠올랐다. 그래서 '내가 이 개들을 때리면 개 세 마리가 될 것이다. 개 세 마리가 되면 안 되지'라고 깨닫고서 빗자루를 그대로 두고 다시 법당으로 올라갔다고 한다.

조금 더 설명하겠습니다. 예를 들면 시원하길 바라는데 햇볕이 뜨거우면 화를 냅니다. 바람이 불지 않길 바라는데 바람이 불면 화를 냅니다. 몸에 병이 났다고 화를 냅니다. 병이 잘 낫지 않으면 잘 낫지 않는다고 화를 냅니다. 어떤 개인이나 중생이 아닌 고유성품이나 결정법칙, 조건에 따라 생겨나는 여러 고통스러운 느낌들에 대해 참지 못하고 화를 냅니다. 이러한 것들을 '이유 없는 화냄aṭṭhāna kopa', 화낼 대상이 아닌 것에 대해 화내는 것이라고 말합니다.

화가 많은 이들은 길을 가다가 그루터기에 걸려 넘어지면 '이 그루터기가 내 발을 걸다니'라고 애먼 그루터기에 화를 내기도 합니다. 또한 상황이 좋지 않아서 우연히 잘못된 일에 대해서도 화를 냅니다. 이런 이들은 접하는 대상마다 화내는 사람이라고 말할 수 있습니다.[129] 이들은 조금만 건드려도 화를 냅니다. 화가 점점 늘어납니다. 일부 수행자는 관찰이 잘되지 않는 것에 대해 화를 내기도 합니다. 이러한 성냄들이 생겨나지 않도록 다스려야 합니다. 생겨나더라도 심해지지 않도록 관찰해서 제거해야 합니다.

보고 싶지 않은 것들을 보면 관찰해야 합니다. 관찰하지 않아서 성냄이 일어나더라도 그 성냄을 관찰해야 합니다. 듣고 싶지 않은 소리, 맡고 싶지 않은 냄새, 먹고 싶지 않은 맛, 닿고 싶지 않은 감촉, 생각하고 싶지 않은 법, 그러한 여섯 대상이 마음에 도달하면 관찰해야 합니다. 관찰하지 않아서 성냄이 생겨나더라도 그 성냄을, 성냄이 생겨나는

129 ㉻계가 없으면 다른 사람들과 싸운다. 예를 들어 살생을 하거나 거친 말을 하면서 다른 사람과 싸우게 된다. 삼매가 없으면 자신과 싸운다. 예를 들어 수행할 때 삼매가 없으면 망상했다가 다시 관찰했다가 하면서 자기와 싸운다. 지혜가 없으면 온 세상과 싸운다. 자기든지 남이든지 만나는 사람 모두와 싸운다. 요약게송으로는 "계없으면 남과싸워 삼매없어 자기싸워 지혜없어 세상싸워"라고 표현할 수 있다.

그 순간부터 마음속에서 사라지도록 관찰해야 합니다. 몸의 행위나 말의 행위까지 도달하지 않도록 생기는 즉시 관찰해서 제거해야 합니다. 이렇게 제거해 나갈 수 있으면 위빳사나 지혜가 무르익었을 때 성스러운 도의 지혜에 도달합니다.

수다원도 정도로는 성냄을 완전히 제거할 수 없습니다. 사악도에 태어나게 하는 성냄 정도만 없어집니다. 수다원은 성냄을 이유로 다른 이를 죽이는, 사악도에 가게 하는 악행들을 행하지 않습니다. 이것은 다른 이를 죽일 정도로 거친 성냄이 생겨나지 않는다는 뜻입니다. 악행을 범할 정도로 성냄이 심해지지 않도록 단속할 수 있다는 뜻이기도 합니다. 자기가 좋아하지 않는 대상과 만나면 성냄이 일어나기는 하지만 죽일 정도까지는 아닙니다. 다른 이의 물건을 훔칠 정도로 성냄이 일어나지는 않습니다. 다른 이의 불이익을 바라면서 거짓말을 할 정도로 성냄이 일어나지는 않습니다. 이렇게 성냄이 심해지지 않는다고 하면 어느 정도 '편해졌다'라고 말할 수 있습니다. 아나함이 되면 성냄이 완전히 사라집니다. 아라한이 되면 더 말할 것도 없습니다. 성냄의 흔적조차 없습니다. 다른 번뇌들까지 모두 없어집니다. 그래서 "akkodhano hoti화를 내지 않습니다; 화가 없습니다", 이렇게 화를 내지 않는 아나함과 아라한에게는 성냄의 번뇌와 관련된 괴로움들이 다 소멸됩니다. 그래서 '적정자'라고 부를 수 있습니다.

걱정하지 않아야 한다

첫째 구절에서 '화를 내지 않는다'라는 덕목에 이어서 "asantāsī ca hoti 걱정하지도 않습니다; 걱정도 없습니다"라고 설하셨습니다. 걱정하지도 않아야 적정자라고 할 수 있습니다.

일반적으로 자기가 바라는 대로 성취되지 않으면 걱정하고 근심하고 낙담합니다. 그러한 근심과 낙담을 이 게송에서는 '걱정santāsa'이라고 표현했습니다. 출가자의 경우에는 의지하고 가까이 지내는 재가자들이 적어지면 걱정하고 낙담합니다. '나에게 보시하고 나를 부양해 주는 이가 적어졌다. 가까이 시봉해 줄 이가 없다' 등으로 생각하면서 낙담합니다. 자기 종파나 문중, 동료들을 얻지 못해도, 그래서 의지할 곳이 없어져도 낙담합니다.

요약하면 세간팔풍[130] 중에서 원하지 않는aniṭṭha 네 가지와 만나면 낙담합니다. 이익을 얻지 못하면 '내가 바라는 것을 얻지 못했다. 성취하지 못했다'라고 낙담합니다. 대중이 적으면 '나는 다른 사람처럼 주위에 사람이 많지 않다. 있던 사람들도 없어졌다'라고 낙담합니다. 지내기 불편하게 되거나 여러 사건 사고가 생기면 '의지할 사람이 없다'라고 낙담합니다. 무릇 사람이란 칭찬받기를 원합니다. 비난받길 바라지 않습니다. 그래서 칭찬을 받지 못하고 비난을 받아도 낙담합니다. 또한 고통과 행복이라는 두 가지 중에 행복과 만나길 바랍니다. 고통과 만나길 바라지 않습니다. 그래서 자기가 바라는 대로 행복을 갖추지 못하고 고통만 만나면 '나는 업이 좋지 않다. 과보가 저열하다'라고

130 세상법lokadhamma 여덟 가지는 다음과 같다.(A8:5,6)
①lābha 이득 ②alābha 이득없음 ③yasa 명성(대중) ④ayasa 명성없음(대중없음)
⑤nindā 비난 ⑥pasaṁsā 칭송 ⑦sukha 행복 ⑧dukkha 괴로움
이 내용을 요약하면 다음과 같이 게송으로 표현할 수 있다.
이득손실 명성악명 칭송비난 행복고통
세상법은 세상따라 세상다시 세법따라
마하시 사야도는 다음과 같이 표현했다.
이득대중 칭송해 행복기뻐해
그네가지 반대돼 세상슬퍼해
세상법은 못피해 겪어확실해

낙담합니다.[131]

이것들은 모두 자기가 바라는 대로 성취하지 못한 것, 이뤄지지 않은 것을 연유로 낙담하는 것입니다. "이러한 낙담도 없어야 한다. 제거해야 한다"라는 뜻입니다. 요약하자면 자기가 바라는 필수품이나 대중, 물건들이 충분하지 않은 것을 연유로 낙담하면 그것을 관찰해서 제거해야 한다는 뜻입니다. 관찰하지 못해 낙담하는 것만으로는 그러한 필수품 등이 생겨나거나 갖춰지지 않습니다. 그러니 전혀 낙담할 필요가 없습니다.

어떤 사람들은 마음이 쉽게 약해집니다. 이런 사람들은 주위 사람들이 마음에 힘이 생기도록 격려해 주어야 합니다. 또 어떤 사람들은 지내기가 불편할 때《몸 상태가 좋지 않을 때》 특히 낙담합니다. 그렇더라도 낙담하지 않는 사람들도 있습니다. '어쨌든 될 대로 되겠지. 죽어도 어쩔 수 없지'라고 물러나지 않는 이도 있습니다. 무엇을 갖췄거나 갖추지 못했거나, 얻거나 얻지 못했거나, 있거나 없거나 '어떻게 되겠지'라고 기죽지 말고 지내야 합니다. 만약 낙담하면 그것을 관찰해서 제거하기만 하면 됩니다.[132]

"화냄없고 걱정없고"라는 요약게송에서 말씀하신 대로 화를 내지 말고 성냄이 생겨나면 관찰해서 제거해야 합니다. 그리고 걱정이 없어야

131 ㉻수행이 바라는 대로 향상되지 않아 울기까지 했던 마하시와 장로의 일화는 본서 부록 pp.275~279 참조.

132 ㉻떼인구 사야도는 "수행하다가 사람이 죽거나 아니면 번뇌가 죽거나"라는 마음으로 수행했다고 한다. 일부 수행지도 스승들은 "법과 목숨을 바꿀 수 있을 정도의 마음이 있어야 법을 얻는다"라고도 말한다. 부처님께서는 "피부와 힘줄과 뼈만 남을 테면 남아라. 살과 피가 다 말라버려도 좋다. 깨달음을 얻기 전까지 이 정진을 멈추지 않겠다"라는 마음으로 수행해야 한다고 말씀하셨다.(S12:22 등) 만약 지금까지 법을 얻지 못했다면 이런 마음이 없기 때문이라고 말할 수 있다. 낙담하지 말고 계속 정진해 나가야 한다. 대중이 적어져서 낙담했다가 위빳사나 수행으로 극복한 밍군 제따완 사야도의 일화는 본서 부록 pp.279~280 참조.

합니다. 원하는 대상이나 물건, 필수품, 대중을 얻지 못했다 하더라도 걱정하거나 낙담하지 말아야 합니다. 걱정이 생겨나더라도 관찰해서 제거해야 합니다. 아라한이 되면 이러한 것들이 없습니다. 적멸했습니다. 적정해졌습니다. 사실은 아나함이 됐을 때부터 없어지고 적멸하고 적정해져 왔습니다.

우쭐대지 않아야 한다

성냄이 없고 걱정이 없는 정도가 아닙니다. "avikatthī ca hoti우쭐대지도 않습니다; 우쭐댐도 없습니다; 뽐냄도 없습니다"라고 설하신 대로 자만도 없어야 합니다.

지금 설하고 있는 「뿌라베다숫따」는 출가자를 대상으로 한 내용이 대부분입니다. 그래서 출가자와 관련된 성품들을 주석서에서 설명해 놓았습니다. 출가자라면 우쭐대지 않아야 합니다. 우쭐거림을 삼가야 합니다. 어떤 출가자는 친척이나 가문과 관련해서 사실이 아닌데도 높은 가문이나 상류층 출신이라고 으스대고 우쭐댑니다. 어떤 덕목과 관련해서 스스로 계를 갖추지 않았으면서 갖춘 척 우쭐댑니다. 교학이나 경전에 정통하지 않으면서 정통한 척, 아는 척 우쭐대며 말합니다. 실천수행의 측면에서도 두타행 등을 실천하지 않으면서 실천하는 척 우쭐대며 말하기도 합니다. 선정증득까지 갖춘 척 우쭐대며 말하기도 합니다. 출세간법들은 이 경에 포함되지 않았습니다. 그래서 세간법들을 스스로 구족하지 않았으면서 구족한 것처럼 우쭐대며 말하는 성품이 없어야 한다는 뜻으로 이해해야 합니다.

재가자라면 세간의 일이나 재산 등과 관련해서 우쭐댐이 없어야 합니다. 가족이나 대중들과 관련해서도 우쭐댐이 없어야 합니다. 어떤 사람들은 이러한 우쭐댐을 습관처럼 행합니다. 곧잘 우쭐댑니다.[133] 반면 범부이지만 우쭐대지 않는 이들도 있습니다. 정직합니다. 그렇게 정직한 이는 올곧습니다. 없으면 없다고, 아니면 아니라고, 못하면 못한다고, 이렇게 올곧고 정직하게 말합니다. 지금 수행자들은 참사람법을[134] 닦고 있기 때문에 만약 우쭐댐이 생겨난다면 관찰해서 제거해야 합니다. 우쭐대는 마음이 없어지도록 실천해야 합니다. 우쭐댐은 수다원이 되면 없어집니다.[135] 이러한 우쭐댐이 없어지도록 노력해야 합니다. 관찰해서 제거해야 합니다. 요약게송을 다시 독송합시다.

화냄없고 걱정없고 뽐냄없고 비행(非行)없어
고려뒤말 들뜸없는 적정자 여섯덕목들

---

133 ㉭자신이 우쭐대면서 말하면 말을 듣는 사람《수다원이 아닌 경우》에게 질투가 생겨난다. 그래서 '왜 다른 사람에게 질투를 생겨나게 할 것인가'라고 숙고해서도 우쭐대면 안 된다. 왜냐하면 질투는 매우 나쁜 법이기 때문이다. 차라리 돼지나 닭 등을 키워서 팔거나 먹거나 하면 돈을 벌거나 맛있게 먹고 나서 지옥에 태어나는 등 나쁜 과보를 받는다. 질투하면 돈도 들어오지 않고 맛있는 것을 먹지도 못하면서 온전히 나쁜 결과를 받는다. 질투와 관련된 요약게송을 소개하면 다음과 같다.

남의번영 수희해 못한다면 질투해
질투대신 수희해 자기마음 다스려

134 ㉭참사람법saddhamma은 믿음saddhā, 새김sati, 부끄러움hirī, 두려움ottappa, 많이배움bahussuta, 정진vīriya, 통찰지paññā라는 일곱 가지다.(D.iii.208/D33) 참고로 성자재산ariyadhana으로도 불리는 참사람재산은 믿음saddhā, 계sīla, 부끄러움hirī, 두려움ottappa, 많이배움bahussuta, 베풂cāga, 통찰지paññā라는 일곱 가지다.(D.iii.208/D33) 요약게송으로 표현하면 다음과 같다. 『아비담마 강설 2』, p.431 참조.

신념참괴문정혜信念慚愧聞精慧 참사람의 일곱법
신계참괴문시혜信戒慚愧聞施慧 진인眞人재산 일곱법

135 ㉭어떤 덕목을 갖추지 않았는데 갖췄다고 말하는 이런 비사실자만과 관련된 우쭐댐은 수다원이 되면 없어진다. 갖춘 덕목을 갖췄다고 있는 그대로 말하는 사실자만은 아라한이 돼야 없어진다. 수다원은 적당한 경우, 예를 들어 상대방이 법을 받아들일 마음이 있고 정진을 북돋기에 충분한 경우 등에는 스스로 수다원이라고 말하기도 한다. 혹은 아라한이라도 완전열반에 들기 전이나 도반에게 이익이 있을 때는 이런 종류의 우쭐댐이 없이 본인의 성취를 말하는 경우가 있다.

두 번째 대답 게송에는 적정자의 여섯 덕목이 있습니다.

①화를 내지 않는 것

②원하는 대상을 갖추지 못했다고 낙담하거나 걱정하지 않는 것

③말할 때 우쭐대지 않는 것

④비행kukkucca·非行이 없는 것

⑤말할 것이 있을 때 재차 고려한 뒤 말하기에 적당한 말만 하는 것

⑥산란하지 않고 삼매가 있어서 마음이 집중되고 고요한 것

이 중 세 번째 덕목까지 설명했습니다.

비행이 없어야 한다

우쭐댐이 없는 덕목에 이어 네 번째인 비행非行이 없는 덕목에 관해 설명할 차례입니다. 부처님께서는 "akukkucco ca hoti비행非行도 없습니다; 좋지 않고 바랄 만하지 않고 혐오스러운 말과 몸의 행위도 없습니다"라고 설하셨습니다. 비행kukkucca·非行에 대해서는 자세하게 설명할 것입니다. 알아두면 매우 좋은 내용들입니다. 간단히 요약하면 비행에는 세 종류가 있습니다.

①팔 비행hattha kukkucca과 발 비행pāda kukkucca

《팔을 흔듦, 발을 흔듦》

②율 비행vinaya kukkucca《율장과 관련된 의심》

③자책 비행vippaṭisāra kukkucca《참회하고 뉘우치는 후회》

원래 'kukkucca'란 좋지 않은 행위, 혐오스러운 행위를 말합니다. 어떤 행위를 했을 때 아무런 이익이 없다면 그 행위는 좋지 않은 행위, 혐오스러운 행위입니다. 그러한 행위를 'kukkucca'라고 말합니다.

① 팔과 발을 가만히 두지 못하는 비행

먼저 팔 비행hattha kukkucca과 발 비행pāda kukkucca을 설명하겠습니다. 이것은 손과 발을 가만히 두지 않는 것입니다. 새김과 삼매가 없는 이들은 손발을 가만히 두지 않습니다. 입으로도 말하고 싶은 대로 말하고, 손발도 움직이고 싶은 대로 움직입니다. 일부 법사는 법문할 때 손발이 고요하지 않습니다. 이리저리 움직입니다. 이것은 자신의 손발에 새김이 없는 성품, 새김을 놓아버린 성품입니다. 이것을 '팔 비행'과 '발 비행'이라고 말합니다. '팔과 발이 고요하지 못함'이라고 표현할 수 있습니다. 손발뿐만 아니라 머리의 여러 동작, 몸의 여러 동작이 고요하지 않은 것도 해당됩니다. 이렇게 고요하지 않은 동작들이 없어야 합니다. 이것은 아라한이 돼야 완전히 없어지지만, 수행자라면 이러한 비행들이 없어지도록 노력해야 합니다. 할 수 있는 만큼, 새김이 없는 이보다는 더 고요하도록 노력해야 합니다. 이것은 「깐다라까숫따Kandaraka-sutta(깐다라까 경)」를 통해 분명하게 알 수 있습니다.(M51)

• 깐다라까가 존경하는 모습 한때 뻿사Pessa 장자와 깐다라까Kandaraka 유행자遊行者《불교 교단 밖의 출가 수행자》가 부처님께 다가갔습니다. 그때 부처님 가까이에 제자 승가가 모여 있었습니다. 깐다라까 유행자는 승가를 이리저리 둘러보았습니다. 그때 승가 존자들은 매우 고요하게 앉아 있었습니다. 어떤 스님도 손과 팔과 머리를 움직이지 않았습니다. 말도 하지 않고 기침 소리조차 내지 않았습니다. 깐다라까는 스님들에게서 매우 고요하고 적정한 모습을 봤습니다.

이 장면을 "tuṇhībhūtaṁ tuṇhībhūtaṁ 침묵하고 침묵하는"이라고 경전에서 묘사했습니다.(M.ii.1/M51) 승가의 규모가 매우 컸지만 여기를 봐도 고요하고 저기를 봐도 고요했습니다. 이렇게 고요한 모습을 본 깐다라까는 불교 교단 밖의 유행자였지만 존경심이 생겨났습니다.

'고따마 존자가 이렇게 제자들을 고요하도록 가르치고 훈계했다는 것은 매우 희유한 일이다. 매우 존경스러운 일이다.'

마음속에 믿음이 생겨난 그는 부처님께 이렇게 말씀드렸습니다.

"고따마 존자여, 과거에 출현하셨던 정등각자 부처님들께서 제자들을 고요하고 차분하게 가르치고 훈계하셨던 것은 지금 부처님께서 가르치시는 것과 같았을 것입니다. 과거 부처님들의 대중도 지금 부처님의 대중처럼 고요했을 것입니다. 나중에 출현하실 정등각자 부처님들께서 제자들을 고요하고 차분하게 가르치고 훈계하시는 것도 지금 부처님께서 가르치시는 것과 같을 것입니다. 미래 부처님의 대중도 지금 부처님의 대중처럼 고요할 것입니다. 매우 존경스러울 것입니다."

그러자 부처님께서는 다음과 같이 대답하셨습니다.

"깐다라까여, 그대는 지금 대중이 고요하다는 사실만을 안다. 그 이유는 모른다. 무엇 때문에 고요한지 내가 가르쳐 주겠다. 이 대중 속에는 법을 실천해서 번뇌가 다한, 새김과 바른 앎이 완전히 구족된 아라한 개인들도 있다."

아라한들에 대해서는 더 말할 것이 없습니다. 여섯 문에서 드러나는 대상들을 모두 따라가며 관찰하는 새김이 현전합니다. 어찌 존경할 만한 모습이 생겨나지 않을 수 있겠습니까? 매우 고요하고 적정하기만 합니다.

또한 "수련자sekkha·有學도 있다"라고 말씀하셨습니다. 아나함, 사다함, 수다원, 훌륭한 범부를 '수련자'라고 말합니다. 수련 중에 있는 이들을 말합니다. 무엇을 수련하고 있을까요? 새김확립satipaṭṭhāna 네 가지를 수련하고 있습니다. 그래서 다음과 같이 설명하셨습니다.

Catūsu satipaṭṭhānesu suppatiṭṭhitacittā viharanti.(M.ii.2/M51)

대역

Catūsu satipaṭṭhānesu네 가지 새김확립에 suppatiṭṭhitacittā잘 확립된 마음이 있으면서; 마음이 잘 확립되어 viharanti머문다.

"이 비구들은 네 가지 새김확립에 마음이 잘 확립돼 있다"라는 뜻입니다. 네 가지 새김확립은 수행자라면 이미 잘 알 것입니다. 강조하는 의미에서 조금 더 설명하겠습니다. 일부는 몸 거듭관찰kāyānupassanā 새김확립을 기본으로 마음을 기울입니다. 일부는 느낌 거듭관찰vedanānupassanā 새김확립을, 일부는 마음 거듭관찰cittānupassanā 새김확립을, 일부는 법 거듭관찰dhammānupassanā 새김확립을 기본으로 마음을 기울입니다. 이러한 법들을 기본으로 마음을 기울이며 수행하면서 고요하게 머뭅니다. 새김 없이 동작을 고치는 일이 없습니다. 동작을 바꿀 때도 새기면서 바꾸기 때문에 항상 고요하고 차분합니다. 갑자기 휙 바꾸지 않습니다. 좋지 않은 모습으로 바꾸지 않습니다. 이것은 무엇 때문일까요? 항상 새김이 따라와서 관찰하고 있기 때문입니다. "그래서 이 대중이 매우 고요한 것이다"라고 부처님께서 그 이유를 설명하셨습니다.[136]

• **빠세나디 왕이 아뢴 모습** 한때 꼬살라Kosala를 다스리는 빠세나디Pasenadi 왕이 부처님께 다음과 같이 아뢰었습니다.

136 ⓗ수행을 통해 다섯 문이 고요한 모습과 관련된 뽓틸라 장로의 일화는 본서 부록 pp.281~285 참조.

"부처님, 저는 권력을 쥔 왕입니다. 국민들의 재산을 몰수해서 벌금을 물릴 수 있습니다. 죽이려면 죽일 수도 있습니다. 국외로 추방할 수도 있습니다. 이렇게 막강한 권력이 있습니다.[137] 그런데도 가끔 나의 말을 가로막고 중단시키는 자들이 있습니다."(M.ii.322/M89)

맞습니다. 과거에 권력을 쥔 왕은 뭐든 원하는 대로 할 수 있었습니다. 요즘에는 법률에 따라 재판이 벌어지고, 변호사와 검사의 변론을 거쳐 잘못이 분명하면 처벌하고, 분명하지 않으면 석방시킵니다. 하지만 왕이 절대 권력을 행사하던 과거에는 그렇지 않았습니다. 권력의 정점에 있는 왕이 "죽여라"라고 명령하면 죽여야 합니다. 전혀 반박하지 못합니다. 사건이 바로 종결됩니다. "저자를 나라에서 추방하라"라고 명령하면 추방해야 합니다. 누구도 왕의 말을 거역할 수 없습니다. 명령과 권력에 의해 법이 유지됩니다. 그 정도로 권력이 막강했습니다. 이렇게 절대 권력을 지닌 왕이었지만 가끔 왕이 말하는 도중에 대신 등이 일어나서 간청하며 말하는 경우가 있었습니다. 자주는 아니어도 가끔 그런 일이 있었습니다. 왕의 명령을 받아들이지 못해서였지만, 당시 이런 행위는 매우 불경스러운 일이었습니다.

이어서 빠세나디 왕은 다음과 같이 아뢰었습니다.

"하지만 부처님의 제자 대중은 매우 고요합니다. 부처님께서는 제자 대중을 왕의 절대 권력으로 훈계하시는 것이 아닙니다. 전혀 위협도 하지 않고 단지 훈계만 하실 뿐입니다. 이렇게 단지 훈계만 하시는데도 제자들은 매우 고요합니다."

한때 부처님께서 법을 설하실 때 법문을 듣던 대중들이 모두 고요하게 법문을 경청하고 있었습니다. 그때 한 스님이 헛기침을 했습니다. 참

137 저본에서는 여기까지만 인용했다. 하지만 이어지는 내용을 참고해서 뒷부분을 첨가해서 인용했다.

기는 참았을 것입니다. 그러다가 어쩔 수 없어서 헛기침을 했을 것입니다. 그러자 옆에 있던 동료 비구가 그 스님을 무릎으로 살짝 건드리며 "존자여, 조용히 법을 들으시오. 소리를 내면 법문을 듣는 사람들에게 장애가 될 수 있습니다"라고 주의를 주는 것을 보았다고도 빠세나디 왕이 말했습니다.

그리고 "부처님의 제자 대중은 팔을 가만히 두지 않고 이리저리 움직이는 팔 비행이나 발을 가만히 두지 않고 이리저리 움직이는 발 비행, 입으로 이리저리 함부로 말하는 것, 헛기침을 하는 것 등 고요하지 않은 행동이 전혀 없습니다"라고 빠세나디 왕이 말씀드렸습니다.[138]

부처님의 가르침에 따라 새김과 바른 앎을 통해 실천하면 이렇게 고요해집니다. 이렇게 고요해지도록 실천하고 노력해야 합니다. 하지만 일부는 스스로 그렇게 고요하게 지내지 못하면서 다른 이들이 고요하게 지내는 것을 비난합니다. 어떻게 비난할까요? "저 사람은 법을 설할 때 일부러 근엄한 척 꾸미면서 설한다. 우리는 어떤 척 꾸미지 않는다"라고 불경스럽게 법을 설합니다. 일부 대중은 이렇게 설하는 것을 좋아합니다. 세상에는 여러 부류의 사람이 있습니다. 사실 이렇게 손이 고요하지 않은 팔 비행, 발이 고요하지 않은 발 비행, 머리가 고요하지 않은 것, 몸이 고요하지 않은 것, 이리저리 함부로 말하는 것은 새김과 바른 앎이 없는 성품일 뿐입니다. 새김과 바른 앎이 있다면 이러한 성품이 없습니다. 완전히 없지는 않더라도 적습니다. 이렇게 없어지거나 적어지도록 노력하고 실천해야 합니다. 그래서 부처님께서 "akukkuco ca hoti비행도 없습니다; 손의 비행과 발의 비행도 없습니다"라고 설하셨습니다.

138 빠세나디 왕이 "부처님의 대중에게는 팔 비행이나 발 비행 등 고요하지 않은 행동이 전혀 없습니다"라고 직접 언급하는 내용은 M89에 없다.

② 율 비행

두 번째는 율 비행vinaya kukkucca입니다. 율장과 관련해서 적합한 물건이 진짜 적합한지 의심하는 것, 적합하지 않은 것을 적합한지 의심하는 것, 시간이 적당한데도[139] 진짜 적당한지 의심하는 것 등을 말합니다. 적당한지 적당하지 않은지, 해도 좋은지 좋지 않은지, 사용해도 좋은지 좋지 않은지 등으로 의심하는 것이 '율 비행'입니다. 이 정도의 율 비행, 의심이 생기는 정도로는 아직 허물이 없습니다. 이것은 율장과 관련해 생겨날 수 있습니다. 이러한 율 비행을 통해 의심이 생기는 것은 스님들이 갖춘 덕목 중 하나입니다.[140]

어떤 비구는 전혀 숙고하지 않습니다. 율 비행이 생겨나지 않습니다. 그래서 하고 싶은 것을 다 합니다. 아무것도 두려워하지 않습니다. 사용해도 좋은지 아닌지 숙고하지 않습니다. 모든 것을 함부로 사용합니다. 율을 중시하지 않는 성품입니다. 이렇게 너무 주의하지 않아도 비난받을 만합니다. 이러한 율 비행은 제거해야 할 것이 아닙니다. 생겨나야 할 경우에는 생겨나야 합니다. 적당한지 아닌지 숙고해야 합니다. 하지만 마음속에 의혹이 있는데도 불구하고 그 의심쩍은 물건을 사용하면 범계에 해당합니다. 그러한 율 비행으로 인해 계를 범하는 일은 없어야 합니다.[141] 의혹이 있는 물건은 사용하지 않고 삼가야 합니다.

139 예를 들어 주스는 오후에 마셔도 되는데 그것이 적당한지 의심하는 것이다.

140 ㉻이와 관련된 쉐진 사야도의 일화가 있다. 비구계에 따르면 친척이 아닐 경우에는 보시자가 청하기 전에 스스로 청을 하면 안 된다는 계목이 있다. 어느 날 쉐진 사야도의 부친이 와서 "왜 스님은 이러이러한 것이 필요하다고 청하지 않으십니까?"라고 물었다. 사야도는 "비구계에 따르면 친척인 경우에만 보시자의 청 없이 필요한 것을 요청할 수 있습니다. 부친이 저의 진짜 부친인 줄 제가 확신할 수 있습니까?"라고 대답했다. 부친은 약간 화를 내면서 "제가 진짜 부친인지 아닌지 모친에게 가서 물어보십시오"라고 말하며 돌아갔다고 한다.

141 율 비행을 통해 숙고하여 적당한지 아닌지 의혹이 있는 상태에서 그 물건을 사용하여 계를 범하는 일은 없어야 한다는 뜻이다.

율 비행과 관련된 실천은 그 정도면 충분합니다.

③자책 비행

세 번째 자책 비행vippaṭisāra kukkucca은 마음이 불편한 후회입니다. 마음 불편함이라는 자책 비행에는 두 종류가 있습니다. (행하지 말아야 할 것을) '잘못 행한 것' 때문에 생겨나는 것이 하나, (행해야 할 것을) '행하지 않은 것' 때문에 생겨나는 것이 다른 하나입니다.

'잘못 행한 것'이란 악행을 말합니다. 적당하지 않은 몸의 악행, 말의 악행, 마음의 악행, 이러한 악행들을 잘못 행하면 그 잘못 행한 것을 돌이켜 생각하며 '아, 불선업이 생겨났구나, 잘못 행했구나'라고 마음의 불편함이 생겨납니다. 걱정합니다. '나는 이러한 행위를 저질렀다. 이러한 말을 해 버렸다'라고 생각하면서 자신의 행동이나 말을 돌이켜 숙고한 뒤 걱정합니다. 이것을 '자책 비행', 또는 '후회'라고 부릅니다. 그러한 자책 비행은 제거해야 합니다.

자책 비행은 적합하지 않은 행위를 하지 않으면 저절로 없어진 것입니다. 이렇게 저절로 없어진 것도 좋습니다. 하지만 그 방법으로는 자책 비행이 완전히 사라지지 않습니다. 태어나서 지금까지 전혀 잘못한 일이 없이 완벽히 깨끗한 사람은 드물 것입니다. 단지 이러한 걱정이나 후회가 생겨나는지, 생겨나지 않는지, 이 정도만 다를 것입니다. 적거나 많거나 잘못한 일들은 있습니다. 그러니 걱정이나 후회는 생겨날 수 있습니다. 이렇게 생겨났을 때 관찰해서 제거해야 합니다. 혹은 '이 잘못된 행위들은 이전에 이미 생겨버린 것이다. 지금 다시 돌이켜 걱정해도 아무런 이익이 없다. 그러니 다음에는 이러한 행위를 행하지 않으리라'라고 마음 기울이고 숙고해서도 제거해야 합니다. 생겨나는 모든 것을 관찰해서도 제거해야 합니다. 이렇게 제거할 수 있으면 제일 좋습니다.

'행해야 할 것'이란 선행, 선업입니다.[142] 보시나 지계 등 선업과 관련된 실천들입니다. 행해야 할 그러한 선업들을 행하지 못했기 때문에도 '그때 선업을 행하지 못했다' 등으로 걱정하기도 합니다. 이러한 걱정들도 없어야 합니다. 행해야 할 보시나 지계 등을 자기 능력이 미치는 만큼 행해야 합니다. 예불을 드릴 시간이면 예불을 드려야 합니다. 스승님께 예경을 올려야 할 때는 예경을 올려야 합니다. 이렇게 행해야 할 것들을 자기 능력껏 행하면 걱정할 일이 없습니다. 이렇게 걱정하지 않도록 행해야 할 것들을 모두 행해야 한다는 뜻입니다. 만약 행하지 못하고 부족하거나 잊어버린 채 지나갔다면 나중에 돌이켜 숙고할 때 마음이 편치 않을 것입니다. '내가 그때 그 선업을 행하리라 생각했는데 그러지 못했다. 스승님과 만났을 때 예경을 올려야 했는데 그러지 못했다' 등으로 돌이켜 숙고할 때 걱정이 끼어들 수 있습니다. 그렇게 걱정이 끼어들면 관찰해서 제거해야 합니다. 혹은 '나중에는 그렇게 잊어버리지 않으리라. 행해야 할 것을 완벽히 실천하리라'고 마음 기울이며 제거해야 합니다.

제일 중요한 비행

이 비행들 중에서 제일 중요한 비행은 '나는 계의 실천을 아직 완벽하게 닦지 못했다'라고 걱정하는 것입니다. '삼매의 실천을 아직 닦지 못했다'라고도 걱정합니다. '통찰지의 실천을 아직 닦지 못했다'라고도 걱정합니다. '성스러운 도와 과를 아직 얻지 못했다. 아직 도달하지 못

142 저본에서 선업과 선행을 이어서 표현해서 그대로 따랐다. 특별한 차이는 없다.

했다'라고도 걱정합니다.[143] '윤회에서 의지할 만한 토대를 아직 갖추지 못했다'라고도 걱정합니다. 이러한 걱정이 생겨나지 않게 하는 것이 중요합니다. 이러한 걱정이 생겨나지 않게끔 지금 실천하고 있는 것 아닙니까? 지금 실천하고 있는 수행자들은 이러한 걱정들이 사라지도록 노력하고 있는 것입니다. 스스로 구족하게, 충분하게 수행해 놓았다면, (혹은 수행하고 있다면) 걱정할 일이 있겠습니까? 전혀 걱정할 일이 없습니다. 마음도 편안하고 몸도 편안합니다. 행복하고 흡족할 뿐입니다. 다른 때보다 임종 즈음에 더욱 중요합니다. 임종 즈음이 되면 누구나 지난날을 돌이켜 생각하기 때문입니다. 어떻게 돌이켜 생각할까요? '나는 생을 뒷받침해 줄 만한 의지처를 구족했는가?'라고 돌이켜 생각합니다. 그때 의지처를 구족하지 못했다면 걱정할 것입니다. 그렇게 걱정하지 않도록 미리 수행해 두어야 합니다.

143 ㉻이런 걱정이 생겨나지 않도록 부처님께서는 다음과 같이 당부하셨다.

Jhāyatha, bhikkhave, mā pamādattha;
Mā pacchā vippaṭisārino ahuvattha.
Ayaṁ vo amhākaṁ anusāsanī.(M.i.167/M19)

대역

Bhikkhave비구들이여, jhāyatha선정에 들어라; 대상선정을 생겨나게 하는 사마타 수행과 특성선정을 생겨나게 하는 위빳사나 수행에 힘써라. mā pamādattha방일하지 마라; 관찰하지 않고서 지내지 마라. pacchā나중에; 좋은 기회가 다 지난 후에 병에 걸렸거나 임종의 침상에 누웠거나 죽은 뒤 사악도에 떨어졌을 때 '관찰하지 않았구나! 잘못했구나!'라고 vippaṭisārino후회하는 이가; 걱정하는 이가 mā ahuvattha되지 마라. ayaṁ이것이 vo그대들을 위한 amhākaṁ우리들의; 우리 모든 붓다의 anusāsanī거듭된 가르침이다.

보시·지계·수행 등의 선업을 실천하지 않으면 다음 생에 지옥불에 타고 있을 때 '나는 그때 위빳사나 수행을 하지 않았어. 보시를 하지 않았어. 계를 지키지 않았어' 등으로 후회한다. 그런 후회가 생겨나지 않도록 선업을 실천해야 한다. 혹은 법문에서와 같이 현생에서도 시간이 지났을 때 '윤회에서 의지할 만한 어떤 바탕을 아직 마련하지 못했어'라고 후회한다. 이러한 후회가 생겨나지 않도록 하는 것이 중요하다. 이런 종류의 걱정이나 후회가 사라지도록 보시와 지계, 특히 위빳사나 수행에 열심히 노력해야 한다.

젊은 환자 비구의 일화

부처님 당시에 병에 걸린 한 비구가 있었습니다. 몸이 편치 않은 그 비구는 다른 비구에게 "부처님, 한 젊은 비구가 있는데 심하게 아픕니다. 특별히 이름이 알려진 비구는 아닙니다. 그 비구에게 오셔서 법문으로 섭수해 주십시오"라고 부처님께 말씀 좀 드려 달라고 부탁했습니다.

부탁을 받은 비구가 부처님께 가서 그대로 말씀드렸습니다. 부처님께서는 두 가지 이유로 직접 그 비구를 격려하기 위해 가셨습니다. 그 비구가 몸이 건강하지 않다는 소식을 듣고서 연민심이 일어난 것이 하나, 특별하지 않고 평범한 비구이기 때문에 시중들 이가 없을 것이라 생각해서 격려하기 위한 것이 또 하나였습니다.

부처님께서 아픈 비구에게 물으셨습니다.

"아들과 같은 비구여, 병으로 인한 느낌이 어떤가? 내가 오는 동안 조금 줄어들었는가? 편안해졌는가?"

그 비구는 자신이 의지하는 부처님께서 직접 병문안을 오셨기 때문에 힘이 났을 것입니다. 그렇다고 해서 병이 나은 것은 아니었습니다. 그래서 "부처님, 저의 병은 나아지지 않았습니다. 심해지기만 합니다"라고 대답했습니다. 부처님께서는 비구의 병이 심해지고 있는 것을 이미 알고 계셨지만, 처음에는 그렇게 물으셨습니다. 원래 부처님께서 오신 목적은 병든 비구에게 법을 설해 주기 위해서였기에 부처님께서는 이어서 다음과 같이 물으셨습니다.

"아들과 같은 비구여, 어떤가? 그대에게 마음의 걱정이나 후회할 만한 일이 있는가?"

"걱정거리와 후회거리가 많습니다."[144]

"비구여, 계와 관련해서 걱정하는가?"

"계와 관련해서는 전혀 걱정거리가 없습니다."

비구들에게 중요한 것은 계와 관련된 걱정입니다. '나는 계가 청정하지 못하다. 어떤 범계를 저질렀다' 등으로 걱정하는 것입니다. 비구들에게는 이것이 제일 중요합니다. 그에 비하면 재가자들은 쉽습니다. 오계가 무너지면 그 오계를 다시 수지하는 것만으로 계가 청정해집니다. 그래서 재가자들은 계와 관련해서 그리 어렵지 않습니다. 하지만 비구들은 다소 어렵습니다. 어떤 범계는 참회하는 것만으로 충분하지 않습니다. 필수품을 버리는 것, 격리처벌parivāsa, 참회처벌mānatta 등 거쳐야 할 과정이 매우 복잡합니다. 이런 이유로 비구들은 계와 관련해서 걱정하기 마련입니다. 그래서 부처님께서 계와 관련해서 걱정하는지 물으셨고, 비구는 계와 관련해서는 걱정할 것이 없다고 대답했습니다.

부처님의 목적

그러자 부처님께서 "계가 청정한데 그대에게 무슨 걱정거리가 있는가?"라고 다시 물으셨습니다. 그 비구의 《청정한》 행위가 드러나도록 물으신 것입니다. 그러자 그 비구는 다음과 같이 대답했습니다.

"부처님, 부처님께서 계를 청정하게 하는 그 정도의 목적만을 위해 법을 설하신 것은 아니라고 저는 이해하고 있습니다. 계를 청정하게 하는 그 정도의 목적만을 위해 실천하라고 말씀하신 것이 아니라고 저는 이해합니다."

144 ㉠"Anappakaṁ kukkuccaṃ anappako vippaṭisāro."(S.ii.272/S35:74)

"아들과 같은 비구여, 계를 청정하게 하는 그 정도의 목적이 아니라면 무엇을 위해서 실천하는 것이라고 이해하는가?"

Rāgavirāgatthaṁ khvāhaṁ, bhante, bhagavatā dhammaṁ desitaṁ ājānāmi.(S.ii.273/S35:74)

해 석

세존이시여, 세존께서는 애착의 빛바램을 위해 법을 설하셨다고 저는 알고 있습니다.

대 역

Bhante세존이시여, rāga virāgatthaṁ애착의 빛바램을 위해; 애착하는 갈애가 없어지도록; 애착하는 갈애가 사라진 열반을 위해서 bhagavatā세존께서는 dhammaṁ법을 desitaṁ설하셨다고 ahaṁ저는 kho잘 ājānāmi알고 있습니다.

같은 상황에서 방문하신 부처님의 질문에 다른 환자 비구는 다음과 같이 대답했습니다.

Anupādāparinibbānatthaṁ khvāhaṁ, bhante, bhagavatā dhammaṁ desitaṁ ājānāmi.(S.ii.274/S35:75)

해 석

세존이시여, 세존께서는 취착 없는 완전열반을 위해 법을 설하셨다고 저는 알고 있습니다.

대 역

Bhante세존이시여, anupādāparinibbānatthaṁ취착 없는 완전

열반을 위해; 집착 없이 모든 고통이 사라지길 위해 bhagavatā 세존께서는 dhammaṁ법을 desitaṁ설하셨다고 ahaṁ저는 kho 잘 ājānāmi알고 있습니다.

한 비구는 "애착이 사라진 열반을 위해서", 다른 비구는 "취착 없는 완전열반을 위해서" 부처님께서 법을 설하셨다고, 그렇게 이해한다고 말씀드린 것입니다. 이어서 "그렇게 이해한 대로 애착이 사라지도록, 애착이 사라진 열반에 이르도록, 집착과 번뇌가 완전히 사라져 모든 고통이 사라진 열반에 이르도록 노력하고 있습니다. 하지만 그 열반에 아직 이르지 못했습니다. 그래서 저에게 걱정이 많습니다"라고 대답했습니다.[145]

임종 즈음에 의지처를 마련하는 것이 매우 중요하다

맞습니다. 이 젊은 비구가 부처님께 아뢴 말은 매우 적당합니다. 임종에 다다랐을 때 중요한 것이 있다면 바로 의지처, 의지할 만한 법이 있는지입니다. 임종 즈음에는 다른 어떤 것보다 의지처가 있는 것이 중요합니다. 의지처가 없으면 걱정들이 생겨나기 때문입니다. '나는 계가 청정하다. 이생에서 죽으면 천상에 갈 것이다'라는 정도만 바라는 이라면 계가 청정한 정도로도 걱정하지 않을 것입니다. '다음 생에는 행복할 것이다'라고 안심할 것입니다. 하지만 이 젊은 비구는 단지 천상 세계에 태어나는 정도를 목적으로 한 것이 아니었습니다. 도와 과, 열반이 궁극의 목적이었습니다. 그 도와 과, 열반을 얻지 못해서 마음에 걱

145 뒷부분의 내용은 원본에 없다.

정이 생긴 것입니다. 이것도 자책 비행kukkucca입니다. 이러한 종류의 비행, 걱정이 사라지도록 실천해야 합니다.

그래서 부처님께서 그 젊은 비구에게 그러한 걱정이 사라지도록 다음과 같이 법을 설하셨습니다.

"비구여, 잘 들어라. 눈은 항상한가, 무상한가?"[146](S.ii.274/S35:75)

눈 감성물질cakkhupasāda이 항상한지 무상한지 물으신 것입니다. 비구는 "무상합니다, 부처님"이라고 대답했습니다.

이 질문은 질문자의 의도에 따라 적당하게 대답하면 쉽습니다. 요즘 법회에서 법문을 듣는 대중들은 '질문하는 분이 이러한 대답을 바라고 묻는 것이다'라고 설법자의 의향을 알아서 질문에 잘 대답합니다. 하지만 여기서는 부처님께서 직접 확실하게 알고 나서 대답하게 하려고 질문하신 것입니다. 그래서 이 질문에 대답하기가 쉽지 않습니다. 눈이 항상한지 무상한지 스스로의 지혜로 무상한 것을 경험해야 대답할 수 있습니다. 대충 말하면 "죽을 때가 되면 눈 물질이 무너집니다. 이렇게 이해해서 무상합니다"라고 대답할 수도 있습니다. 또는 "눈이 어떠한 것에 부딪혀서 무너질 수도 있습니다. 그래서 무상합니다"라고 대답해도 됩니다. 하지만 이것은 대충하는 대답입니다. 이 정도로는 수행에 의한 지혜가 생겨나지 않습니다.

수행에 의한 지혜가 생겨나게 하려면 위빳사나 지혜로 관찰해야 합니다. 여섯 문에서 물질·정신이 생겨날 때마다, 눈으로 볼 때마다 계속

146 Cakkhuṁ niccaṁ vā aniccaṁ vā?(S.ii.274/S35:75)

해서 〈본다, 본다〉 등으로 관찰하면, 그렇게 볼 때 분명한 눈 감성물질, 보이는 형색 물질, 보아서 아는 마음, 관찰하는 마음, 이러한 것들이 새길 때마다 계속해서 사라져 버리는 것을 경험할 수 있습니다. 이렇게 사라져 가는 것을 알아야만 이 질문에 확실하게 대답할 수 있습니다.

이 비구는 수행을 하고 있었기 때문에 부처님의 질문에 대답할 수 있었습니다. 그래서 "눈은 항상한가, 무상한가?"라는 부처님의 질문에 "무상합니다"라고 대답했습니다. 무엇 때문에 무상하다고 대답했을까요? 볼 때마다 계속해서 보고 나서는 사라지고, 다시 보고 나서는 사라지는 것을 직접 경험하고 있기 때문입니다.

부처님께서는 "형색은 항상한가, 무상한가?"라고 다시 질문하셨습니다. 형색도 보고 나서는 사라지고, 다시 보고 나서는 사라지기 때문에 무상하다고 대답했습니다. 보아 아는 성품인 눈 의식이 어떤지 물으셨을 때도 눈 의식도 보고 나서는 사라지기 때문에 무상하다고 대답했습니다. 눈 접촉[147]에 대해 물으셨을 때도 눈 접촉도 보고 나서는 사라지기 때문에 무상하다고 대답했습니다. 보고 나서 좋거나 나쁜 것《느낌》은 어떤지 물으셨을 때도 느낌도 좋거나 나쁘게 느끼고 나서 사라지기 때문에 무상하다고 대답했습니다. 이러한 법들 모두가 무상한 법들일 뿐입니다. 부처님께서도 그러한 성품들이 무상하다고 설하셨습니다.

듣는 것과 관련해서도 귀, 들리는 소리, 들어 아는 귀 의식, 귀에서 소리와 결합하는 귀 접촉, 좋거나 나쁜 소리를 듣고서 생겨나는 좋거나 나쁘게 느끼는 느낌, 이러한 성품들도 듣고 나서 사라지고, 다시 듣고 나서 사라지므로 무상한 법들일 뿐입니다.

147 ㉻눈과 형색을 조건으로 눈 의식이 생겨난다. 눈과 형색과 눈 의식이라는 이 세 가지가 결합하는 것이 눈 접촉이다. 법체로는 접촉이라는 마음부수, 정신법이다.

그와 마찬가지로 맡을 때, 먹을 때, 닿을 때도 모두 무상한 성품들일 뿐입니다. 특히 닿을 때 관찰하는 것이 제일 많습니다. 닿을 때는 몸 감성물질kāyapasāda인 닿는 장소로서의 몸, 닿아지는 좋거나 나쁜 감촉, 닿아서 아는 성품인 몸 의식, 몸과 감촉과 몸 의식이 부딪히는 접촉, 닿는 곳에서 좋거나 나쁘게 느끼는 느낌, 모두 알고 나서는 사라지기만 합니다. 새길 때마다 계속해서 닿고 나서는 사라지고, 닿고 나서는 사라지고 할 뿐입니다.

굽히고 펴는 것도 감촉들입니다. 〈굽힌다〉라고 새기면 사라집니다. 〈편다〉라고 새기면 사라집니다. 생겨나서는 사라지는 법들일 뿐입니다. 또한 몸에서 생겨나는 저림, 뜨거움, 아픔, 쓰림, 이러한 성품들도 새기면 사라지는 법들일 뿐입니다. 〈저리다〉라고 새기면 사라집니다. 〈뜨겁다; 아프다; 쓰리다〉라고 이러한 성품이 생겨날 때마다 계속해서 새기면, 새길 때마다 계속해서 사라지기만 합니다. 이러한 법들은 몸과 닿을 때만 분명합니다. 닿고 나서는 사라집니다. 이러한 성품을 수행자는 직접 경험할 수 있습니다.

생각하고 숙고하고 계획할 때도 마음과 생각 속에 드러난 대상, 대상을 아는 마음, 대상과 마음을 결합시키는 접촉, 모두가 사라지는 것들일 뿐입니다.[148] 생각하고 나서 행복한 성품도 있고, 불편한 성품도 있고, 무덤덤한 성품도 있습니다. 이러한 느낌들도 "항상한가, 무상한가?"라고 물으셨습니다. 환자 비구는 "무상합니다"라고 대답했습니다. 왜냐하면 생겨나서는 사라지기 때문입니다.

148 ㉻어떤 걱정이나 정신적 괴로움이 생겨났을 때 〈걱정함; 괴로움〉 등으로 관찰해서 휙 하고 사라져 버린다면, 그래서 그다음에 자신이 방금 무엇에 대해서 걱정했는지조차 드러나지 않는다면 매우 좋을 것이다. 그래서 마하시 사야도께서는 항상 이런 걱정이나 생각을 관찰해서 제거하라고 말씀하셨다. 그냥 따라가라고는 표현하지 않으셨다는 사실에 주의해야 한다.

지금 열심히 노력하고 있는 수행자들은 여섯 문에서 물질·정신이 드러날 때마다 계속해서 새깁니다. 그러면 새길 때마다 계속해서 드러나서는 사라지기만 합니다. 어떤 것도 지속되지 않습니다. 이러한 성품을 수행자마다 경험하고 있습니다. 이렇게 생겨나서는 사라지기 때문에 무상한 법들입니다.[149] 무상하기 때문에 괴로움일 뿐입니다. 어떤 개인이나 중생이 아니라 각각의 순간에 따라 생멸하는 법들일 뿐입니다. 그래서 이러한 법들을 'anicca 무상하다', 'dukkha 괴로움이다', 'anatta 마음대로 할 수 없는 무아인 법이다'라고 관찰해야 합니다.

'Dukkha 괴로움'이라고 하지만 참기 힘든 성품만을 말하는 것이 아닙니다. '좋아할 만한 것, 의지할 만한 것이 아닌 법이다'라는 뜻입니다. 이 법들은 생겨나서는 즉시 사라져 버립니다. 전혀 의지할 만한 것이 아닙니다. 물질·정신이 사라지는 모든 순간마다 죽음의 위험이 도사리고 있습니다. 새로운 물질·정신이 생겨나지 않으면 죽기만 할 것입니다. 그래서 매우 두려워할 만한 것입니다. 이렇게 두려워할 만한 것이기 때문에 'dukkha'라고 말하는 것입니다.[150]

또한 각자 자기 성품에 따라 생멸하고 있기 때문에 마음대로 할 수 없는 법입니다. 마음대로 할 수 없는 것은 '자아atta'라고 할 수 없습니다. '무아anatta'일 뿐입니다.[151] 그래서 부처님께서는 그러한 법들을 무상·고·무아라고 관찰해야 한다고 젊은 비구에게 설하셨습니다.[152]

149 Aniccaṁ khayaṭṭhena.(Vis.ii.242) 다한다는 의미로 무상하다. 대림스님 옮김, 『청정도론』 제3권, p.225 참조.

150 Dukkhaṁ bhayaṭṭhena.(Vis.ii.245) 위험이라는 의미로 괴로움이다. 『청정도론』 제3권, p.225 참조.

151 Anattā asārakaṭṭhena.(Vis.ii.245) 진수眞髓가 없다는 의미로 무아다. 『청정도론』 제3권, p.225 참조.

152 무상·고·무아에 관한 게송 정리는 본서 부록 pp.285~287 참조.

이렇게 무상·고·무아라고 관찰하게 되면 그러한 법들에 대해 "nibbindati", 염오합니다.

염오하면 "nibbindaṁ virajjati", 염오하는 법들에 대해 애착이 사라집니다.

그래서 "virāgā vimuccati", 애착이 사라져 해탈합니다.

이렇게 해탈하게 되면 "'khīṇā jāti vusitaṁ brahmacariyaṁ', '새로운 생에 태어남은 다했다. 청정범행 실천의 길 끝에 도달했다'라는 사실을 스스로의 지혜로 알 수 있다"라고[153] 부처님께서 아라한 도와 과까지 그 젊은 비구에게 설하셨습니다.

이 법문을 들으면서 그 젊은 환자 비구는 아라한이 됐습니다. 지금 설명하고 있는 자책 비행vippaṭisāra kukkucca이라는 후회, 마음 불편함도 모두 사라졌을 것입니다. 이렇게 완전히 사라지게 하는 것이 매우 중요합니다. 따라서 열심히 노력하고 있는 수행자들은 이전에 미처 법을 구족하지 못했더라도 실망하지 말아야 합니다. 그 젊은 환자 비구처럼 임종 즈음에 자신이 해온 대로 수행하고 마음 기울이면 특별한 법을 얻을 수 있습니다. 그 비구는 수다원 등 아래 단계만 아니라 아라한 도와 과까지 도달했습니다. 이 사실도 수행자의 기운을 북돋게 할 만한 내용입니다. 또한 임종 즈음에 자책 비행이라는 후회, 마음 불편함, 걱정이 생겨나지 않도록 늙기 전에, 병들기 전에, 죽기 전에 미리미리 법을 수행해 놓는 것이 매우 중요합니

153 Cakkhusmimpi nibbindati … manasmimpi … manoviññāṇepi … manosamphassepi nibbindati. Yampidaṁ manosamphassapaccayā uppajjati vedayitaṁ sukhaṁ vā dukkhaṁ vā adukkhamasukhaṁ vā tasmimpi nibbindati. Nibbindaṁ virajjati; virāgā vimuccati; vimuttasmiṁ vimuttamiti ñāṇaṁ hoti. 'Khīṇā jāti, vusitaṁ brahmacariyaṁ, kataṁ karaṇīyaṁ, nāparaṁ itthattāyā'ti pajānāti.(S.ii.274/S35:75)

다.[154] 비행kukkucca은 아나함이 되면 완전히 사라집니다. 아라한이 되면 더 말할 것도 없습니다. 그렇게 비행이 없는 이를 '적정자'라고 부릅니다.

고려한 뒤에 말해야 한다

"비행이 없어야 한다"는 내용에 이어서 "mantabhāṇī ca hoti고려 뒤에 말합니다; 지혜로 고려한 뒤에 말합니다"라고 설하셨습니다. 요약 게송으로는 "고려뒤말"이라고 표현했습니다. 말할 때도 고려한 뒤에 말해야 한다는 뜻입니다.

'Mantabhāṇī 고려 뒤에 말하는 이'란 "mantāya고려를 통해; 지혜와

154 ⓗ한 수행지도스승이 어떤 거사에게 "이제 수행을 해야 되지 않겠습니까? 하루라도 빨리 수행하면 좋습니다"라고 권유했다. 거사는 "스님, 수행은 하고 싶은데 시간이 없습니다. 사업도 바쁘고 가족도 돌봐야 하고 사회생활도 해야 해서 시간이 없습니다. 한가하지 않습니다. 제가 듣기로는 죽기 직전에 마음을 잘 기울여 수행해도 선처에 태어날 수 있다고 들었습니다"라고 대답했다. 수행지도스승은 "거사님, 점심을 몇 시에 드십니까?"라고 물었다. "12시에 먹습니다." "점심을 12시에 먹는데 11시 50분에 쌀을 씻고 반찬을 요리하기 시작하면 12시에 점심을 먹을 수 있겠습니까?" "먹을 수 없습니다." "그와 마찬가지로 임종 즈음에 수행해도 가능하지만 그것은 매우 드문 경우입니다. 대부분은 마음을 잘 다스리지 못합니다. 밥이나 반찬을 미리미리 준비해 두어야 하는 것처럼 수행도 미리미리 해 두어야 합니다."
앞에서도 소개했듯이 "전쟁이 난 뒤에야 화살을 다듬으면 늦다"라는 미얀마 속담이 있다. 다음은 이와 관련된 게송이다.

자네나와 만났을때 불탑가자 권했지만
자네내게 말했었지 시간없네 나중에…
자네내가 포살일에 정사가자 권했지만
자네내게 말했었지 시간없네 나중에…
조용한곳 수행센터 수행하자 권했지만
자네내게 말했었지 시간없네 나중에…
그날에는 평소처럼 시간없던 바로자네
죽음왕이 부른곳엔 거절못해 따랐네…
내가권유 했을때는 거절할수 있었지만
그때에는 거절못해 따라가야 했으니
속마음을 말하려네 이제시간 있는가…

통찰지를 통해 pariggahetvā파악하고서; 숙고하고서 bhāṇī말하는 이"라는 뜻입니다.(SnA.ii.264)[155]

해도 될 말과 해서는 안 될 말을 지혜로 숙고한 뒤 적당한 말만 해야 합니다. 그렇다고 오랜 시간 숙고하고 있어야 한다는 뜻이 아닙니다.[156] 말하다 보면 무엇을 말하는 것이 적당한지 드러납니다. 그럴 때 적당하지 않은 말은 삼가고 적당한 말만 하면 됩니다. 이렇게 말하는 것을 '고려한 뒤에 말한다'라고 합니다. 고려한 뒤에 말하면 악행에 해당하는 나쁜 말이 생겨나지 않습니다. 거짓말musāvāda도 생겨나지 않습니다. 이간하는 말pisuṇāvācā도 생겨나지 않습니다. 거친 말pharusāvācā도 생겨나지 않습니다. 특히 거친 말을 하지 않도록 주의하는 것이 중요합니다. 듣기 싫은 말을 들으면 갑자기 화가 생겨나 욱하고 거친 말이 튀어나오기도 합니다. 그렇게 욱하고 거친 말이 튀어나오지 않도록 단속하는 것이 매우 중요합니다.

고려한 뒤에 말을 한다면 쓸데없는 말samphappalāpa도 하지 않을 것입니다. 하지만 쓸데없는 말을 하는 습관이 배어 있는 이들은 이익이 없는 쓸데없는 말을 삼가기가 어려울 수 있습니다. 쓸데없는 말을 하는 습관이 없는 이들은 이전에도 적당한 말들만 해 왔을 것입니다. 그렇게 적당한 말들만 해야 합니다. 여기서 '적당한 말'이란 어떤 말들일까요? 대화주제kathāvatthu 10가지가 바로 적당한 말입니다.(M.i.199/M24)

155 원문은 "mantabhāṇīti mantāya pariggahetvā vācaṁ bhāsitā"라고 표현했다.(SnA.ii.264) 대역하면 "mantabhāṇīti'고려 뒤에 말하는 이'란 mantāya고려를 통해; 지혜와 통찰지를 통해 pariggahetvā파악하고서; 숙고하고서 vācaṁ말을 bhāsitā하는 이다"라는 뜻이다.

156 ㉠어떤 법사 스님들의 법문은 단어와 단어, 구절과 구절 사이가 지나치게 긴 경우가 있다. 그러면 신도들은 "우리 스님 법문은 한 구절과 그다음 구절 사이 거리가 1마일이나 되는 것 같다"라고 말하기도 한다.

①소욕appiccha: 원함이 적은 것과 관련해서 격려하는 말

②지족santuṭṭhi: 만족함과 관련해서 격려하는 말[157]

③완전히 멀리떠남paviveka: 혼자서 고요하게 지내는 것, 번뇌들이 없어지도록 수행하면서 지내는 것과 관련해서 격려하는 말[158]

④교제않음asaṁsagga: 제자나 재가 신자들과 교제하지 않고 지내는 것과 관련해서 격려하는 말[159]

⑤정진시도vīriyārambha: 물러서지 않고 열심히 노력하는 것과 관련해서 격려하는 말[160]

⑥~⑩계sīla, 삼매samādhi, 통찰지paññā, 해탈vimutti, 해탈지견vimuttiñāṇadassana의 가르침이라는 다섯 구성요소와 관련해서 격려하는 말

이러한 열 가지 대화의 주제나 법과 관련된 내용만 말해야 한다는 뜻입니다. 이것은 출가자들에게 해당하는 말입니다.

재가자들이라면 다를 것입니다. 예를 들어 재산과 관련해서는 어쩔 수 없이 적당한 때에는 말해야 합니다. 그렇더라도 불이익을 생겨나게 하지 않는, 이익을 생겨나게 하는 적당한 내용을 말해야 합니다.

157 ㉻마하간다용 사야도가 어느 날 공양이 준비됐을 때 시자 사미를 불러 "여기 반찬이 몇 개 있느냐?"라고 물었다. 시자 사미가 "콩을 기름에 볶은 반찬 하나입니다"라고 대답했다. 사야도는 "이렇게 반찬이 적을수록 행복한 것이다"라고 말했다고 한다.

158 ㉻사리뿟따 존자와 마하목갈라나 존자의 제자들이 시끄럽게 지내 부처님께 쫓겨난 일화는 본서 부록 pp.287~288 참조.

159 ㉻한 학인 스님이 어떤 강원에서 공부하기 위해 그 강원의 학장 스님을 찾아갔다. 학인 스님은 안내를 받은 후 학장 스님께 인사를 하고 자리에 앉았다. 그때 학장 스님은 신도들과 대화를 나누고 있었는데, 배우러 온 학인은 신경 쓰지 않고 한 시간 내내 신도들과만 대화를 이어나갔다. '학인을 신경 쓰지 않고 신도만 신경 쓰는 곳에서는 공부하지 않으리라'라고 생각한 학인 스님은 그대로 그 강원을 떠났다고 한다.

160 ㉻세 가지 정진을 알아야 한다. ①시도정진ārambhavīriya은 시작하는 노력이다. ②탈피정진 nikkamavīriya은 수행 중 중간중간 지겨움이나 졸림 등이 생겨났을 때 그것으로부터 벗어나는 노력이다. ③분투정진parakkamavīriya은 최종목표인 열반을 얻기 전까지는 절대로 물러나지 않는 노력이다. 이 세 가지 정진을 완벽하게 갖춘다면 확실하게 도와 과, 열반을 얻을 것이다.

마음을 산란하지 않게 해야 한다

"고려한 뒤에 말한다"라는 덕목에 이어서 "anuddhato ca hoti들뜨지 않습니다; 마음의 산란함이 없습니다"라고 설하셨습니다. 들뜨지 않는 이가 돼야 한다는 뜻입니다. 이것은 삼매가 있어야 가능합니다. 따라서 삼매가 생겨나도록 수행해야 합니다. 수행을 해야 마음이 산란하지 않고 집중이 생겨납니다. 수행하지 않고 지낼 때는 마음이 산란하지 않도록 새김으로 반조하면서 지내야 합니다. 이리저리 마음이 달아나지 않도록 새김으로 단속해야 합니다. 아라한에게는 전혀 산란함이 없습니다. 항상 삼매를 갖추고 있습니다. 이렇게 삼매를 갖춘 이를 '적정자'라고 부릅니다. 지금까지 참적정자upasanta가 갖춘 덕목들을 설명했습니다. 요약게송을 다시 독송합시다.

화냄없고 걱정없고 뽐냄없고 비행(非行)없어
고려뒤말 들뜸없는 적정자 여섯덕목들

요약게송의 의미는 앞에서 설명했습니다. 이어지는 세 번째 대답 게송을 통해서도 참적정자의 덕목, 구성요소를 다시 설명하셨습니다.

진짜 부처님의 대답 게송 3

4 Nirāsatti anāgate,
atītaṁ nānusocati;
vivekadassī phassesu,
diṭṭhīsu ca na nīyati.(Sn.858게)

해 석

미래에 대한 기대도 없고
과거를 애달파 하지도 않는다네.
접촉에서 멀리떠남을 보고
사견에도 또한 이끌리지 않는다네.

대 역

Yo어떤 이는 anāgate미래에 대한; 아직 도달하지 않은, 아직 생기지 않은 미래에 대한 nirāsatti hoti기대가 없습니다; '어떻게 되리라'라고 애착하고 즐기고 기대하는 것이 없습니다. atītaṁ과거를; 지나간 과거법을 nānusocati애달파 하지 않습니다; 거듭 슬퍼하지 않습니다; 걱정하거나 슬퍼하지 않습니다. phassesu접촉에서; 만나는 모든 것에서 vivekadassī hoti멀리떠남을 봅니다; 항상함과 행복함과 자아라는 것이 없다고 관찰합니다; 서로 떨어진 것이라고 관찰합니다. diṭṭhīsu ca사견에도; 잘못된 견해들에도 na nīyati이끌리지 않습니다. 《taṁ그러한 이를 upasantoti참적정자라고 ahaṁ나는 brūmi부릅니다.》

이 게송은 "vītataṇho purā bhedā 부서지기 전에 갈애에서 떠났고" 등의 게송과 의미가 비슷해서 처음 법문을 할 때는 굳이 설명하지 않았습니다. 하지만 출간에 앞서 조금이라도 허물이 되지 않기 위해[161] 간략하게 설명하겠습니다.

먼저 "yo어떤 이는 anāgate미래에 대한; 아직 도달하지 않은, 아직 생기지 않은 미래에 대한 nirāsatti hoti기대가 없습니다; '어떻게 되리라'라고 애착하고 즐기고 기대하는 것이 없습니다"라고 설하셨습니다. 미래와 관련해서 기대나 바람이 없어야 한다는 뜻입니다. 기대하고 바라면 관찰해서 제거해야 합니다.

둘째 구절에서는 "atītaṁ과거를; 지나간 과거법을 nānusocati애달파하지 않습니다; 걱정하거나 슬퍼하지 않습니다"라고 설하셨습니다. 자기 내부의 눈이나 귀 등 신체부분이든, 외부의 재산이나 필수품이든 무너져 없어지면 그것과 관련해서 걱정하거나 슬퍼하거나 비탄에 잠깁니다. 그렇게 걱정하거나 슬퍼하지 말아야 한다는 뜻입니다. 걱정이나 슬픔이 생겨나면 관찰해서 제거해야 합니다.[162]

셋째 구절에서는 "phassesu접촉에서; 만나는 모든 것에서 vivekadassī hoti멀리떠남을 봅니다; 항상함과 행복함과 자아라는 것이 없다고 관찰합니다; 서로 떨어진 것이라고 관찰합니다"라고 설하셨습니다. 보고

161 "이 게송은 설명하지 않았다"라고 허물할 수 있다.

162 ⓗ90세가 넘은 서양인에게 장수비결을 묻자 "다른 건 모르겠고 과거에 있었던 좋지 않은 일들을 돌이켜 생각하지 않는 습관이 아마 오래 사는 이유 중 하나인 것 같습니다"라고 대답했다고 한다. 하지만 수행을 하지 않고서는 과거의 좋지 않은 일들을 떠올리지 않기가 쉽지 않다. 수행을 해야 과거의 나쁜 일들을 확실하게 떠올리지 않을 수 있고, 떠올리더라도 빨리 관찰해서 제거할 수 있다. 이처럼 '이곳에서 있었던 일들은 이곳에서 끝내고 다른 곳까지 따라가지 않게 하는 것'이 위빳사나 수행의 중요한 이익 중 하나이다. 이러한 이익을 통해 마음은 진정 행복한 상태에 도달할 수 있다.

서 접촉한 것, 듣고서 접촉한 것, 맡고서 접촉한 것, 닿고서 접촉한 것, 생각하고서 접촉한 것, 이렇게 분명하게 마음으로 접촉해서 안 것을 관찰하여 '즉시 사라지기 때문에 무상하다'라고 알아야 합니다. '생멸이 끊임없이 괴롭히고 있기 때문에 좋아할 만한 것이 아니다. 괴로움이다'라고 알아야 합니다. '각각의 성품에 따라 생겨나서는 사라지기 때문에 마음대로 할 수 없는 것이다. 자아가 아니다. 성품법일 뿐이다'라고 알아야 합니다. 이렇게 알고 나서 '접촉phassa은 항상한 성품과도 전혀 관련 없다. 행복한 성품과도 전혀 관련 없다. 자아인 성품과도 전혀 관련 없다. 이런 성품들과 전혀 관련 없다'라고도 알아야 한다는 뜻입니다. 또한 예전에 보고 듣고 맡고 먹고 닿고 생각해서 접촉했던 것과 지금 현재 분명하게 접촉해서 알고 있는 것도 서로 다릅니다. 나중에 알게 될 접촉들도 생길 때마다 끊임없이 관찰하고 있는 수행자에게는 관찰하면 사라지고, 다시 관찰하면 사라지고, 이렇게 관찰할 때마다 사라지는 것만 경험하기 때문에 서로 다르다는 성품이 매우 분명합니다.

마지막 구절에서는 "diṭṭhīsu ca사견에도; 잘못된 견해들에도 na nīyati이끌리지 않습니다"라고 설하셨습니다. 모든 사견이 사라지도록 노력해야 한다는 뜻입니다.

이 각각의 덕목들 끝에도 "taṁ그러한 이를 upasantoti참적정자라고 ahaṁ나는 brūmi부릅니다"라는 내용을 붙일 수 있습니다. 요약하면 미래를 기대하지 않고, 과거를 걱정하거나 슬퍼하지 않고, 보아서 생긴 접촉 등을 잘 관찰해서 알고, 사견에 이끌리지 않는 이 네 가지 덕목과 구성요소를 갖춘 이를 '참적정자upasanta'라고 부른다는 뜻입니다.[163]

163 ㉲게송4의 설명은 책으로 편집할 때 마하시 사야도가 직접 다시 보충한 내용이다.

진짜 부처님의 대답 게송 4

세 번째 대답 게송을 설하신 뒤에 부처님께서는 다음과 같이 네 번째 대답 게송을 이어서 설하셨습니다.

5 Patilīno akuhako,
apihālu[164] amaccharī;
appagabbho ajeguccho,
pesuṇeyye ca no yuto.(Sn.859게)

해석

물러나고 또한 계략이 없으며
갈망이 없고 인색이 없다네.
거칠지 않고 혐오스럽지 않으며
이간하는 말과 관련되지 않는다네.

대역

Yo어떤 이는 patilīno ca hoti물러납니다.[165] akuhako ca hoti계략도 없습니다. apihālu ca hoti갈망도 없습니다; 갈망하지도 않습니다; 즐기지도 않습니다. amacchari[166] ca hoti인색도 없

164 저본에는 'appihālu'라고 표현했으나 제6차 결집본의 표현을 따랐다. 뒤에서 이 구절을 설명할 때도 'apihālu'라고 표현했다.

165 ㉮'물러난다'라는 것은 좋은 측면도 있고 나쁜 측면도 있다. 여기서는 좋은 측면의 물러남을 말한다.

166 게송에서는 'amaccharī'라고 표현했으나 대역에서는 저본에서 'amacchari'라고 표현해서 그대로 따랐다.

습니다; 인색하지도 않습니다. appagabbho ca hoti거칠지도 않습니다. ajeguccho ca hoti혐오스럽지도 않습니다; 혐오스러운 점도 없습니다. pesuṇeyye이간하는 말과 no yuto ca hoti관련되지도 않습니다. 《taṁ그러한 이를 upasantoti참적정자라고 ahaṁ나는 brūmi부릅니다.》

물러나고 계략없고 갈망않고 인색없어
거침혐오 이간없어 적정자 일곱덕목들

번뇌가 생길 만한 것에서 물러나야 한다

첫째 구절에서 "yo어떤 이는 patilīno ca hoti물러납니다"라고 설하셨습니다. 번뇌가 생길 만한 것에서 물러나야 합니다. 이것이 참적정자 upasanta의 덕목 중 하나입니다. 어떻게 물러나야 할까요? 참사람법과[167] 관련해서 물러나야 한다는 말이 아닙니다. 참사람법에서 물러나는 것은 해태·혼침thīnamiddha이라고 말합니다. 그러한 해태·혼침이라는 번뇌로 인해 (참사람법에서) 물러나는 것이 아닙니다. 애착 등을 생겨나게 하지 말고 물러나라는 뜻입니다.

일반인들은 애착 등이 생겨날 때 처음에는 약했다가 점점 심해집니다. 하지만 수행자들은 수행단계가 향상되면 향상되는 만큼 이러한 애착 등이 약해집니다. 애착이 생기더라도 심하거나 격렬하지 않습니다. 부드럽고 힘없게 생겨납니다. 예를 들어 부모가 훈계하거나 훈육하지 않는 어린아이들은 절제하지 않습니다. 말하고 싶은 대로 말하고 행동

167 참사람법에 대해서는 본서 p.119 참조.

하고 싶은 대로 행동합니다. 부모가 "이런 말은 하면 안 돼. 이런 행동은 하면 안 돼"라고 가르치면 그 말의 뜻을 이해하면서부터 절제력이 생겨납니다. 절제력이 생기면 더 이상 거칠게 말하지 않습니다. 가르침을 받고 나면 이전과 다르게 바뀝니다.

참사람법의 경우도 마찬가지입니다. 참사람법을 아직 실천하지 않는 이들은 애착·성냄·어리석음이 제멋대로 생겨납니다. 생겨나는 힘도 매우 강합니다. 전혀 절제하지 않습니다. 참사람법을 실천하고 있는 이들에게는 절제력이 있습니다. 절제력이 있기 때문에 애착·성냄·어리석음이 힘을 잘 쓰지 못합니다. 힘이 강하지 않습니다. 부끄러움hiri과 두려움otappa이라는 법들이 따라와 생겨납니다.[168] 그렇게 애착·성냄·어리석음이 생겨날 수 있는 대상과 관련해서 물러나야 한다는 뜻입니다. 어느 정도까지 물러나야 할까요? 할 수 있다면 완전히 물러나야 합니다. 애착·성냄·어리석음이 전혀 힘을 쓰지 못하는 데까지 물러나야 합니다. 애착·성냄·어리석음이 물러나지 않고 힘이 여전히 좋으면, 힘이 매우 분명하거나 강력하다면 어떻게 적정하다고 말할 수 있겠습니까?

168 ㉻이 내용과 관련된 「담마빠다」 게송을 소개하겠다.
Yathā agāraṁ ducchannaṁ, vuṭṭhī samativijjhati;
Evaṁ abhāvitaṁ cittaṁ, rāgo samativijjhati.(Dhp.13게)
Yathā agāraṁ suchannaṁ, vuṭṭhī na samativijjhati;
Evaṁ subhāvitaṁ cittaṁ, rāgo na samativijjhati.(Dhp.14게)
해 석
성글게 이은 지붕에/ 빗물이 쉽게 스며들 듯이
잘 닦지 않은 마음에/ 애착이 쉽게 스며든다네.
잘 이은 지붕에/ 빗물이 스며들지 않듯이
잘 닦은 마음에/ 애착이 스며들지 못한다네.
이 내용에 대한 요약게송은 다음과 같다.
수행안해 거친맘 애착비에 축축해
수행잘해 미세맘 애착비에 안젖네
수행을 하지 않아서 거친 마음은 애착이라는 비에 젖어 축축하다. 수행을 잘 해서 미세하고 잘 단속된 마음은 애착이라는 비에 젖지 않는다.

세간에서는 이러한 애착·성냄·어리석음을 조건으로 '영웅'이라는 이들이 생겨납니다. 애착·성냄·어리석음의 힘이 매우 커서 세간에서 여러 가지 크고 위대한 일들을 수행할 수 있는 이들을 '영웅'이라고 부릅니다. 세상 사람들은 영웅을 '용기가 있다. 훌륭하다'라고 칭송합니다. 하지만 법의 관점에서는 그러한 이들을 영웅이라고 칭송하지 않습니다. 애착·성냄·어리석음과 관련되지 않는 이들이라야 '영웅'이라고 부릅니다. 아마 세간의 관점에서는 '저열한 이'라고 부를 것입니다. 그래서 세간의 관점에서 "patilīno 물러나는 이"라고 표현하신 것입니다.

지금 열심히 노력하는 수행자들도 수행 전에는 세간의 여러 일에 온 마음을 다해 매우 열심히, 즐겁게 했을 것입니다. 하지만 수행을 시작한 뒤로는 그리 하고 싶어 하지 않습니다. 일부는 전혀 하고 싶어 하지 않습니다. 물러납니다. 아라한 도와 과에 이르면 세간의 번뇌들과 관련된 일들은 완전히 사라집니다. 물러나서 완전히 적정해집니다. 이것을 두고 "patilīno 물러나는 이"라고 설하신 것입니다. 이렇게 세간의 관점에서 물러나는 것도 '참적정자'의 덕목 중 하나입니다.[169]

지금 법을 듣고 있는 대중들 혹은 수행하고 있는 대중들도 스스로 숙고해 보아야 합니다. '나는 애착·성냄·어리석음이라는 번뇌와 관련해서 얼마나 물러나 있는가? 옛날과 같은가? 줄어들었는가?'라고 숙고해 보아야 합니다. 숙고했을 때 '줄어들지 않았다. 옛날과 똑같다'라고 한다면 적당하지 않습니다. 충분하지 않다는 뜻입니다. 더욱 열심히 수행해야 합니다. 단계적으로 법의 향상을 경험한다면 애착·성냄·어리석음

169 ㉻수다원은 크고 작은 여러 일을 의무에 따라서 행할 때도 항상 한편으로는 수행 쪽으로 마음이 기울어져 있다. 이것은 수다원이 갖춘 덕목 중 하나이다.(M.i.399/M48) 마하시 사야도 지음, 비구 일창 담마간다 옮김, 『위빳사나 수행방법론』 제2권, p.470 참조.

석음이라는 번뇌가 줄어들 것입니다. 이것을 '물러나고 있다'라고 말합니다.[170] 그래서 요약게송으로 "물러나고"라고 표현했습니다.

계략이 없어야 한다

둘째 구절에서는 "akuhako ca hoti계략도 없습니다"라고 설하셨습니다. 'akuhaka'란 놀랍도록 꾸미는 계략이 없는 것을 말합니다. 주석서에서는 비구들을 대상으로 설명했습니다. '계략을 꾸민다'란 다른 이들이 자신을 실제보다 더 높이 평가하고 존경하도록, 사실이 아닌 것을 사실인 것처럼 꾸미는 것입니다. 계략kuhanā에는 세 종류가 있습니다.[171]

①필수품과 관련된 계략
②특별한 덕목과 관련된 계략
③자세와 관련된 계략

①필수품과 관련된 계략

필수품과 관련된 계략은 다음과 같습니다. 재가자들이 보시할 때 계략을 꾸미는 이들은 "신도여, 이렇게 좋은 필수품들은 보시하지 마십시오. 본승은 누더기 가사면 족합니다. 정사도 필요 없습니다. 나무 아래에서 지내면 족합니다. 공양도 탁발하면 됩니다. 약도 필요 없습니

170 ㊞형성평온의 지혜에 도달한 수행자의 경우, 좌선하다가 일부러 다른 대상, 즉 자신의 집이나 회사, 친구 쪽으로 마음을 보내더라도 오래 머물지 않고 즉시 원래 관찰대상으로 돌아온다.

171 『청정도론』 제1권, pp.162~166 참조.

다. 발효된 소 오줌 정도면 병이 다 낫습니다. 그러니 좋은 것, 비싼 것은 필요 없습니다"라고 말하면서 보시를 받지 않습니다. 이것은 계략을 꾸며 말하는 것입니다. 필수품들을 실제로는 좋아하고 바라면서 그렇게 말하는 것입니다. 실제로 바라지 않아서 바라지 않는다고 말하면 허물이 아닙니다. 하지만 방금 예로 든 것은 실제로는 바라면서도 바라지 않는 척 꾸며서 말하는 것입니다. 이렇게 꾸며서 말하면 재가자들은 그 비구에 대해 '오, 매우 탐욕이 없는 스님이구나'라고 높이 평가하게 돼 존경심과 믿음이 깊어집니다. 믿음이 깊어지면 더욱 많이 보시합니다. 그러면 계략을 꾸몄던 비구는 어쩔 수 없다는 듯, 마지못한 척 그 필수품들을 받아들입니다. 다시 말해 "흠, 보시라는 것은 받지 않으면 재가자들에게 선업이 생기지 못하니 어쩔 수 없네요"라고 보시자를 연민하듯 받는 것을 말합니다. 이렇게 보시하는 것마다 다 받습니다. 이것이 계략의 한 종류입니다. 이것은 출가자들과 관련된 것입니다. 이렇게 계략을 꾸며 다른 이들에게 높이 평가받도록 하지 않아야 합니다. 이러한 계략이 없어야 합니다.

②특별한 덕목과 관련된 계략

특별한 덕목과 관련된 계략은 다음과 같습니다. 자신이 타인과 다르게 특별한 가사·발우·정사 등의 필수품들을 사용하거나 수용하면서 "이러한 가사를 두르는 비구는 아라한입니다. 성자입니다. 이러한 발우·정사 등의 필수품들을 사용하는 비구는 아라한입니다. 성자입니다"라고 자신을 '성자'나 '아라한'으로 재가자들이 생각하도록 둘러말하는 것입니다. 이러한 말도 하지 말아야 합니다. 이것도 보통은 비구들과 관련됩니다. 하지만 요즘은 재가자들 중에서도 아나함 혹은 아라한

이라고 주장하는 이들이 있습니다. 심지어 붓다라고 주장하는 이들도 있습니다. 아내와 자식까지 있으면서 아나함 혹은 아라한이라고 주장하는 이들에게 "왜 아나함이라고 하면서, 아라한이라고 하면서 아내와 자식이 있는가? 가정생활을 하는가? 감각욕망이 아직 다 제거되지 않은 것 아닌가?"라고 반론을 제기하면 "애착하지 않으면 그만이다"라고 대답합니다. 참으로 황당한 대답입니다. 그들도 그들이지만, 그러한 재가자들을 붓다나 아라한이라고 믿고 귀의하는 이들이 더욱 황당합니다. 이러한 사실에 주의해서 숙고해 보도록 설명한 것입니다.

③자세와 관련된 계략

자세와 관련된 계략은 수행하지 않으면서 수행하고 있는 것처럼, 삼매가 없으면서 삼매가 있는 것처럼 자세를 취하는 것입니다. 평소에는 아무렇게나 앉아 있다가 다른 사람이 볼 때는 수행하고 있는 것처럼 조용하게 앉아 있는 것, 그냥 걷고 있다가 다른 사람이 볼 때는 경행하고 있는 것처럼 천천히 가는 것 등이 해당됩니다. 이러한 방법으로 자신의 행동을 일부러 바꾸어 다른 이들에게 높이 평가받도록 꾸미는 것입니다. 이렇게 척하는 행동도 없어야 합니다. 문헌에는 이러한 세 가지 계략에 대해 매우 자세히 설명돼 있습니다. 여기서는 간략하게만 설명했습니다.

부러워하며 갈망하지 않아야 한다

계략이 없는 덕목에 이어서 "apihālu ca hoti갈망도 없습니다; 갈망하지도 않습니다; 즐기지도 않습니다"라고 설하셨습니다. 'pihālu 갈망하다'란 다른 이들에게 있는 좋은 옷, 맛있는 음식, 장식 등의 물건들을 자신도 갖추기를 바라는 것입니다. 바라는 것에는 여러 가지가 있습니다. 보는 대상이나 물건을 갖추길 바랍니다. 듣는 것, 맡는 것, 먹는 것, 닿는 것, 생각하는 대상들을 다른 이가 갖췄듯이 자신도 갖추기를 바랍니다. 이러한 갈망이 없어야 한다는 뜻입니다.

책이나 다른 이의 말을 통해 천상 세계를 알게 된 뒤 자신도 천상의 영화를 갖추길, 천상에 태어나길 바라는 것도 갈망입니다. 이러한 갈망도 없어야 합니다. 이러한 갈망이 생겨나면 관찰해서 제거해야 합니다.

좋은 갈망

갈망이나 기대 중에는 좋은 것도 있습니다. 어떠한 것일까요? 성스러운 도와 과를 바라는 바람입니다. 이것은 매우 좋은 바람입니다. 이러한 바람은 있어야 합니다. 열심히 수행하고 노력하고 있는 이들은 자기상속에 특별한 위빳사나 지혜들이 생겨나길 바랍니다. 도와 과에 이르길 바랍니다. 도와 과를 얻기를 바랍니다. 이러한 바람은 매우 좋은 바람입니다. 하지만 이러한 바람도 지나치게 생겨나면 바람직하지 않습니다. 그래서 지나치게 생겨나면 관찰해서 제거해야 합니다. 제거하지 못하고 이것만 끊임없이 바라고 있으면 삼매와 지혜가 향상되지 않고 멈추게 됩니다. 따라서 관찰해서 제거하는 것이 매우 중요합니다.

일부 수행자는 삼매와 지혜의 힘이 좋은데도 불구하고 이러한 바람들이 너무 많고, 바라는 힘이 너무 강해 수행이 향상되지 않습니다. 수행할 때 너무 지나치게 열렬히 바라는 것도 적당하지 않고, 전혀 바람이 없는 것도 적당하지 않습니다. 마음을 잘 두는 것이 매우 중요합니다.

Abhinataṁ cittaṁ rāgānupatitaṁ.(Ps.165)

대 역

Abhinataṁ지나치게 향한 cittaṁ마음은 rāgānupatitaṁ애착에 빠진다; 탐욕의 흐름에 따라간다.[172]

도와 과라는 특별한 법을 너무 지나치게 바라면 그 뒤에 탐욕이 포함된다는 뜻입니다. 이것을 '선善 바람, 열의chanda'라고 생각할 수도 있습니다. '내가 바라는 것은 바람직한 법인 위빳사나 지혜와 도와 과를 기대하는 것이기 때문에 선善 바람이다'라고 생각할 수 있습니다. 하지만 그것은 'rāgānupatitaṁ', 애착이 뒤따라가고 있는 것입니다. 그렇게 지나치게 바라는 것은 삼매의 장애입니다.

Samādhissa paripantho.(Ps.165)

대 역

Samādhissa삼매의 paripantho장애다.

그러면 지나치게 바랄 때는 어떻게 해야 할까요?

Taṁ sampajāno hutvā rāgaṁ pajahati.(Ps.166)

대 역

Taṁ그것을; 그렇게 바람이 지나친 마음을 sampajāno hutvā바르게 알고; 〈바란다〉라고 알고 나서 rāgaṁ애착을 pajahati제거

172 『위빳사나 수행방법론』 제1권, pp.242~243 참조.

한다; 관찰해서 제거한다.[173]

이렇게 바라는 열의의 힘이 너무 지나치면 삼매와 지혜가 향상되지 않습니다. 따라서 관찰해서 제거해야 합니다. 수행지도 스승들이 '고쳐주고 지도한다'는 말은 이러한 점을 바로잡고 지도하는 것을 의미합니다. 수행이 조금 잘되면 이러한 바람들이 생겨나기 마련입니다. 수행자들은 법을 빠르게 갖추고 싶어 합니다. 그렇게 법을 빠르게 갖추려는 마음이 지나치면 바람과 기대가 커집니다. 그래서 삼매와 지혜가 향상되지 않습니다.

자신의 일만 스스로 하라

그때는 그런 기대나 바람을 내버려두고 '삼매와 지혜가 생기면 생기는 것이고 생기지 않아도 어쩔 수 없다. 각각의 성품일 뿐이다. 삼매와 지혜라는 특별한 법들은 내가 어떻게 한다고 해서 얻어지는 것이 아니다. 어느 누구도 억지로 할 수 없다. 조건이 형성됐을 때[174] 저절로 생길 것이다. 그러니 이 대상들만을 끊임없이 관찰해 나가리라'라고 편안하게 마음먹고 관찰해 나가야 합니다. 이렇게 관찰해 나가면 머지않아

173 저본에는 'pajāhati'라고 표현됐으나 제6차 결집본의 표현을 따랐다.

174 ㉠외부적으로는 이전의 바라밀과 수행이라는 조건이 관련되지만 특히 정진과 삼매가 힘을 갖추면서 균형을 이뤘을 때를 말한다. 한 시간 동안 경행으로 정진을 향상시키고 이어서 한 시간 동안 좌선으로 삼매를 향상시켜서 두 요소가 균형을 이루었을 때를 말한다. 물론 믿음과 지혜도 균형을 이루어야 한다. 새김은 아무리 많아도 지나치지 않다. 이렇게 기능들이 힘을 갖춰서 균형을 이뤘을 때를 '조건이 형성됐을 때'라고 말한다. 특히 생멸의 지혜가 생겨날 때 부터 평온 깨달음 구성요소가 생겨나면서 믿음과 지혜, 정진과 삼매의 균형을 맞춰준다. 수행과 관련해서 믿음이 지나치면 '물질과 정신만 존재한다는 말이 사실이구나' 등으로 숙고하며 지내기도 한다. 지혜가 지나치면 '이것은 물질인가?' 등으로 숙고하며 지내기도 한다. 정진이 지나치면 '더욱 잘 관찰하리라' 등으로 생각하면서 들뜬다. 삼매가 지나치면 대상이 점점 희미해진다. 평온 깨달음 구성요소가 생겨날 때는 믿음과 지혜, 정진과 삼매가 균형을 이루면서 매우 분명하게 생겨난다.

법이 향상됩니다.[175]

그렇다고 낙담한 채 전혀 바라지 않고 지내서도 안 됩니다. 실망에 빠져 기대나 바람이 전혀 없게 되면 어떻게 될까요?

Apanataṁ cittaṁ byāpādānupatitaṁ.(Ps.166)

대 역

Apanataṁ벗어나게 향하는 cittaṁ마음은 byāpādānupatitaṁ분노에 빠진다.[176]

지나치게 벗어난 마음이란 법과 일치하지 않고 멀리 떨어진 마음입니다. 이렇게 마음이 법과 지나치게 멀어지면 법을 등진 사람이 되어버립니다.[177] 그러면 분노byāpāda라는 성냄이 들어오게 됩니다. 이것도 관찰해서 제거해야 합니다.

따라서 법과 관련해 기대나 바람이 어느 정도는 있어야 합니다.[178]

175 ⓗ생멸의 지혜에 갓 도달했을 때는 빛이나 희열 등을 경험하면서 괴로운 느낌이 없고 편안하게 수행이 진행된다. 그러면 '계속 이렇게 수행이 잘 진행되면 좋겠다'라는 기대가 생겨난다. 이런 기대가 심해지면 수행이 향상되지 않는다. 빛이나 희열이 생겨날 때도 관찰해야 하고, 기대가 생겨나더라도 관찰한 뒤 계속 수행을 이어나가야 한다. 수행이 빠르게 향상되기를 기대하더라도 마음대로 되지 않기 때문에 수행자는 자연스럽게 계속 관찰해 나가야 한다.

176 『위빳사나 수행방법론』 제1권, pp.243~244 참조.

177 ⓗ'나와는 관계가 없다'라고 법을 내버려둔 것처럼 된다는 뜻이다. 세간의 일을 할 때도 각자 자신의 의무를 '등져서는' 안 된다. '무엇을 언제까지 해야 한다' 등으로 각자가 할 일을 '앞에' 두고 일을 해나가야 한다. 어느 작가는 사람들이 등지는 대상을 세 종류로 언급했다. 첫째는 주지스님이다. 생일이나 개업 등 경사慶事가 있거나 장례나 문병 등 불상사不祥事가 생기면 주지스님을 모시고 공양을 올리고 법문을 듣지만 다른 특별한 일이 없으면 주지스님을 '등지고' 잊어버린다. 둘째는 산파다. 출산할 때는 다급히 찾다가도 출산하고 나면 잊어버린다. 셋째는 화장실이다. 급할 때는 다급히 찾다가도 볼일이 끝나면 잊어버린다.

178 ⓗ'수행이 너무 지나치면 안 된다. 자연스럽게 관찰해 나가야 한다'라는 법문을 듣고 전혀 열의 없이 지내서도 안 된다. 중간중간 '열심히 수행하면 언젠가는 법에 도달할 것이다. 계속해서 관찰해 나가리라. 계속 관찰해 보자' 등으로 정진이 향상되도록 스스로 격려해야 한다.

하지만 그 기대나 바람이 너무 지나치게 되면 바로 관찰해서 제거해야 합니다. 그렇게 생겨나는 기대나 바람을 관찰해서 제거하면 법이 향상됩니다. 그래서 요약게송에서 "갈망않고"라고 표현했습니다.

인색이 없어야 한다

갈망이 없는 덕목에 이어서 "amacchari ca hoti인색도 없습니다; 인색하지도 않습니다"라고 설하셨습니다. 인색macchariya이란 자신이 갖춘 물건들, 자신에게 있는 것들이 다른 이들과 관련되기를 바라지 않는 성품, 자신이 잘 누리는 것들을 다른 사람은 잘 누리기를 바라지 않는 성품, 자신에게 구족된 것을 다른 이들은 구족되기를 바라지 않는 성품입니다.[179] 인색은 수다원도에 이르면 사라진다고 주석서에 설명해 놓았습니다.(DhsA.407) 따라서 수다원도에 이를 때까지 수행해 가야 합니다.

거침도 제거해야 한다

인색이 없는 덕목에 이어서 "appagabbho ca hoti거칠지도 않습니다"라고 설하셨습니다. '거침'은[180] 앞서 법문에 포함됐지만 이 게송에도 다시 포함됐습니다. 여기서 거침pagabbha에는 몸의 거침, 말의 거침,

179 ㉻인색에는 다섯 종류가 있다. ①거주지 인색āvāsa macchariya은 정사나 집 등과 관련된 인색이다. ②가문 인색kula macchariya은 신도나 대중과 관련된 인색이다. ③이득 인색lābha macchariya은 소유하고 있는 필수품이나 재산과 관련된 인색이다. ④칭찬 인색vaṇṇa macchariya은 용모나 칭찬과 관련된 인색이다. ⑤법 인색dhamma macchariya은 교학이나 설법과 관련된 인색이다. 『아비담마 강설 2』, pp.375~377 참조.

180 『자애』에서는 '불손'이라고 표현했다. 『자애』, pp.258~261 참조.

마음의 거칢이라는 세 종류가 있습니다.

'몸의 거칢'이란 출가자들과 관련해서 주석서에서는 승가나 비구들과 만났을 때 공손하지 않은 행동이라고 설명했습니다. 공손하게 대해야 하는 스님을 불경하게 부딪히면서 가는 것, 스님 바로 앞에 멈춰 서거나 앉는 것, 스님을 앞서가는 것 등이 공손하지 않은 행동입니다. 그렇게 몸의 행동으로 공손하지 않은 것을 몸의 거칢이라고 합니다.

장로가 앉을 자리에 자신이 올라가 앉는 것[181], 젊은 비구들이 불편하도록 일부러 떠밀면서 앉는 행동들도 몸의 거칢입니다. 몸의 여러 행동에 존경할 만한 점이 없는 것을 말합니다. 먹고 마실 때도 다른 이들에게 혐오감을 줄 만한 여러 행동이 있습니다. 침을 뱉는 것, 코를 푸는 것, 가래소리를 내는 것, 이런 것들은 혐오스러운 행동들입니다.[182] 먹고 마실 때 숙고하지 않고 행하는 이러한 혐오스러운 행동들도 몸의 거칢입니다.

'말의 거칢'이란 다양합니다. 존경을 표해야 할 이에게 공손하지 않게 말하는 것, 예의 없게 말하는 것 등이 말의 거칢입니다. 승가가 모였을 때 장로의 허락 없이 끼어들어 말하는 것도 예의 없는 행동입니다. 이러한 말의 거칢도 없어야 합니다. 말하기에 적당하지 않은 것들을 대중 앞에서 말하는 것도 말의 거칢입니다. 이렇게 적당하지 않은 말도 없어야 합니다.

'마음의 거칢'이란 마음을 잘 간수하지 못하고 적당하지 않은 것들을 함부로 생각하는 것입니다. 어떻게 함부로 생각할까요? 자신과 다른 이

181 ㉻부처님 당시 랄루다이Lāḷudāyī 비구는 신도들에게 자신이 대단한 법사인 것처럼 말하고 사리뿟따 존자나 마하목갈라나 존자가 법문하는 자리에 올라갔지만 정작 법문은 한마디도 하지 못했다.(Dhp.241게 일화)

182 ㉯미얀마에서는 이런 행동이 일반적인 것처럼 되어 있지만 외국에서는 매우 혐오스러운 행동들이다. 실제로도 혐오스럽다.

를 비교하면서 적당하지 않은 것을 함부로 생각합니다. 가문이 좋거나 재산이 많지 않은데도 가문이 좋거나 재산이 많은 것처럼 생각하기도 합니다. 이것은 세간의 측면에서 마음의 거침입니다. 법의 측면에서는 계가 청정하지 않은데도 계가 청정한 이와 같다고 생각합니다. 계의 측면으로는 같다고 여깁니다. 두타행을 실천하지 못하면서 두타행을 실천하는 이와 같다고 생각합니다. 교학과 문헌에 정통하지 않으면서 정통한 이와 같다고 생각합니다. 일부는 주석서와 복주서를 알지도, 보지도 못하면서 그러한 문헌을 저술한 스승들을 자신과 같다고 생각합니다. 그 스승들에 관해 공손하지 않게 말하기도 합니다. 수행 실천을 잘하지 않으면서 잘하는 이들과 같다고 여깁니다. 이러한 거침들이 최근 들어 부쩍 많아지고 있습니다. 이러한 것들도 마음의 거침입니다.[183]

수행자들은 이러한 마음의 거침이 생겨나면 관찰해서 제거해야 합니다. 하지만 계·삼매·통찰지의 수련을 잘 실천해 두었다면 이러한 마음의 거침들이 일어나지 않습니다. 계 등을 잘 갖추고 있다면 아무런 문제가 없습니다. 이렇게 실제로 실천하고 있는 이들에게는 허물이 없습니다. 매우 적당합니다. 끊임없이 관찰하면서 실천하기 때문에 적당하지 않고 거친 마음이 생겨나는 것과는 거리가 멉니다. 가끔 우연히 생겨나더라도 그러한 마음의 거침을 관찰해서 제거하기만 하면 됩니다. 요약게송에서는 "거침혐오 이간없어"라고 표현했습니다. 거침과 혐오, 이간하는 말이 없어야 한다는 뜻입니다.[184]

183 ㉻초대 쉐진 사야도가 설명한 '거침 아홉 가지'에 대해서는 본서 부록 pp.288~290 참조.

184 저본에서는 '거침과 혐오를 완전히 제거하고 이간하는 말도 하지 않는다'라는 의미가 다 포함되도록 미얀마어 8음절로 표현했으나 한국어 8음절로는 이 내용을 다 표현할 수 없어서, 그리고 바로 이어서 '이간없어'라는 표현이 있어서 '거침과 혐오'에 대해서는 '제거하고'라는 표현을 생략했다.

혐오도 제거해야 한다

거침이 없는 덕목에 이어서 "ajeguccho ca hoti혐오스럽지도 않습니다; 혐오스러운 점도 없습니다"라고 설하셨습니다. 여기서 '혐오스러운 점'이란 계가 청정하지 않은 것입니다. 왜냐하면 계가 청정하지 않은 이는 계를 존중하고 중시하는 이들에게 혐오스러운 대상이기 때문입니다. 마치 온갖 더러운 것에 뒤범벅돼 있는 사람이 깨끗한 다른 사람들에게 혐오스러운 대상인 것과 비슷합니다. 혐오스러운 그 사람과 섞이고 싶어 하지 않습니다. 계와 관련해서 혐오스럽다고 하는 것은 계가 청정한 이들이 계가 청정하지 않은 이들과 함께하려고 하지 않는 것을 말합니다. 함께하는 것을 혐오합니다. 같이 지내려고 하지 않습니다.[185] 같이 지낼 만하지도 않습니다. 계가 청정하지 않은 이들과 섞이면 그 사람들과 같다고 생각될 것입니다.[186] 이것은 계가 청정한 이는 청정하지 않은 이를 혐오하기 때문입니다. 그 사람을 미워하기 때문이 아닙니다. 그래서 혐오할 만한 것인 '계가 청정하지 않음'을 없애야 합니다.

계란 적당하지 않은 몸의 행위와 말의 행위를 행하지 않고 말하지 않도록 삼가고 보호하는 것입니다. 따라서 적당하지 않은 행동이나 말

185 ㊞관련된 일화로 「수까라자따까Sūkarajātaka」가 있다. 배가 부른 사자가 멧돼지 한 마리를 보고 나중을 생각해서 마치 피하듯이 굴로 들어갔다. 그 모습을 보고 오만해진 멧돼지가 사자에게 먼저 싸움을 걸었다. 결국 일주일 뒤에 싸움을 벌이기로 했다. 멧돼지의 동료들이 사자와 싸우는 것이 얼마나 위험한지 거듭 말하자 멧돼지는 두려워졌다. 그렇다고 무를 수도 없었다. 그래서 일주일 동안 분뇨구덩이에서 뒹군 뒤 오물이 말랐을 때 이슬방울로 몸을 적셨다. 그러고는 약속 장소로 가서 바람이 불어오는 곳에 서 있었다. 사자는 분뇨 냄새를 맡고 피해 버렸다.(J153) 『자타카전서』, pp.1140~1142; 『법구경 이야기』 제3권, p.121 참조.

186 ㊞도둑과 같이 어울리면 도둑이라고 오해받는다. 어부와 같이 어울리면 어부라고 오해받는다. 사냥꾼과 같이 어울리면 사냥꾼이라고 오해받는다.

이 없도록 실천해야 합니다.

부처님의 가르침은 청정한 이들이 머무는 곳입니다. 따라서 다음과 같이 숙고해야 합니다.

'부처님의 가르침은 사리뿟따Sāriputta 존자, 마하목갈라나Mahāmoggallāna 존자, 마하깟사빠Mahākassapa 존자 등과 같이 계가 매우 청정한 이들, 거룩한 이들이 머무는 곳이다. 이러한 곳에 머무는 사람들은 그 청정한 이들처럼 청정하게 실천해야 적당하다. 나도 청정하게 실천하리라.'

이렇게 숙고하고서 계가 청정하도록 실천해 나가야 합니다.[187] 계가 청정하도록 실천하면 혐오스러움도 사라질 것입니다. 이것은 아직 수행까지는 해당되지 않습니다. 수행의 기초인 계의 실천 정도입니다. 지금 수행센터에 온 이들이면 계 정도가 아닙니다. 삼매와 통찰지까지 갖추도록 실천하고 있습니다. 따라서 몸의 행위나 말의 행위에서 그렇게 불경스럽고 혐오스러운 점들이 없습니다. 전부 존경할 만합니다. 이렇게 지혜 있는 참사람들이 비난하고 혐오할 만한 것들이 완전히 사라지도록, 존경할 만한 덕목들을 갖추도록 실천해 나가야 합니다. 그렇게 실천해서 혐오스러운 것들이 사라지면 '참적정자'라고 말할 수 있습니다. 요약게송으로는 "거침혐오 이간없어"라고 표현했습니다.

187 ㉥『앙굿따라 니까야(여덟 가지 모음)』「빠하라다숫따Pahārādasutta(빠하라다 경)」에서 부처님께서는 부처님 교법의 희유한 점 여덟 가지를 바다의 희유한 점 여덟 가지에 비유해서 설하셨다. 그중 여덟 번째가 본문의 내용과 관련된다. 큰 바다가 백 요자나 등으로 매우 큰 물고기들의 거주처인 것처럼 부처님의 법과 율도 수다원 도와 과, 사다함 도와 과, 아나함 도와 과, 아라한 도와 과에 도달한 이의 거주처이다. 이 점도 부처님의 법과 율이 갖춘 희유한 점이라고 설하셨다.(A8:19)『앙굿따라 니까야』 제5권, pp.132~133 참조.

이간하지 말아야 한다

혐오스럽지 않은 덕목에 이어 "pesuṇeyye ca no yuto"라고 설하셨습니다. "pesuṇeyye이간하는 말과 no yuto ca hoti관련되지도 않습니다"라는 뜻입니다. 여기서 '이간하는 말'이란 'piyasuñña 좋아함이 없도록[188]', 서로 좋아하는 두 사람 사이를 틀어지게[189] 만드는 말입니다. 원래는 서로 잘 지내고 좋아하고 존경하고 존중하던 두 사람이 갈라서도록, 서로 간에 좋아하고 존중하는 마음이 사라지도록 둘 사이에 끼어들어 말하면 안 된다는 뜻입니다.[190] 그렇게 이간하는 말을 하고 싶은 마음이 생겨나면 '적당하지 않다'라고 숙고하고서 제거해야 합니다. 관찰해서도 제거해야 합니다.

네 번째 대답 게송에 대한 요약설명

물러나고 계략없고 갈망않고 인색없어
거칠혐오 이간없어 적정자 일곱덕목들

제2장을 마치기 전에 요약하는 의미로 네 번째 대답 게송을 다시 간략하게 설명하겠습니다.

"물러나고", 세상일과 관련해 열렬함이나 지나침이 없이 물러나듯이, 힘을 줄이듯이 해야 합니다.[191] 애착이 생겨날 만한 대상과 관련해

188 저본에서는 '공空하도록, 비도록'이라고 표현했다.
189 저본에서는 '좋아함이 무너지도록'이라고 표현했다.
190 ㊞친한 두 비구 사이를 이간한 천녀 일화는 본서 부록 pp.290~292 참조.
191 ㊞수행과 관련해서 처음 수행할 때 수행하기 싫어서 물러나는 것이나 지겨워하는 것을 말하는 것이 아니다.

애착 마음이 생겨나지 않도록 힘이 없듯이 물러나야 합니다. 성냄이 생겨날 만한 대상과 관련해서도 화내지 않고 힘이 없듯이 물러나야 합니다.[192] 자만이 생길 만한 대상과 관련해서도 뽐냄 없이 물러나야 합니다. 그렇게 어떤 상황에서든 번뇌가 생겨날 만한 대상들과 관련해서 번뇌가 생겨나지 않도록, 번뇌로 마음이 들뜨지 않도록, 지나침이 없이 마음이 적정하도록 실천해야 합니다. 이렇게만 하면 됩니다.[193]

"계략없고", 자기에게 없는 덕목을 있는 척하면 안 됩니다. 있는 덕목보다 더 많이 있는 척해도 안 됩니다. 특히 이 구절은 훌륭한 비구라고 존경받기를 바라는 이들과 관련됩니다. 비구라면 존경받을 목적으로 계·삼매·통찰지와 관련해서 스스로 갖춘 것보다 더 많이 갖춘 것처럼 척하거나 뽐내면 안 됩니다. 그렇게 말해서도 안 됩니다. 재가자들에게 존경받으려고 척하거나 꾸미면 안 됩니다. 진실로 원함이 적은 훌륭한 비구들은 특히 수행의 측면에서, 갖추고 있는 덕목조차 감추는 습성이 있습니다. 자신이 아라한이라는 사실을 같이 지내는 이들에게 전혀 말하지 않다가 완전열반에 들기 직전에 말하기도 합니다.

"갈망않고", 세간 대상들, 감각욕망거리, 재산 등과 관련해서 '다른 이들이 갖춘 것처럼 자신도 갖추기를, 행복하게 잘 지내기를' 등으로 다른 이를 부러워하며 갈망하는 일이 없어야 합니다. 수행자들도 특별

---

192 ㊞두 사람이 큰소리로 다툴 때는 '두 사람이 싸운다'라고 마음 기울이지 말고 '성냄이라는 법이 두 사람에게 생겨나 서로 다투고 있구나'라고 마음 기울여야 그들의 성냄이라는 불이 자신에게 '옮겨붙지' 않는다. 그러지 않으면 한쪽 편을 들어서 같이 화를 낼 수도 있고 슬픔이 생겨날 수도 있다. 그것은 성냄이라는 불이 옮겨붙는 것이다. 사람들이 말로 싸울 때는 보통 큰소리를 낸다. 그것은 몸은 가까이 있지만 마음은 서로 너무 멀기 때문이다.

193 ㊞그냥 '물러나야지'라고 마음 기울이는 것만으로는 물러나기 힘들다. '번뇌가 생겨나지 않기를'이라고 마음으로 바라고 되뇌고 기원하는 것만으로는 물러나게 되지 않는다. 해는 저녁이 되면 저절로 서산으로 기울지라도 마음은 그대로 물러나지 않는다. 위빳사나 수행을 열심히 실천해야 저절로 물러나게 된다.

한 법을 얻고자 지나치게 바라고 기대하는 일이 없어야 합니다. 수행 중에 특별한 법을 얻고자 지나치게 바라면 삼매와 통찰지가 향상되지 않을 수도 있기 때문입니다.[194]

"인색없어", 인색이 없어야 한다는 내용은 분명합니다.[195]

"거침혐오", 몸과 말, 마음의 거침도 제거해야 합니다. 계가 청정하지 않음이라는 혐오도 없애야 합니다.[196]

"이간없어", 서로 좋아하고 존경하고 존중하는 두 사람 사이를 틀어지게 만드는, 이간하는 말을 하지 않아야 합니다.

네 번째 대답 게송에는 일곱 가지 덕목이 포함돼 있습니다. 그래서 요약게송의 마지막에 "적정자 일곱덕목들"이라고 표현했습니다. 참적정자upasanta의 덕목이 일곱 가지라는 뜻입니다. 네 번째 대답 게송에 이어 남아 있는 아홉 가지 대답 게송은 다음 포살일에 계속 설명하겠습니다. 법문을 마치겠습니다.

---

194 ⓗ빨리빨리 수행이 진전되기를 바라는 수행자들은 특히 이 사실에 주의해야 한다. 빠른 진전을 바라다가 대상과 관찰이 일치하지 않을 수 있다. 서두르느라 부풀 때 〈꺼진다〉라고, 꺼질 때 〈부푼다〉라고, 오른발이 갈 때 〈왼발〉이라고, 왼발이 갈 때 〈오른발〉이라고 대상과 관찰이 어긋나게 된다. 이렇게 특별한 법을 얻고자 너무 지나치게 바라면 새김과 삼매, 통찰지가 향상되지 않는다. 그렇다고 '어떻게 되겠지'라고 너무 물러나는 마음을 가져도 수행이 진전되지 않는다. 부처님께서 소나 존자에게 설하신 거문고의 비유에 주목해야 한다. 거문고의 줄이 지나치게 팽팽해도 소리가 좋지 않고 지나치게 느슨해도 소리가 좋지 않듯이 지나치게 열심인 정진은 들뜸으로 인도하고 지나치게 느슨한 정진은 나태함으로 인도한다.(A6:55)

195 ⓗ「삭까빤하숫따Sakkapañhasutta(제석문경)」에서 제석천왕이 "중생들은 행복을 바라는데 왜 바라는 대로 되지 않고 괴롭습니까?"라고 질문하자 부처님께서는 "질투와 인색 때문이다"라고 대답하셨다.(D21) 마하시 사야도는 다음과 같이 요약게송으로 표현했다.

질투인색 없어야 현재행복해

196 ⓗ말을 단속하는 것이 매우 중요하다. 「꼬깔리까숫따Kokālikasutta(꼬갈리까 경)」에서 부처님께서는 "사람이 태어날 때 입에 도끼가 함께 생겨나서 어리석은 이는 나쁜 말로 자신을 찍는다"라고 설하셨다.(S6:10) "매우 큰 성조차 가로막을 수 있는데 손가락 두 개를 겹친 너비밖에 되지 않는 입은 왜 단속하지 못하는가?"라는 가르침도 있다.

이 『뿌라베다숫따 법문』을 정성스럽게 경청한
청법선업 의도의 공덕으로
지금 법문을 듣는 대중들 모두가
여러 장애와 위험으로부터 벗어나기를.
부처님께서 설해 놓으신
거룩한 덕목과 요소들을
갖추도록 잘 실천해서
모든 고통이 사라진
열반이라는 거룩한 법을
도의 지혜와 과의 지혜로
빠르고 편안하게 실현하기를.

사두, 사두, 사두.

『뿌라베다숫따 법문』 제2장이 끝났습니다.

제3장

1960년 8월 20일

(1960년 음력 7월 그믐)

부처님께서 「마하사마야숫따」를 설하실 때 천신과 범천 대중들에게 도와 과를 얻게 하려고 설하신 여섯 경 중 「뿌라베다숫따」를 제2장까지 설명했습니다. 이번 제3장에서는 「뿌라베다숫따」를 끝까지 설명하겠습니다. 대답 게송으로는 다섯 번째, 전체 게송으로는 여섯 번째 게송부터 시작하겠습니다.

진짜 부처님의 대답 게송 5

6 Sātiyesu anassāvī,
atimāne ca no yuto;
saṇho ca paṭibhānavā,
na saddho na virajjati.(Sn.860게)

해 석

쾌락거리에도 빠지지 않고
오만과도 또한 관련되지 않는다네.
부드럽고 또한 영감을 갖췄고
맹신도 없고 빛바래지도 않는다네.

대 역

Ye어떤 이는 sātiyesu쾌락거리에도; 좋아할 만한 대상인 감각욕망거리·감각욕망대상에도 anassāvī hoti빠지지 않습니다; 빠져듦이 없습니다. atimāne ca오만과도; 매우 심하게 자만하며 다른 이를 무시하는 것, 중시하지 않는 것과도 no yuto hoti관련되지 않습니다. saṇho ca hoti부드럽습니다; 부드럽고 미세합니다. paṭibhānavā ca hoti영감을 갖췄습니다; 현명합니다; 분명한 지혜와 통찰지가 있습니다. saddho ca맹신도; 다른 이를 맹신함도 na hoti없습니다. na virajjati빛바래지도 않습니다; 애착을 제거할 필요가 없습니다.《taṁ그러한 이를 upasantoti참 적정자라고 ahaṁ나는 brūmi부릅니다.》

먼저 간략하게 설명하겠습니다. 첫째 구절에서 "ye어떤 이는 sātiyesu 쾌락거리에도; 좋아할 만한 대상인 감각욕망거리·감각욕망대상에도 anassāvī hoti빠지지 않습니다; 빠져듦이 없습니다"라고 설하셨습니다. 여기서 '빠져든다'는 것은 좋아할 만한 대상에 대해 좋아하고 애착하고 집착하는 것입니다.

둘째 구절에서 "atimāne ca오만과도; 매우 심하게 자만하며 다른 이를 무시하는 것, 중시하지 않는 것과도 no yuto hoti관련되지 않습니다"라고 설하셨습니다. 자신은 높이 평가하고 타인은 얕잡고 무시하는 것, 타인에 대해 공손함이 없이 행동하는 것, 그러한 태도가 없다는 뜻입니다.

셋째 구절에서 "saṇho ca hoti부드럽습니다; 부드럽고 미세합니다"라고 설하셨습니다. 몸과 말과 마음, 이 세 가지가 부드럽고 미세하다는 뜻입니다. 또한 "paṭibhānavā ca hoti영감을 갖췄습니다; 현명합니다; 분명한 지혜와 통찰지가 있습니다"라고 설하셨습니다. 교학이나 실천과 관련된 여러 문제에 대해 분명하고 쉽게 이해하는 지혜와 통찰지가 있다는 뜻입니다.

마지막 구절에서 "saddho ca맹신도; 다른 이를 맹신함도 na hoti없습니다"라고 설하셨습니다. 이 경은 지혜로운 이들을 위한 것이라서 이해하기 쉽지 않은 의미심장하고 특별한 용어들이 포함돼 있습니다. 'na saddho'라고만 하면 '믿지 않는 이'라고 번역돼 믿음이 배제된 것처럼 생각할 수 있습니다. 그렇지 않습니다. 이것은 수수께끼paheḷi처럼[197] 원래 말하고자 하는 바를 감추고 에둘러서 표현한 것입니다. 여기에 대해서는 나중에 자세히 설명하겠습니다. 또한 "na virajjati빛바래지도 않습니다; 애착을 제거할 필요가 없습니다"라고 설하셨습니다. 이 표현도 방금 설명한 구절과 마찬가지로 'na virajjati. 애착의 빛바램이 없다, 애착이 제거되지 않았다'라고 애착이 있는 것처럼 해석될 수도 있습니다. 그렇지 않습니다. 애착을 완전히 제거했기 때문에 애착을 제거하도록 실천할 필요가 없다는 뜻입니다.

"Taṁ그러한 이를 upasantoti참적정자라고 ahaṁ나는 brūmi부릅니다", 이러한 덕목과 구성요소를 갖춘 이를 'upasanta 참적정자'라고 부른다는 뜻입니다. 그렇게 알고 기억한다는 뜻입니다. 매우 좋은 내용입니다. 이 게송에는 수행과 관련된 내용들도 포함돼 있습니다. 그 내용들을 많은 사람이 쉽게 기억하도록 다음과 같이 요약게송으로 표현했습니다.[198]

쾌락거리 안빠지고 오만없고 유연현명
맹신없고 안빛바래 적정자 여섯덕목들

197 미얀마어 사전(*Department of the Myanmar Language Commission*, 『*Myanmar-English Dictionary*』, p.254)에서는 'paheli'라는 빠알리어라고 설명했다.('ḷ'과 'l') 전재성 편저, 『빠알리어사전』, p.1093에는 '수수께끼'에 대한 빠알리어로 'paheḷikā'라는 단어를 언급했다.

198 저본에서는 미얀마어 요약게송을 이전 표현과 새 표현 두 가지로 소개했다.

"쾌락거리 안빠지고", '빠져든다'는 것은 즐길 만한 대상에 대해 즐기고 애착해서 집착하고 기우는 것을 말합니다. 그렇게 빠져들 만한 쾌락거리에 빠지지 않아야 한다는 뜻입니다.

"오만없고", 자신을 높이 평가하는 자만으로 다른 이를 얕잡아 보고 무시하는 오만도 없어야 한다는 뜻입니다.

"유연", 거친 몸의 모습이나 말의 모습을 제거하고 부드럽고 섬세한 몸의 모습이나 말의 모습을 갖춰야 한다는 뜻입니다. 여러 상황에서 감관을 고요하게 유지하면서 부드럽고 섬세한 모습으로 지내야 합니다.

"현명", 실천이나 교학과 관련한 질문이나 문제에 대해 지혜로 쉽게 파악하고 이해하는 것을 말합니다.

"맹신없고", 다른 이를 무조건 믿지 않고 스스로 직접 아는 것을 말합니다.

"안빛바래", 애착이 이미 사라졌기 때문에 다시 애착이 사라지도록 실천할 필요가 없음을 뜻합니다.

이렇게 앞의 덕목 세 가지와 이어지는 덕목 세 가지, 합하면 이 게송에는 여섯 덕목이 포함돼 있습니다. 그래서 "적정자 여섯덕목들"이라고 표현했습니다.

쾌락거리에 빠지지 않아야 한다

쾌락거리에 빠지는 모습

이제 자세하게 설명하겠습니다. 첫째 구절에서 "쾌락거리에 빠지지 않아야 한다"라고 할 때 '쾌락거리'란 많은 사람이 바라고 좋아할 만한 것들입니다. 눈으로 보아서 좋은 형색들, 귀로 들어서 좋은 소리들,

코로 맡아서 좋은 냄새들, 혀로 맛보아서 좋은 맛들, 몸으로 닿아서 좋은 감촉들, 마음으로 생각해서 행복한 대상들 등 이렇게 좋다고 생각되는 것이 '즐길 만한 것, 쾌락거리'입니다. 이러한 쾌락거리·감각욕망대상을 좋아하고 즐겨서 번뇌라는 물줄기가 그쪽으로 흘러갑니다. 그래서 번뇌가 아직 제거되지 못한 이들은 이것들을 좋아하고 즐기고 애착하며 지냅니다. 이렇게 좋아할 만한 대상, 감각욕망거리 쪽으로 마음이 흘러가지 않도록 다스려야 한다는 뜻입니다. 흘러가고 빠지면 그때마다 계속 관찰해서 제거해야 합니다.

마음을 아직 잘 다스리지 못하는 이들은 눈에 보이는 형색 대상 쪽으로 번뇌라는 물줄기가 그대로 흘러 빠져버립니다. 귀에서도 들리는 소리 대상 쪽으로 흘러버립니다. 코에서도 맡아지는 냄새 대상 쪽으로 흘러버립니다. 혀에서도 맛 대상 쪽으로 흘러버립니다. 몸에서도 감촉 대상 쪽으로 흘러버립니다.[199] 마음에서도 생각의 대상 쪽으로 그대로 흘러버립니다. 비유하면 비가 올 때 산꼭대기나 높은 곳에서 낮은 곳으로 빗물이 계속 흐르는 것과 마찬가지입니다. 이렇게 흘러가는 성품을 아비담마 가르침에서는 '누출āsava·漏'이라고 말합니다. 누출āsava에는 ①감각욕망누출kāmāsava·欲漏, ②존재누출bhavāsava·有漏, ③사견누출diṭṭhāsava·見漏, ④무명누출avijjāsava·無明漏이라는 네 가지가 있습니다. 그중 이 게송에 언급된 것은 좋아할 만한 대상 쪽으로 흘러가는 감각욕망누출과 존재누출입니다. 법체로는 갈애taṇhā·애착rāga이라는 탐욕lobha일 뿐입니다.

199 Ⓗ갓 수행을 시작한 할머니 한 분에게 "망상이 많습니까, 적습니까?"라고 물었다. 할머니는 "망상이 하나도 없습니다. 망상이 일어나지 않습니다"라고 대답했다. 사실은 망상이 많이 생겨났는데 망상이 생겨난 줄조차 아직 모르고 있는 상황이다.

존재꼭대기까지 흘러가는 모습

갈애·애착이라는 누출āsava 법은 탄생지로는 존재꼭대기bhavagga까지, 법성품으로는 종성gotrabhū까지 흘러갑니다.

'Bhavagga 존재꼭대기'는 'bhava 존재' + 'agga 꼭대기', 존재들의 탄생지 중 제일 높은 탄생지를 말합니다. 제일 높은 탄생지인 존재꼭대기를 이해하기 위해서는 중간 정도와 제일 낮은 탄생지를 먼저 이해해야 합니다. 31탄생지[200] 중 제일 낮은 탄생지는 지옥·축생·아귀·아수라라는 사악도 탄생지입니다. 그중에서도 제일 낮은 탄생지가 지옥입니다. 지옥 중에서도 제일 낮은 지옥이 무간avīci 지옥입니다. 그래서 선업의 공덕몫을 회향할 때 '위로는 존재꼭대기까지, 아래로는 무간지옥까지'라고 말하는 것입니다.

사악도 탄생지보다 높은 단계는[201] 인간 탄생지입니다. 인간 탄생지 위로는 사대왕천, 도리천, 야마천, 도솔천, 화락천, 타화자재천이라는 욕계 여섯 천상 세상이 차례대로 있습니다. 욕계 천상 세상에도 인간 세상처럼 남자와 여자가 있습니다. 그래서 감각욕망거리들도 모두 갖춰져 있습니다.

욕계 천상 위로는 색계 초선정천 세 탄생지가 있습니다. 세 탄생지라고는 하지만 단계로는 한 단계, 한 평면입니다. 저열한 범천《범중천》, 중간인 범천《범보천》, 대범천이라는 세 종류의 범천이 지내는 곳이기

200 본서 부록 p.314 참조.

201 지옥에는 세중 지옥과 세상 지옥이 있다. 세중 지옥은 세 우주의 가운데에 위치한다. 세상 지옥에는 팔대지옥과 소지옥이 있다. 팔대지옥은 인간들이 사는 남섬부주 밑으로 차례대로 위치하고 소지옥은 각각 팔대지옥의 외부에 위치한다. 축생과 아귀, 아수라는 따로 위치하는 공간이 없다. 인간이 머무는 곳에 머문다. 그래서 인간 탄생지와 공간상으로는 한 평면이라고 할 수 있다. 자세한 내용은 비구 일창 담마간다 지음, 『가르침을 배우다』, pp.270~281 참조.

때문에 세 탄생지라고 편의상 말하는 것입니다. 그 위에 색계 제2선정천 세 탄생지가 있습니다. 이곳도 한 단계, 한 평면입니다. 세 종류의 범천으로 나눠지기 때문에 세 탄생지로 말하는 것입니다. 그 위에 색계 제3선정천 세 탄생지가 있습니다. 이곳도 한 단계, 한 평면입니다. 세 종류의 범천으로 나눠지기 때문에 세 탄생지로 말하는 것입니다.

색계 제3선정천 탄생지 위에 색계 제4선정천 중 제일 낮은 단계로 광과천vehapphalā과 무상유정천asaññasattā이라는 두 종류의 탄생지가 있습니다. 그래서 제4선정천은 두 탄생지라고 말합니다. 그중 광과천 범천들은 아래의 다른 범천들처럼 물질과 정신 둘 다 갖추고 있습니다. 그래서 광과천 범천과 그 아래 아홉 가지 색계 범천, 합해서 열 종류의 범천은 아래 욕계 천상 탄생지나 인간 탄생지에 와서 법문도 들을 수 있습니다. 법문을 할 수도 있습니다.[202] 특별한 점은 그들에게는 사람들처럼 남자의 성 기관, 여성의 성 기관이 없다는 사실입니다. 코의 형체는 있지만 냄새를 맡아서 아는 마음의 토대가 되는 코 감성물질이 없습니다. 혀의 모습은 있지만 맛을 보아서 아는 마음의 토대가 되는 혀 감성물질이 없습니다. 몸의 모습은 있지만 감촉과 닿아서 아는 마음의 토대가 되는 몸 감성물질이 없습니다. 냄새·맛·감촉이라는 저열한 감각욕망거리들을 즐기는 정도로만 사용되는 저열한 신체부분이 없습니다.[203] 선법을 생겨나게 하고 늘어나게 할 수 있는 눈과 귀는 있습니다. 그래서 부처님

202 하나의 예로 도리천에서 열리는 천상의 회의에서 사낭꾸마라Sanaṅkumāra 범천왕이 법을 설하는 모습은 『디가 니까야』「자나와사바숫따Janavasabhasutta(자나와사바 경)」(D18); 『가르침을 배우다』, p.287을 참조.

203 ㊞좋은 냄새를 맡고, 맛있는 음식을 먹고, 좋은 감촉과 닿아서 즐기는 것이 색계 범천 세상에는 없다고 말하면 일반인들은 좋아하지 않을 것이다. 하지만 현자들의 관점, 범천들의 관점으로 보면 이러한 것들은 저열할 뿐이다. 그래서 미얀마의 옛 큰스님들은 "코가 부추기는 대로 따라가지 마라. 혀가 부추기는 대로 따라가지 마라. 몸이 부추기는 대로 따라가지 마라"라고 법문했다.

도 친견할 수 있습니다. 법문도 들을 수 있습니다. 법에 마음 기울일 수 있어 법을 실천할 수도 있습니다. 그래서 그 범천들은 부처님께서 설하시는 법문을 들었을 때 대부분 특별한 법을 얻습니다.

무상유정천에 태어난 범천에게는 알 수 있는 마음을 비롯한 정신법이 없습니다. 오직 물질만 존재합니다.[204] 사람들이 만들어 놓은 나무 조각상이나 돌 조각상과 비슷합니다. 그들에게는 정신법이 없기 때문에 아무것도 알 수 없습니다. 어디로도 갈 수 없습니다. 움직일 수도 없습니다. 마치 조각상과 같습니다. 부처님께서 출현하셔도 모릅니다. 법문도 듣지 못합니다. 500대겁이 지났을 때 그 탄생지에서 죽어 (무상유정천 탄생지에 도달하기 전에 머물던) 원래 세상인 인간 세상이나 욕계 천상으로 다시 돌아옵니다. 향상이나 발전이란 전혀 없습니다. 그래서 이 무상유정천을 '팔난aṭṭha akkhaṇa' 중에 하나로 포함시킵니다.[205]

광과천과 무상유정천 위에 아나함과 아라한들만 머무는[206] 정거천

---

204 ㊞제4선정을 닦은 수행자가 '마음이 있어서 괴로운 것이다. 마음이 없으면 알지 못하고 느끼지 못하기 때문에 괴로움이 없을 것이다'라고 마음의 허물만 보게 되면 다음 생에 500대겁 동안 마음이 일어나지 않는 무상유정천에 태어난다.

205 팔난(aṭṭha akkhaṇa, 여덟 가지 안 좋은 시기)은 다음과 같다.(A8:29)
①지옥 ②축생 ③아귀(아수라도 포함) ④무상유정천 ⑤변방 ⑥사견 ⑦일부 감각기능을 갖추지 못한 생 ⑧부처님의 가르침이 없는 시기

206 ㊞아라한이 정거천에 머문다고 해서 '아라한도 임종 후에는 이 정거천에 태어난다'라고 오해하면 안 된다. 아라한은 마지막 임종 마음 뒤 어느 탄생지에서도 새로운 물질·정신이 생겨나지 않는다. 정거천에서 지내는 아나함이 아라한이 되어 완전열반에 도달하기 전까지 머무는 것을 말한다.
또한 "위빳사나만 닦은 아나함은 선정을 닦지 않았기 때문에 정거천에 태어나지 못하는가?"라고 묻는다면 "태어날 수 있다"라고 대답해야 한다. "아나함은 삼매를 구족했다"라고 말하기 때문에 아나함은 임종 즈음에 저절로 선정을 갖춰 정거천에 태어날 수 있다고 알아야 한다.
"정거천에 아나함이나 아라한이 모두 없을 때도 있는가?"라고 질문한다면 "그렇다"라고 대답해야 한다. 정거천 중 수명이 제일 짧은 탄생지인 무번천은 수명이 천 대겁이고 제일 긴 탄생지인 색구경천은 1만6천 대겁이다. 가끔 한 분의 부처님도 출현하지 않는 시기가 그 기간보다 더 길게, 오랫동안 지속되기도 하는데 그때는 정거천이 텅 비게 된다. 부처님께서 출현하셔야 정거천에 아나함과 아라한이 가득하다.

suddhāvāsā이 무번천avihā, 무열천atappā, 선현천sudassā, 선견천sudassī, 색구경천akaniṭṭhā의 차례대로 다섯 단계가 있습니다. 그 다섯 탄생지는 아래 욕계 탄생지에 떨어지게 할 족쇄와 번뇌가 없어 깨끗하고 청정합니다. 아나함과 아라한들만 지내는 탄생지이기 때문에 '정거천'이라고 부릅니다.

정거천 위에는 무색계 탄생지가 있습니다. 공무변처ākāsānañcāyatana, 식무변처viññāṇañcāyatana, 무소유처ākiñcaññāyatana, 비상비비상처nevasaññānāsaññāyatana 탄생지로 네 단계가 있습니다. 무색계 탄생지에는 마음을 비롯한 정신법만 존재합니다. 물질인 몸이 없습니다. 물질이 없기 때문에 그들을 볼 수 없습니다. 그들도 볼 수 없습니다. 들을 수 없습니다. 부처님께 올 수도 없습니다. 법문도 듣지 못합니다. 이 무색계 탄생지에 태어난 범부들은 그 탄생지의 수명이 다하면 (무색계 탄생지에 도달하기 전에 머물던) 원래 세상인 인간 세상이나 욕계 천상으로 다시 돌아옵니다. 무상유정천과 마찬가지로 전혀 향상이라고는 없습니다. 그래서 범부들에게는 이 무색계 탄생지도 팔난 중 하나에[207] 포함됩니다.

하지만 성자들은 무색계 탄생지에서도 향상될 수 있습니다. 수다원·사다함·아나함이 무색계 탄생지에 도달하면 자신들이 이미 깨달은 방법에 따라 스스로 마음만 관찰하여[208] 아라한과에까지 이르러 그 탄생지에서 완전열반에 들 수 있습니다. 무색계 네 가지 탄생지 중에서도 비상비비상처 탄생지가 가장 높은 탄생지입니다. 그래서 비상비비상처 탄생지를 '존재꼭대기bhavagga'라고 부릅니다.

207 팔난 중 무상유정천에 포함시킨다.

208 물질이 없는 세상이기 때문에 정신법만 관찰할 수 있다.

앞에서 설명했던 감각욕망누출kāmāsava과 존재누출bhavāsava이라는 갈애누출법들은 지금 말했던 31탄생지 중에서 제일 낮은 무간지옥으로부터 시작해서 제일 높아서 존재꼭대기라고 부르는 비상비비상처 탄생지까지 좋아하고 애착하는 것으로 흘러갑니다. 이렇게 탄생지로는 존재꼭대기까지 흘러갈 수 있기 때문에 '누출āsava'이라고 부릅니다. "anassāvī"라고 표현한 이 게송에 따르자면 "assāva"라고 표현해야 할 것입니다. 그래서 "assāva"로 불리는, 흘러갈 수 있는 갈애·애착이 사라지도록 해야 한다는 뜻입니다. 31탄생지 중 어느 탄생지, 어느 존재의 종류도 애착하고 좋아하여 흘러감이 없도록 노력해야 합니다.

지옥도 애착하는가

여기에서 "31탄생지 중 지옥이라는 곳은 매우 좋지 않은 탄생지이다. 아귀·아수라·축생이라는[209] 탄생지도 좋지 않은 곳이다. 그렇다면 그렇게 좋지 않은 탄생지를 애착하고 즐기는 갈애가 생겨날 수 있는가?"라고 질문할 수 있습니다. 지옥을 지옥으로 알고서 '좋지 않다'라고 생각하는 사람들은 지옥을 애착하지 않는 것이 사실입니다. 하지만 지옥을 지옥인 줄 모르는 사람들은 '좋다'라고 생각해서 지옥을 바라고 애착합니다. 이 내용은 밋따윈다까Mittavindaka 일화를 통해 분명하게 알 수 있습니다. 이 일화는 여러분도 많이 들어보셨을 것입니다.

209 일반적으로 사악도는 "nirayo tiracchānayoni pettivisayo asurakāyo ceti apāyabhūmi catubbidhā hoti. 악도 탄생지는 지옥과 축생의 모태와 아귀의 경계와 아수라까야로 네 종류이다(Ah.29)"라는 구절처럼 "지옥-축생-아귀-아수라"의 순서로 언급되지만 저본의 순서를 따랐다.

밋따윈다까 일화

밋따윈다까는 어머니의 말을 듣지 않고, 어머니에게 말로 잘못을 범하고는[210] 집을 나와서 정처 없이 떠돌아다녔습니다. 요즘으로 말하자면 가출 청소년이라고 생각하면 됩니다.

정처 없이 떠돌던 그는 어느 바닷가 항구에서 원양어선을 탔습니다. 그런데 그 원양어선이 바다 한가운데서 위험에 직면했습니다. 배가 원하는 곳으로 가지 못하자 뱃사람들은 '이 배에 재수 없는 사람이 섞여 있어서 지금 우리가 곤란을 겪고 있는 것이다'라고 생각하고서 나쁜 업을 가진 사람을 제비뽑기를[211] 통해 결정하기로 했습니다. 주사위를 던지자 밋따윈다까가 걸렸습니다. 뱃사람들은 그를 대나무 뗏목에 태워 바다로 떠내려 보냈습니다. 그 즉시 배가 잘 운항됐습니다.[212] 밋따윈다까는 해류와 바람을 타고 떠내려가다 이전에 포살을 준수한 선업 덕분에 궁전아귀녀vemānikapetī 네 명이 사는 한 궁전에 이르렀습니다. 여기서 '궁전아귀녀'라는 존재는 '아귀녀'로 표현은 했지만, 선업과 불선업이 섞여 그 결과를 받는 존재였기 때문에[213] 칠일 동안은 천상의 영화를 누리다가 다음 칠일 동안은 지옥의 고통을 겪어야 했습니다.[214] 궁전

210 ㉻밋따윈다까의 어머니는 수다원이었다. 아들인 밋따윈다까가 선업을 실천할 수 있도록 포살을 준수할 때마다 천 냥을 주겠다고 말했다. 밋따윈다까는 건성으로 포살을 준수하면서 많은 돈을 모았다. 그 돈으로 배를 타고 무역을 하겠다며 집을 떠나려 했다. 어머니는 위험하다고 말리면서 손을 잡았다. 밋따윈다까는 그 손을 뿌리치고 어머니를 밀치고 넘어뜨린 뒤에 그대로 집을 떠나 배를 타고 바다로 나갔다.

211 이런 제비뽑기를 'kāḷakaṇṇisalākā'라고 한다. 'kāḷakaṇṇi'는 '재수에 옴이 붙은 자, 재수 없는 자'를 뜻하고 'salāka'는 산가지를 뜻한다.

212 ㉻말을 하지 못하는 배가 마치 "비록 내가 무정물이지만 어머니를 밀치면서 잘못을 행한 이런 저열한 자는 도저히 내 위에 태울 수 없다"라고 말하는 것처럼 멈췄다고도 말할 수 있다.

213 사대왕천 천신에 포함된다.

214 저본에서는 궁전아귀녀들이 사는 탄생지로 설명했다.

아귀녀들은 처음 일주일간 밋따윈다까를 잘 대접했습니다. 그런데 칠일이 지나자 밋따윈다까를 자신들의 궁전에서 기다리게 했습니다. “칠일이 지나면 다시 돌아오겠습니다”라는 말을 남긴 채 궁전아귀녀들은 지옥의 고통을 받으러 간 것입니다. 하지만 밋따윈다까는 궁전에서 기다리라는 그녀들의 말을 듣지 않았습니다. 그는 다시 대나무 뗏목을 타고 여행을 계속했습니다.

밋따윈다까는 포살을 준수한 업이 계속 뒷받침해 주었기 때문에 다시 다른 궁전아귀녀 여덟 명이 사는 또 다른 궁전에 도착했습니다. 거기서도 칠일을 보낸 후 같은 방법으로 여행을 계속했습니다.

이후로도 포살을 준수한 선업 때문에 다시 궁전아귀녀 열여섯 명이 사는 궁전, 서른두 명이 사는 궁전에 차례대로 도착했고, 각 궁전에서 칠일씩 보낸 후 마지막 여행을 떠났습니다.

마지막 여행길에서는 어머니에게 잘못한 불선업 때문에 바다에 있는 한 지옥에 가게 됐습니다. 그곳에서 그는 목에 칼을 두르고 회전하는 칼날에 난도질을 당하는 지옥 중생을 보았습니다. 목에서 시뻘건 피가 철철 흐르는 그 지옥 중생은 너무 고통스러워 “오, 우” 하며 통곡하고 있었습니다.

지옥꽃을 황금꽃으로 생각한다

지옥 중생이 고통스럽게 통곡하는 것을 보았을 때 밋따윈다까에게 기이한 생각이 떠올랐습니다. ‘저 사람은 저토록 아름답고 큰 화환을 두르고서 왜 비명을 지를까? 저 화환을 내가 가질 수 있으면 좋겠다.’ “지옥꽃을 황금꽃으로 생각한다”라는 속담은 여기에서 생긴 것입니다.

그래서 밋따윈다까는 “이보시오, 목에 두른 화환을 내게 주시오”라고 청했습니다. 그러자 지옥 중생이 말했습니다.

"보시오. 내 목에 있는 물건은 황금꽃이 아닙니다. 칼날입니다. 내 목 주위를 계속 돌면서 난도질하고 있습니다. 피할 수도 없고 멈추게 할 수도 없습니다. 무시무시한 칼날입니다. 매우 고통스럽습니다. 이런 극심한 고통을 그대는 바라지 마시오."

지옥 중생은 사실대로 말하면서 조언했습니다. 하지만 밋따윈다까는 그 말을 믿지 않고 반박했습니다.

"친구여, 화환을 내 눈으로 분명히 보고 있는데 왜 그런 말을 합니까. 거짓말하지 마시오. 주기 싫어서 칼이라고 하는 거 아닙니까. 그대는 그 화환을 두른 지 오래된 것 같으니 이제 그만 내게 주시오."

이렇게 말하며 다시 청했습니다.[215]

그러자 그 지옥 중생은 '이 사람도 나처럼 불선업이 매우 큰 것 같구나. 나는 이 지옥에서 벗어날 때가 된 것 같구나'라고 생각하고서 "친구여, 그러면 그대가 원하는 화환을 가지시오"라고 말하며 칼을 밋따윈다까에게 던졌습니다. 칼은 밋따윈다까 목에 걸리자마자 목 주변을 사정없이 난도질하기 시작했습니다. 그제야 밋따윈다까는 그것이 황금꽃이 아니라 칼이라는 사실을 깨달았습니다. 하지만 그 칼로부터 벗어날 수는 없었습니다. 그의 불선업이 다하기 전에는 그 칼에 난도질을 당하면서 지내야 했습니다.(J439)[216]

이 일화를 근거로 살펴보면 불선업이 있는 이들은 지옥을 지옥인 줄

---

215 ㉻사람이 미워하는 것은 무서워하지 않아도 된다. 업이 미워하는 것이야말로 진실로 무서운 것이다. 자신을 미워하는 사람이 있으면 그를 피하거나 숨거나 만나지 않는 것으로 어느 정도 피할 수 있다. 업이 자신을 미워하면, 즉 불선업이 과보를 주려고 할 때는 어디에도 숨을 수가 없다. 결과를 받아야 한다.

216 『자타카전서』, pp.1685~1688 참조.

모르고 '좋은 곳'으로 알아서 좋아하고 애착한다는 사실이 분명합니다. 또한 지옥을 지옥인 줄 알더라도 스스로 그 지옥에 떨어져 지옥 중생이 됐을 때는 지옥 중생의 삶을 애착하기도 합니다. 지옥의 고통을 바라지는 않지만 자신의 몸은 편안하게 계속 유지되기를 바랍니다. 이것은 지옥의 무더기를 좋아하고 있는 것입니다. 따라서 갈애는 지옥도 즐기고 애착해서 지옥 무더기 쪽으로 흘러간다는 사실이 분명합니다.

아귀 탄생지도 애착한다

일부 아귀는 지옥 중생에 버금갈 정도로 고통스럽게 지냅니다. 하지만 아귀 탄생지에 아귀로 태어났을 때도 자기 삶을 스스로 즐기고 좋아합니다. 생이 서로 같은 아귀들끼리 결혼까지 합니다. 서로 좋아하고 애착한다는 사실은 말할 필요도 없습니다. 아귀 중에는 낮 동안만, 혹은 밤 동안만, 혹은 칠일 동안만 등으로 불선업과 선업이 섞여서 과보를 주는 '궁전아귀'라는 존재들도 있습니다. 궁전아귀들은 선업이 결과를 주는 차례에는 천상처럼 행복하게 지냅니다. 따라서 그러한 종류의 존재들을 만난 사람들조차 아귀의 생을 좋아하고 애착하기까지 합니다.[217] 아수라까야는 아귀와 거의 비슷합니다.

축생의 삶도 애착한다

축생 중에서도 신통을 구족한 용nāga이라는 존재가 있습니다. 부처님 당시 에라까빳따Erakapatta 용왕의 딸(용녀)이 사람으로 변신해서 수수께끼paheḷi 노래를 불렀습니다. 그 수수께끼에 대답할 수 있으면 용

217 앞에서 소개한 밋따윈다까의 일화에서 언급했다. 본서 pp.178~179 참조.

녀를 주겠다고 용왕이 널리 알렸습니다. 그때 용녀를 얻고자 하는 사람들이 헤아릴 수조차 없이 많았다고 합니다.(Dhp.182게 일화)[218]

「부리닷따자따까Bhūridattajātaka」에서는 사람 왕자와 용녀, 용왕과 사람 공주가 결혼해서 자식들을 낳은 사실도 설명해 놓았습니다.(J543)[219]

「짬뻬야자따까Campeyyajātaka」에서는 보살조차 용왕의 영화를 고대해서 용왕으로 태어난 일화를 설명해 놓았습니다.(J506)[220]

「위두라자따까Vidhurajātaka」에서는 뿐나까puṇṇaka라는 천신 야차가 용녀를 사랑해서 그 용녀와 그 용녀의 부모의 말에 따라 위두라라는 현자를 용의 나라로 데리고 갔다는 내용이 있습니다.(J545)[221]

그래서 갈애가 축생 탄생지를 좋아하고 애착할 수 있다는 사실은 말할 필요도 없습니다. 요즘은 개를 좋아해서 소중하게 기르는 사람들이 많습니다. 애완견뿐만 아니라 고양이 등 여러 반려 동물을 기릅니다. 이것도 좋아하고 애착하는 것입니다.[222]

특히 업이 좋지 않고 조건이 적당하지 않아서 스스로 개·돼지·소·말·코끼리로 태어나면 그렇게 태어난 생을 스스로 좋아하고 애착합니다. 같은 생의 무리와 동료들도 좋아하고 애착합니다. 이것은 「짬뻬야자따까」 등을 근거로 알 수 있습니다. 보살은 자신의 부친이었던 수행자 앞에서 사람으로 변신한 뒤 많은 대중을 거느리고 와서 거창하게 예

218 『법구경 이야기』 제2권, pp.600~605 참조.

219 『자타카전서』, pp.2432~2470 참조.

220 뒤에 자세한 설명이 나온다. 본서 pp.182~183; 마하시 사야도 지음, 비구 일창 담마간다 옮김, 『담마짝까 법문』, pp.277~279; 『자타카전서』, pp.1968~1977 참조.

221 『자타카전서』, pp.2497~2511 참조.

222 ㉻일부 애완견은 주인의 사랑을 듬뿍 받으며 좋은 음식을 먹고 좋은 집에서 지내고 심지어 좋은 차를 타고 다니기도 한다. 이때 개로 태어난 것은 과거의 불선업이 과보를 준 것이고 좋은 필수품을 누리는 것은 과거의 보시 선업이 과보를 준 것이다. 각각 구분해서 알아야 한다.

경 올리는 짬뻬야 용왕의 모습을 보고 용왕이 되고자 마음을 기울이고 바랐습니다.[223] 그래서 그 생에서 죽었을 때 짬뻬야 용왕으로 태어났습니다. 그런데 뱀으로[224] 태어난 것을 알게 된 후 마음이 매우 불편했습니다. 하지만 아름다운 천녀의 모습으로 변신한 용녀들이 춤과 노래와 갖가지 연주로 즐겁게 해 주자 마음의 불편함이 전부 사라지고 좋아함과 즐김이 생겨났습니다. 이렇게 자신의 생을 좋아하고 애착하기만 합니다.[225]

인간·천신·색계 범천의 삶도 애착한다

사람들이나 욕계 천신들이 즐기는 것은 특별히 말할 필요도 없습니다. 색계 범천들도 즐깁니다. 일부에선 범천 탄생지를 늙지 않고 병들지 않고 죽지 않는 '천국'으로 여기며 즐기고 기대합니다. 부처님 당시 바까Baka라는 대범천은 자신의 탄생지와 생을 늙지도, 병들지도, 죽지도 않고 항상 그대로 유지된다고 생각해서 부처님에게조차 "매우 좋은

223 원래 「짬뻬야 자따까」에서는 마가다 왕이 용왕의 도움을 받아 이웃 나라를 정복해서 매년 용왕에게 공물을 바쳤고, 용왕도 많은 대중을 거느리고 영화를 드러내며 공물을 받았으며 그 모습을 보고 가난했던 보살이 선업을 행한 뒤 용왕으로 태어나고자 기원했다고 설명한다. 『담마짝까 법문』, pp.277~279; 『자타카전서』, pp.1968~1977 참조. 자신의 부친이었던 수행자 앞에서 사람으로 변신한 뒤 많은 대중을 거느리고 와서 거창하게 예경 올리는 모습을 보고 용왕이 되고자 기원한 내용은 「상카빨라 자따까」 일화다.(J524) 『자타카전서』, pp.2098~2099 참조.

224 용은 축생인 뱀의 일종이다. 하지만 신통 위력을 가지고 있어 천자나 천녀의 모습으로 변신해서 감각욕망을 즐길 수 있다. 다만 재생연결을 할 때, 허물을 벗을 때, 잠에 빠졌을 때, 교접할 때, 죽을 때는 다시 용의 모습으로 돌아간다. 우 소다나 사야도 법문, 비구 일창 담마간다 옮김, 『어려운 것 네 가지』, p.273 참조.

225 Yāyaṁ taṇhā ponobhavikā nandīrāgasahagatā tatratatrābhinandinī.(S.iii.369/S56:11)

대 역

Yā ayaṁ taṇhā어떤 이 갈애는; 갈망함인 그 갈애는 ponobhavikā다시 태어나게 하고, nandīrāgasahagatā즐김과 애착이 함께 하며; 즐기고 애착하는 성품이기도 하고, tatratatra여기저기서; 각각의 자기존재나 각각의 대상들을 만날 때마다, 접할 때마다 그것들에서 abhinandinī항상 좋아하고 즐긴다.

곳"이라며 초청했다고 합니다. 이 정도는 아니더라도 매우 긴 수명으로 행복하게 지내기 때문에 범천들은 대부분 자신의 탄생지와 생을 좋아합니다. 한 범천은 인간 세상의 사람들과 욕계 천상 세상의 천신들이 짧은 수명으로 빨리빨리 태어났다가 빨리빨리 죽어버리는 모습을 보고는 자신들의 범천 탄생지에 와서 긴 수명을 누리며 살 수 있게 노력해야 한다는 사실을 "가슴에 창이 박히면 그 창을 빼낼 수 있게 매우 빨리 애써서 노력해야 하듯이, 머리에 불이 붙어 타고 있으면 그 불을 끌 수 있게 매우 빨리 애써서 노력해야 하듯이, 감각욕망애착kāmarāga을 제거할 수 있는 선정을 얻도록 서둘러 노력하고 수행해야 한다"라고 말하기도 했습니다.(S.i.12/S1:21)[226]

그렇다면 "정거천에는 청정한 이들만 있는데 거기에도 즐김이 있을까?"라고 질문할 수 있습니다. 정거천 탄생지에서도 아나함들의 경우에는 아직 존재애착bhavarāga, 즉 생에 대한 애착이 다 사라지지 않았기 때문에 자기의 생, 자신의 삶을 스스로 애착합니다.

---

226 감각욕망애착을 제거하는 것만으로는 윤회에서 완전히 벗어나지 못한다. 존재더미사견을 서둘러 제거해야 한다.

Sattiyā viya omaṭṭho, dayhamānova matthake;
Sakkāyadiṭṭhippahānāya, sato bhikkhu paribbaje.(S.i.12)

대역

Sattiya창으로 omaṭṭho viya가슴이 찔린 이처럼, matthake머리에 dayhamāno iva 불이 붙은 이처럼, sakkāyadiṭṭhippahānāya존재더미사견을 제거하도록 bhikkhu비구들은; 윤회의 위험을 보고 아는 이들은 sato새기면서 paribbaje빨리, 신속히 노력하라.

마하시 사야도의 요약게송은 다음과 같다.

가슴속에 찔린창 빨리뽑듯이
머리위에 붙은불 빨리끄듯이
그와같이 유신견 제거하도록
새김확립 서둘러 실천해야해

무색계 탄생지를 열반이라고 생각한다

무색계 탄생지에서도 범부나 수다원, 사다함, 아나함들은 애착합니다. 일부는 물질이 없고 정신만 있는 그 무색계 탄생지를 열반으로 여겨 바라기도 합니다.[227]

알라라와 우다까

보살이 갓 출가하셨을 때 알라라Āḷāra와 우다까Udaka라는 수행자에게 가서 선정 수행방법을 배웠습니다. 알라라와 우다까 수행자는 무소유처ākiñcaññāyatana 탄생지와 비상비비상처nevasaññānāsaññāyatana 탄생지를 열반으로 믿고 그 탄생지에 도달하기 위해 스스로도 수행하고, 남에게도 지도하고 설했습니다. 하지만 보살은 그 선정들도 열반에 이르는 길은 아니라는 것을 아셨습니다. 그 탄생지도 열반에 이르는 길은 아니라는 것을[228] 아셨습니다. 그래서 그들이 제시한 방법대로 수행한 후 얻은 그 무소유처 선정과 비상비비상처 선정을 버리고, 열반에 이르게 하는 진짜 방법을 찾아 붓다의 지위에 도달하셨습니다. 붓다가 되고 나서 법을 설하려고 살펴보셨을 때 알라라와 우다까가 그들이 열반이라고 생각하는 무소유처 탄생지와 비상비비상처 탄생지에 태어난 것을 아셨습니다. 무색계 탄생지에는 물질이 없기 때문에 법문을 들을 수 없습니다. 그 탄생지는 수명도 매우 깁니다. 무소유처천은 6만 대겁, 비상비비상처천은 8만4천 대겁입니다. 그곳에서 수명이 다하면 죽은 뒤 인간

227 ⓗ'몸이라는 물질이 있어서 괴롭다. 몸이 없으면 괴로움도 없을 것이다'라고 물질만 혐오한다.

228 앞에서 '무소유처 탄생지와 비상비비상처 탄생지를 열반으로 믿고'라고 언급했기 때문에 '그 탄생지도 열반에 이르는 길은 아니라는 것을'이라는 구절은 '그 탄생지도 열반은 아니라는 것을'이라고 표현하는 것도 적당하다. 저본을 따랐다.

세상에 다시 태어납니다.[229] 그때는 부처님의 가르침도 없을 것입니다. 그래서 그들은 도와 과, 열반과 매우 멀어졌습니다. 그래서 부처님께서 알라라와 우다까와 관련해 "mahājāniyo 매우 크게 잃었구나"라고 탄식하셨습니다. 지금 설명한 대로 갈애는 탄생지로는 제일 아래의 무간지옥부터, 제일 높은 존재꼭대기인 비상비비상처 탄생지까지 즐기고 애착하며 흘러갑니다. 그렇게 흘러가는 누출이 없도록 노력해야 합니다.[230]

법성품으로는 종성까지 흘러간다

갈애는 법성품으로는 종성까지 흘러갑니다. 법의 영역에서는 욕계법들을 모두 다 따라가서 애착합니다. 색계와 무색계라는 고귀한 선정법들도 모두 따라가서 애착합니다. 성스러운 도의 바로 앞에 붙어 있는 종성gotrabhū까지 따라가서 애착한다고 말합니다.

볼 때마다, 들을 때마다, 경험할 때마다, 알 때마다 '좋다'라고 생각하는 욕계법들을 갈애는 모두 따라가서 즐기고 애착합니다.[231] 색계와 무색계 선정 법들을 얻고자 노력하는 이들은 얻기 전부터 즐기고 애착하고, 얻었을 때도 그 선정을 즐기고 애착합니다.

229 ⓗ색계나 무색계 탄생지에서 죽은 뒤에는 바로 악처로 떨어지지 않고 인간 세상이나 욕계 천상에 태어난다. 알라라와 우다까 수행자는 각각 무색계 탄생지에서 수명을 마친 뒤 인간 세상에 태어난다고 한다. 『담마짝까 법문』, pp.92~93 참조.

230 ⓗ물을 그대로 두면 아래로만 흘러서 바다까지 도달하듯이 누출법들을 그대로 두면 계속 흘러서 사악도에 떨어진다. 까마귀 한 마리가 강에 떠내려 오는 코끼리 시체를 보고서 날아가 그 위로 올라탔다. 배고플 때는 살을 뜯어 먹고 목마를 때는 피를 마시면서 '평생 먹고 마시기에 충분하겠다'라고 생각하고 계속 코끼리 시체 위에서 지내며 강을 따라 내려갔다. 그나마 강물을 따라 내려가는 동안에는 주변에 나무도 있고 산도 있고 땅도 있어서 코끼리 시체에서 벗어날 수 있었다. 하지만 어느덧 코끼리 시체는 바다 한가운데까지 이르렀고 그때는 이미 벗어나기에 늦어 바닷물에 가라앉아 물고기 밥이 돼 버렸다.(J529) 그와 마찬가지로 누출법, 특히 감각욕망갈애에만 빠져 지내면 계속 흘러서 사악도에 떨어진다.

231 ⓗ'좋아할 만한 것이다'라고 잘못 아는 성품이 무명·어리석음이고, 무명이 잘못 아는 대로 즐기고 좋아하고 애착하는 성품이 갈애다.

위빳사나 수행자도 삼매의 힘이 아직 좋지 않으면 좋기를 바랍니다. 삼매가 생겨나 마음이 고요하게 잘 집중되면 그 위빳사나 삼매를 다시 즐깁니다. 관찰이 잘 되지 않으면 관찰이 잘 되기를 바랍니다. 관찰이 잘 되면 관찰이 잘 되는 것을 다시 애착합니다. 물질과 정신을 아직 구별하지 못한 이는 물질과 정신을 잘 구별해서 알기를 바랍니다. 물질과 정신을 구별해서 알게 되면 그 알게 된 것을 다시 좋아하고 애착합니다. 생성과 소멸, 무상·고·무아도 알기를 기대하고 바랍니다. 그것을 알고 나면 또 새기고 알면서 그 앎들을 다시 좋아합니다. 생멸의 지혜 단계에서는 광명도 경험하면서 희열·경안·행복·믿음과 함께 빠르게 알아 나가는 위빳사나 지혜를 매우 좋아하고 흡족해합니다.[232]

형성평온의 지혜에 도달하면 특별히 신경 쓰지 않아도 관찰대상들이 저절로 하나씩 드러납니다. 드러나는 모든 것을 특별히 신경 쓰지 않아도 새김과 앎이 편안하게 저절로 알게 됩니다. 한 시간, 두 시간, 계속해서 여세가 무너지지 않은 채 그대로 좋습니다. 그렇게 새김이 좋은 것을 좋아하고 애착하기도 합니다. 형성평온의 지혜가 성숙되고 힘이 완전히 구족되면 새김과 앎이 마치 빠르게 달려 나가듯이 특별히 신속하게, 다른 종류로 생겨납니다. 이것이 '출현인도 위빳사나 vuṭṭhānagāminī vipassanā'입니다.[233] 이 위빳사나를 좋아하고 애착하기도 합니다. 그렇게 매우 빠르게 알다가 모든 물질·정신 형성들이 완전히 소멸된 열반 쪽으로 향하게 해주는 마음이 생겨난 뒤 그 열반 대상에

232 저본에서 이후의 자세한 위빳사나 지혜는 생략하고 "간략하게 설명하겠습니다"라고 언급했다. 위빳사나 지혜 단계는 본서 부록 pp.312~313 참조.

233 ㉻비행기가 활주로에서 처음에는 멈춰 있다가 서서히 속력을 높인 뒤 힘을 완전히 얻었을 때 이륙하듯이 수행자가 관찰해 나가다가 열반을 대상으로 하기 전, 새김과 앎이 힘을 완전히 갖추면서 매우 빠르게 생겨나는 상태가 출현인도 위빳사나다.

도달하는 도와 과 마음이 생겨납니다.[234] 그런 후에 그렇게 생멸했던 모습을 돌이켜 숙고하는 반조의 지혜paccavekkhaṇa ñāṇa가 생겨납니다.

이때 열반 쪽으로 향하게 해주는 성품이 종성 마음입니다.[235] 반조의 지혜로 반조했을 때 그 종성 마음을 좋아하고 애착할 수도 있습니다. 하지만 모든 형성이 소멸한 열반, 열반에 도달하는 도와 과 마음은 애착할 만한 것으로 드러나지 않습니다. 소멸한 성품으로, 적멸에 도달하는 성품 정도로만 분명합니다. 그래서 도와 과, 열반이라는 법들에 대해서는 좋아함과 애착함이 생겨나지 않습니다. 그 법들의 앞부분에 있는 종성까지만 좋아하고 애착할 수 있습니다. 그래서 "애착하고 좋아하는 갈애는 법성품으로는 종성까지 흘러간다"라고 말한 것입니다.

부자의 마음이 생겨난 것과 같다

어떤 사람들은 자신에게 의지할 만한, 수행해 놓은, 직접 경험한, 스스로 지닌 법들이 전혀 없는데도 자기 자신을 높이 평가하면서 "세간의 법들은 전혀 애착하지 마라. 무엇이든 바라지 마라"라고 말합니다. "애착하지 말고 바라지 마라"라는 말은 적당한 장소에서 적당한 이가 말하면 적합합니다. 하지만 인간 탄생지나 욕계 천상 탄생지라는 선처들에 태어날 정도로 확고한 선업이 없는 사람들이 그렇게 말하는 것은 적당

234 ㉻비행기가 땅을 떠나 허공으로 이륙한 상태처럼 관찰하던 대상을 떠나 관찰대상과 관찰하는 마음이 모두 사라진, 물질과 정신이 모두 사라진 열반을 대상으로 한다. 범부라면 시작을 알 수 없는 과거생으로부터 한 번도 도달한 적도 없고 경험해 본 적도 없는 성품이다.

235 ㉻종성 마음은 범부의 종성을 성자의 종성으로 바꾸는 역할을 한다. "범부인 상태여, 안녕히 계십시오"라고 범부인 상태와 이별하고 성자의 상태로 바꿔주는 마음이다. 이어서 생겨나는 도와 과, 그리고 그것의 대상인 열반은 출세간법이다. 종성은 아직 세간법이다. 하지만 종성 마음은 열반을 대상으로 하기 때문에 세간법 중에 제일 거룩하다고도 말할 수 있다. 종성 마음 다음에 도의 마음이 한 번 일어나고 이어서 과의 마음이 두 번이나 세 번 일어난다.

하지 않습니다. 아주 사소하고 적은 감각욕망거리조차 애착하고 바라는 사람이 그렇게 말하는 것도 적당하지 않습니다.

혹자들은 "여섯 문에서 드러나는 모든 것을 따라 관찰하는 것은 사마타 수행이다"라고 비난합니다. 이렇게 말하는 것은 스스로 사마타와 위빳사나를 구별하지 못하기 때문이기도 합니다. 또한 "사마타 수행이란 부처님 등 거룩한 이들의 기본수행이다"라는 것을 잘 이해하지 못하고 혼동해서 그렇게 말할 수도 있습니다. 그런 사람들은 직접 체득한 법도 없으면서 스스로를 높이 평가하며 말하는 것입니다. 비유하자면 가진 재산이 전혀 없으면서 부자의 마음이 일어나는 것과 같습니다. 자기 힘으로 재산을 일궈본 적이 전혀 없으면서 "이 일은 너무 사소해", "수입이 너무 적어" 등으로 이 일 저 일 비난하고 트집 잡으며 부자인 척하는 것과 같습니다.

어떠한 선법이든 전부 닦을 만한 가치가 있다

사실 열반에 도달하게 하는 법이라면 어떤 선법이든 행하고 닦아야 할 법들일 뿐입니다. 여섯 문에서 드러날 때마다 그 법들을 따라 관찰하는 것을 '사마타 수행'이라고 어느 문헌에서도 말하지 않습니다. '위빳사나 수행'이라고만 설명합니다.

또한 "애착하지 마라. 바라지 마라"라고 말하기는 쉬워도 직접 실천하기는 쉽지 않습니다. 매우 어렵습니다. 왜냐하면 애착하고 바라는 이 갈애라는 누출법이 탄생지로는 존재꼭대기, 법으로는 종성까지 따라 흘러가 애착하기 때문입니다.

따라서 선정증득을 얻도록 노력하는 이에게는 얻기 전부터 얻으려는 갈애가 생겨날 수 있습니다. 선정을 얻으면 그 얻은 선정을 다시 애착합니다. 위빳사나 수행자도 수행을 처음 할 때는 마음이 고요하지 못합니다. 장애

마음들과 섞입니다. 깨끗하지 않습니다. 그래서 마음의 깨끗함인 삼매가 생기기를 바랍니다. 마음이 산란하지 않고 고요하게 새김이 좋기를 바랍니다. 그렇게 고요하게 새김이 좋을 때는 그 새김이 좋은 것을 다시 애착합니다.

어떻게 애착할까요? 수행이 잘 진행되면 마음이 전혀 산란하지 않고 다른 곳으로 달아나지 않습니다. 관찰해야 하는 대상에만 계속 떨어지듯 고요하게 됩니다. 관찰대상은 바뀌더라도 관찰하는 마음의 고요함은 바뀌지 않습니다. 하나의 삼매로 고요하게 됩니다. 이것을 '위빳사나 찰나삼매vipassanā khaṇikasamādhi'라고 합니다. 사마타 수행을 할 때 증득하는 '근접삼매upacārasamādhi'와 동일합니다. 그래서 그것을 '마음청정citta-visuddhi'이라고 합니다.

그렇게 마음이 청정해진 뒤 계속 새김이 좋아지면 물질과 정신을 구분해서 알게 됩니다. '새겨지는 대상인 물질이 따로, 새겨 아는 마음이 따로' 등으로 물질과 정신을 나누어 알게 됩니다. 이것을 '정신·물질 구별의 지혜'라고 합니다. 이렇게 아는 것도 다시 애착합니다.

그다음 이어서 관찰하면 조건법과 결과법일 뿐인 것도 알게 됩니다. 다시 계속해서 관찰하면 생겨나서는 사라지고, 다시 생겨나서는 사라지기 때문에 'anicca 무상한 것일 뿐이다', 'dukkha 좋아할 만하고 의지할 만한 것이 아닌 괴로움일 뿐이다', 'anatta 영혼이나 중생이 아닌 성품법일 뿐이다'라고도 알게 됩니다. 광명도 경험합니다. 마음과 몸의 희열, 경안, 행복, 기쁨들이 생겨나는 것도 경험합니다.[236] 이러한 것들도 다시

236 ㉻생멸의 지혜 초기에 생겨나는 현상들이다. 이 단계는 고속도로를 달릴 때의 휴게소, 혹은 산을 오를 때의 중간 휴식처와 같다. 왜냐하면 처음 수행할 때는 통증이나 졸림, 망상이 많아 수행하기가 힘들지만 이 단계에 도달하면 통증이나 졸림, 망상 등이 없이 희열이나 행복 등을 경험하면서 편안하게 수행할 수 있기 때문이다. 하지만 그 현상들을 즐기면서 관찰을 지속하지 않으면 오랫동안 수행이 지체되기도 한다. 생멸의 지혜 게송은 본서 p.95 참조.

좋아합니다. 이러한 것도 관찰해서 제거해야 합니다.

그것을 제거한 후 이어서 관찰하면 관찰할 때마다 사라지고 없어지는 것만을 경험합니다. 이것이 무너짐의 지혜입니다. 이어서 계속 수행하면 위빳사나 지혜들이 차례차례 향상돼 형성평온의 지혜에 도달합니다. 형성평온의 지혜가 생기는 모습은 나중에 자세히 설명하겠습니다. 형성평온의 지혜에 도달하면 특별히 신경 쓰지 않고도 새김과 앎이 미세하고 적절하게 저절로 끊임없이 생겨납니다. 이것도 다시 애착합니다.

종성도 애착한다

그렇게 좋아하는 것도 관찰해서 제거한 후 계속 수행하던 대로 끊임없이 관찰해 나가다가 성스러운 도의 지혜에 이를 정도가 되면 새김과 앎이 저절로 매우 빨라집니다. 이렇게 매우 빠르게 알고 있다가 형성들이 소멸된 성품 쪽으로 향하게 됩니다. 이것이 종성 마음입니다. 이렇게 향한 후 그 형성들이 소멸된 성품에 도달합니다. 이것이 도와 과입니다. 종성이나 도와 과가 생겨날 때는 좋아하는 갈애가 생길 기회를 얻지 못합니다. 소멸한 성품이나 그 성품에 이르는 도와 과가 생기는 모습도 좋아하는 것으로 드러나지 않습니다. 따라서 도와 과, 열반이라는 법들은 즐김이나 애착이 생길 수 없습니다.

하지만 돌이켜 숙고했을 때 이전에 매우 빠르게 생겨나던 '출현인도 위빳사나vuṭṭhānagāminī vipassanā'와 소멸한 성품으로 향해 가는 '종성gotrabhū 마음'은 즐김과 애착이 생긴다고 하면 생길 수 있습니다. 그러한 지혜들이 아직 생기기 전에도 기대하는 바람이 생길 수 있습니다. 그래서 '즐김과 애착이라는 갈애가 법성품으로는 종성까지 흘러갈 수 있다'

라고 말한 것입니다.

방금 말한 대로 탄생지로는 존재꼭대기까지, 법성품으로는 성스러운 도의 바로 앞인 종성까지 따라가서 생겨날 수 있기 때문에 이 누출번뇌āsava kilesa들은 매우 강력한 나쁜 법들입니다. 지금까지 설명한 것은 즐길 만한 대상 쪽으로 누출 갈애가 좋아하고 애착해서 흘러가는 모습입니다.

그렇게 흘러갈 수 있는 갈애가 흐르지 못하도록, 생겨나지 못하도록, 흘러갈 기회를 주지 않도록 생겨나는 모든 대상을 끊임없이 관찰해야 합니다. 끊임없이 관찰하고 있다면, 지금 보는 것이 생겨나서는 사라질 뿐인 무상·고·무아라고 사실대로 알 수 있습니다. 듣는 것, 맡는 것, 먹는 것, 닿는 것, 생각해서 아는 것[237]도 생겨나서는 사라질 뿐이어서 무상·고·무아라고 사실대로 알 수 있습니다. 그래서 아무것도 좋아할 만한 것이 없습니다. 단지 관찰하지 못해서, 그래서 알지 못해서 그 여섯 대상을 즐길 만한 것으로 생각하는 것뿐입니다. 즐길 만한 것으로 생각해서 그 여섯 대상의 뒤를 따라 애써 고통을 겪는 것입니다.

7년 7개월 동안 임신해야 했다

부처님 당시 꼴리야Koliya 왕족에 숩빠와사Suppavāsā라는 공주가 있었습니다. 숩빠와사 공주는 과거 불선업의 결과로 윤전의 바퀴가 따라와서 임신 기간이 보통 사람처럼 열 달이 아니라 칠 년 칠 개월로 매우 길었습니다. 출산할 때도 칠 일간 진통을 겪고 출산했습니다. 태어난 아기는 보통 아이가 아니었습니다. 시왈리Sīvali 존자라는 매우 특별한

237 저본에서 이전과 달리 여기서는 '아는 것'이라고 일반적으로 표현하지 않고 '생각해서 아는 것'이라고 구체적으로 표현해서 그대로 따랐다.

이가 될 아기였습니다.

그 모자母子는 과거 바라나시Bārāṇasī 왕의 왕비와 왕자였습니다. 그때 꼬살라Kosala 왕이 바라나시를 정복한 뒤 왕을 죽이고 왕비는 자신이 취했습니다. 왕자는 도망쳐 숨어 살다가 나중에 군대를 모아 부왕의 유산인 바라나시를 되찾기 위해 공격했습니다.

왕자는 어머니가 가르쳐 준 계략대로 성을 포위하고 꼬살라 왕에게 "항복할 것인가, 나와서 싸울 것인가"라고 전령을 보냈습니다. 하지만 꼬살라 왕은 항복도 하지 않고 싸우러 나오지도 않았습니다. 성 안에 있는 백성들도 필요한 물품들을 작은 문들을 통해 계속 공급받을 수 있었기 때문에 그대로 잘 지냈습니다.

그렇게 칠 년 칠 개월이 지났습니다. 왕자는 어머니가 가르쳐준 대로 이번에는 꼬살라 성의 작은 문들까지 완전히 다 막아버렸습니다. 꼬살라의 성문들이 완전히 봉쇄된 지 칠 일째 되던 날, 백성들은 더 이상 참지 못하고 꼬살라 왕을 죽이고 왕자를 왕으로 옹립했습니다. 이렇게 한 성을 봉쇄한 불선업 때문에 시왈리 존자가 될 전신前身은 무간지옥에 떨어져서 《대지가 1요자나 만큼 솟을 기간 동안》 헤아릴 수 없이 많은 시간 동안 고통을 받았습니다.[238] 마지막 생에서도 칠 년 칠 개월 동안 모태에 있어야 했습니다. 칠 일 동안 완전히 봉쇄한 악업 때문에 태어날 때도 칠 일간 고통을 당해야 했습니다. 이렇듯 불선업이란 매우

238 ㉻시왈리 존자가 될 전신이 그렇게 해서 왕이 됐을 때 왕으로서 영화를 누린 기간은 100세 수명으로 계산하면 60년이나 70년, 평균수명이 길다고 하더라도 몇 만 년 정도이다. 그것에 비하면 무간지옥에 떨어져서 큰 고통을 받는 기간은 헤아릴 수 없을 정도로 매우 긴 시간이다. 지옥의 고통을 받는 시간과 비교하면 왕이 영화를 누리는 시간은 매우 짧다. 그래서 '왕의 영화란 물방울과 같다'라고 표현한다. 물방울은 하늘에서 비가 떨어져서 수면 위에 닿을 때 잠시 생겼다가 재빠르게 사라진다. 그 정도로 왕이 영화를 누리는 시간은 짧다는 뜻이다.

두려워할 만합니다.[239]

출산한 후에 숩빠와사 공주는 출산 길상vijāyana maṅgala 법회로 부처님을 비롯한 승가에 공양을 올렸습니다.[240] 그때 사리뿟따 존자가 어린 시왈리를 가까이 불러 이런저런 대화를 나눴습니다. 그 아이는 갓 태어났지만 나이로는 일곱 살인 셈이어서 다른 사람들의 말을 알아들었습니다. 스스로 말도 할 수 있었고, 걸을 수도 있었습니다.

사리뿟따 존자가 "얘야, 어떠니? 어머니의 뱃속에 있는 것이 고통스럽지는 않았니? 두렵지는 않았니?"라고 그 아이에게 적당한 질문을 했습니다. 그러자 아이는 "고통스러웠습니다, 스님. 매우 두려웠습니다, 스님"이라고 대답했습니다.

그 대화를 들은 모친 숩빠와사 공주는 매우 기쁘고 흡족했습니다.

'오, 우리 아들은 매우 특별한 보배 아들이구나. 사리뿟따 존자와 법담까지 할 수 있구나. 대답할 수 있구나. 매우 특별한 아이구나.'

그러자 부처님께서는 "숩빠와사 공주여, 이러한 아들을 낳을 것 같으면 다시 아들을 원하겠는가?"라고 물으셨습니다. 그러자 숩빠와사 공주는 "예, 부처님. 이러한 아들이라면 일곱 명이라도 원합니다"라고 대

239 ⓗ선업이나 불선업이 과보를 줄 때는 비슷하게 준다. 한 무리의 목동이 도마뱀을 쫓다가 개미언덕에 가둔 채 모르고 지내다가 일주일이 지난 뒤에야 풀어주었다. 그 과보로 비록 지옥의 고통은 피할 수 있었지만 열네 생에 걸쳐 칠일 동안 아무 음식도 먹지 못하는 고통을 겪었다.(Dhp.127게 일화)

240 ⓗ부처님께서는 갓난아이 시왈리가 나중에 교단에서 중요한 역할을 할 것을 내다보시고 모든 제자가 숩빠와사 공주의 공양청에 참석하길 바라셨다. 그때 마하목갈라나 존자는 그날 한 신도로부터 공양청을 미리 받은 상태였다. 부처님께서는 마하목갈라나 존자에게 공양청을 미루도록 신도에게 양해를 구하라고 말씀하셨다. 마하목갈라나 존자가 신도에게 일주일 정도 공양청을 미뤄달라고 부탁하자 신도는 "일주일 이내에 세 가지가 무너지지 않는다고 보장해 주시면 미뤄드리겠습니다. 첫째는 목숨입니다. 둘째는 재산입니다. 셋째는 믿음입니다"라고 조건을 말했다. 마하목갈라나 존자는 신통으로 앞을 내다보고 "목숨과 재산은 일주일 안에 무너지지 않는다고 보장하겠습니다. 믿음은 스스로 잘 간수해야 합니다"라고 말했다.(UdA.139)

답했습니다. 그러자 부처님께서 아래의 감흥어 게송을 읊으셨습니다.

Asātaṁ sātarūpena,
piyarūpena appiyaṁ.
dukkhaṁ sukhassa rūpena,
pamattamativattati.(Ud.97/Ud2:8)

해석

불쾌가 쾌락의 모습을 하고
미움이 사랑의 모습을 하고
고통이 행복의 모습을 하고
방일한 자를 뒤덮는다네.

대역

Asātaṁ불쾌가; 좋아할 만한 것이 아닌 것이 sātarūpena쾌락의 모습을 하고; 좋아할 만한 것으로 위장하고서 pamattaṁ방일한 자를 ativattati뒤덮는다; 뒤덮어 괴롭힌다. piyarūpena사랑의 모습을 하고; 사랑스러운 것으로 위장하고서 appiyaṁ미움이; 사랑스럽지 않은 것들이 pamattaṁ방일한 자를 ativattati뒤덮는다; 뒤덮어 괴롭힌다. dukkhaṁ고통이; 괴로운 법들이 sukhassa rūpena행복의 모습을 하고; 행복한 것으로 위장하고서 pamattaṁ방일한 자를 ativattati뒤덮는다; 뒤덮어 괴롭힌다.

즐길 만한 것으로 위장하여 괴롭힌다

이 게송에서 "방일하다"는 아무것도 모른 채 지내는 것을 말하는 것이 아닙니다. 수행자처럼 관찰해서 알고 있는 새김과 바른 앎이 없이 지내는 것, 내다보고 숙고하는 새김과 바른 앎이 없이 지내는 것을 말합니다. 그렇게 방일하게 지내는 이를, 전혀 좋아할 만하지 않은 것이 좋아할 만한 것인 양 위장하여 덮어버리고 괴롭힙니다. 순박하게 그냥 지내는 이를 사기꾼이 마치 좋은 사람인 양 위장하여 속이는 것과 비슷합니다. 좋아할 만한 것이 아닌 것이 좋아할 만한 것인 양 위장하여 뒤덮어 괴롭힙니다.

지금 숩빠와사 공주는 아들을 낳기 위해 칠 년 칠 개월 동안 매우 고생했습니다. 출산할 때도 칠 일간 산통을 겪어야 했습니다. 그렇게나 고통을 주던 아들을 다시 일곱 명이나 더 원한다니, 좋아할 만한 것이 아니라는 것을 알아차리지 못해 좋아하고 있는 것입니다. 이것은 좋아할 만하지 않은 것이 좋아할 만한 것으로 꾸며 속여서 괴롭히는 것입니다. 어떠한 이를 괴롭힐까요? "pamattaṁ 방일한 자를" 괴롭힙니다. 사실대로 바르게 숙고함과 새김이 없는 방일한 자를 괴롭힙니다. 그렇다면 어떻게 마음 기울이고 숙고해야 할까요? 모든 괴로운 법을 '괴로움이다'라고 마음 기울이고 숙고해야 합니다. 그 괴로움을 생기게 하는 조건법들도 '이것이 괴로움의 조건이구나'라고 마음 기울이고 숙고해야 합니다.

세간의 측면으로 말하자면 의식주를 위해 애쓰지 않고 그냥 지내는 이를 방일한 자라고 말합니다. 세간 일과 관련해서 내다보고 숙고하지 않는 이도 방일한 자입니다. 그렇게 방일한 자는 사기꾼이[241] 전혀 아무것도 아닌 것으로 미끼를 던져 속일 수 있습니다.

윤회의 측면으로 말하자면 나중의 윤회를 위해 선업과 불선업이라는 것을 생각하지 않고, 지금 이생에서 잘 먹고 잘사는 것을 위해서만 노

241 저본에는 '젊은이'라고 돼 있으나 문맥상 '사기꾼'으로 표현했다.

력하는 이가 방일한 자입니다. 그렇게 방일한 자도 한 생만 잘 먹고 잘 살게 하는 감각욕망거리들이 매우 가치가 있는 것으로 위장해서 속입니다. 언제쯤이면 속았다는 것을 알게 될까요? 임종 즈음에 알게 됩니다. 일부는 죽고 나서 다음 생에 알게 됩니다.

죽은 후에 아귀로 태어나 업과 업보를 알다

담마소까Dhammāsoka 왕 당시 수랏타Suraṭṭha 국에 난다까Nandaka라는 사람이 있었습니다. 난다까는 '선업도 없고 불선업도 없다. 업의 과보도 없고 다음 생도 없다'라는 사견이 있어서 현생에만 충실한 채로 살았습니다. 그래서 바로 다음 생에 윈자Viñjha 숲의 아귀로 태어났습니다. 그는 그제야 업과 업의 과보가 있다는 사실, 다음 생이 있다는 사실, 좋아할 만한 것이 아닌 것들에 속았다는 사실을 알게 됐습니다. 그때 딸 웃따라Uttarā가 물과 과자를 승가에 보시하고 회향했습니다. 그는 딸의 회향에 기뻐하며 "사두sādhu"라고 외친 공덕으로 천상의 먹을 것, 마실 것들을 원하는 만큼 얻었습니다.[242] 그래서 자신이 이전 생에 잘못된 견해를 가졌다는 사실을 더욱 확실하게 알았습니다. 속임을 당했다는 사실을 알게 됐다는 뜻입니다.(PeA.227)[243]

방일하지 않는 것이 매우 중요하다

그래서 윤회와 관련해서도 방일하지 않는 것이 매우 중요합니다. 어떻게 방일하지 않아야 할까요? 나중에 윤회하는 내내 할 수 있는 만큼

242 회향pattidāna과 회향기뻐함pattānumodanā에 대해서는『가르침을 배우다』, pp.118~127 참조.

243 ㉻속임을 당했다고 알게 되어 슬퍼한 딸라뿌따Tālapuṭa 연극단장 일화는 본서 부록 p.293 참조.

고통은 적고 행복은 충분히 갖추도록 불선업을 삼가야 합니다. 선업들은 할 수 있는 만큼 행해야 합니다. 이것뿐입니다. 이렇게 행해 나가면 윤회와 관련해서 '방일하지 않는 이'라고 불립니다.

더욱 중요한 것은 윤회에서 벗어나도록 방일하지 않는 것입니다. 이것은 어떻게 해야 할까요? 자기상속에서 끊임없이 생멸하고 있는 물질·정신 법들을 관찰해야 합니다. 이것뿐입니다. 관찰하지 못하면 끊임없이 생멸하는 물질·정신을 좋아하게 됩니다. 보이는 것, 들리는 것, 맡아지는 것, 먹게 된 것, 닿게 된 것, 알게 된 것도 좋아하게 됩니다. 모든 것을 즐기게 됩니다. 그렇게 좋아하게 되기 때문에 그 좋아하는 대상 때문에 현생에서도 괴로움을 겪습니다. 업이 좋지 않거나 조건이 적당하지 않을 때는 사악도 윤회에도 떨어져 괴로움을 겪습니다. 이것이 바로 좋아할 만한 것이 아닌 것들이 괴롭히는 모습입니다.[244]

그와 반대로 끊임없이 관찰하여 새김을 확립하면 관찰한 물질·정신을 무상·고·무아일 뿐이라고 사실대로 바르게 압니다. 그렇게 알기 때문에 그 대상 때문에 현생에서도 괴로움에 처하지 않습니다. 사악도 윤회에도 떨어지지 않습니다. 조건이 알맞으면 그렇게 새기면서 성스러운 도와 과까지도 증득할 수 있습니다. 이렇게 증득하면 최소한 사악도 윤회에서 완전히 벗어납니다. 따라서 좋아할 만한 것이 아닌 것들에 괴

244 ㉻이 내용과 관련해서 12연기의 내용을 간략하게 요약한 우 자필라 사야도의 요약게송은 다음과 같다.

고통이라 고통을 알지못하네
알지못해 고통을 갈망한다네
갈망해서 더욱더 집착한다네
집착해서 얻도록 노력한다네
노력해서 가끔씩 얻게된다네
그렇지만 얻은것 고통이라네

롭힘을 당하지 않도록 방일하지 않는 것이 매우 중요합니다.[245]

위빳사나의 관점으로 보면 괴로움의 진리일 뿐이다

"불쾌가 쾌락의 모습을 하고 방일한 자를 뒤덮는다네"라는 내용에 이어서 "piyarūpena사랑의 모습을 하고; 사랑스러운 것으로 위장하고서 appiyaṁ미움이; 사랑스럽지 않은 것들이 pamattaṁ방일한 자를 ativattati뒤덮는다; 뒤덮어 괴롭힌다"라고 읊으셨습니다. 진실로 사랑스러운 것이 아닌데도 사랑스러운 것인 양 위장하고서 괴롭힌다는 뜻입니다. 어떠한 것들일까요? 사람들이 보고, 듣고, 맡고, 먹고, 닿고, 아는 대부분의 것들입니다. 이런 것들은 일반적인 관점으로는 '나, 그, 여자, 남자' 등으로 사랑스러운 것으로 보입니다. 그렇게 좋아할 만한 것으로 보이기 때문에 그것들을 따라갑니다. 하지만 위빳사나 지혜의 관점으로 보면 그것들은 순간도 끊임없이 생멸하고 있는 물질·정신 성품법들일 뿐입니다. 무상·고·무아인 성품일 뿐입니다. 위빳사나 지혜로는 혐오스러운 것, 싫어할 만한 것이라고 봅니다. 그렇게 사실대로 보면 그 대상에 괴롭힘을 당하지 않습니다.[246]

245 ㉻처음 수행할 때는 망상과 졸림이 많고 다리도 아프기 때문에 '왜 이런 고생을 하지'라고 생각하기도 한다. 하지만 '위빳사나 수행은 과거에 선업 바라밀을 갖췄기 때문에 할 수 있다고 한다. 그래도 나의 바라밀이 나쁘지는 않다'라고 스스로 격려하면서 계속 수행을 이어나가야 한다. 그러다 보면 수행이 향상돼 중간 휴게소와 같은 단계에 도달하고, 더 나아가면 사악도에서 벗어나는 단계까지 도달한다. 미얀마의 또구*Togu* 사야도는 "세상에서 제일 중요한 일은 사악도에서 벗어나는 일입니다"라고 자주 설했다고 한다.

246 ㉻이 내용과 관련해서 두 가지 진리를 알아야 한다. 첫째는 관습진리sammutisacca이다. 이것은 일반인들끼리 관습적으로 옳다고 정한 사실이다. 남자를 남자라고, 여자를 여자라고 말하는 것이다. 보시와 지계, 사마타 수행이 여기에 해당한다. 둘째는 절대성품진리paramatthasacca이다. 이것은 절대성품으로 옳은 것이다. 물질과 정신 등의 성품이다. 위빳사나 수행이 여기에 해당한다. 이 두 진리를 섞어서는 안 된다. 보시의 경우 '물질·정신이 물질·정신에게 물질을 보시한다'라고 해서는 기쁨이 생겨나지 않는다. '칼이라는 물질이 몸이라는 물질 사이를 지나간 것일 뿐이다'라고 해도 살생이라는 악행의 과보를 피할 수 없다. 각각 영역에 맞게 알아야 한다. 우 소다나 사야도 법문, 비구 일창 담마간다 편역, 『아비담마 강설 1』, pp.91~100 참조.

이어서 "dukkhaṁ고통이; 괴로운 법들이 sukhassa rūpena행복의 모습을 하고; 행복한 것으로 위장하고서 pamattaṁ방일한 자를 ativattati 뒤덮는다; 뒤덮어 괴롭힌다", 고통이 행복의 모습으로 위장한다고 설하셨습니다.

사람들이 만나고 경험하는 여러 일은 성자의 관점, 위빳사나의 관점으로는 모두 괴로움의 진리라고 부르는 괴로운 것들일 뿐입니다. 눈으로 볼 때마다 생멸하고 있는 괴로운 것들일 뿐입니다. 들을 때마다, 맡을 때마다, 먹을 때마다, 닿을 때마다, 알 때마다 생멸하고 있는 괴로운 것들일 뿐입니다. 하지만 관찰하지 못하는 방일한 자들은 위빳사나 지혜의 눈이 없어서 그 괴로움의 진리, 고통스러운 것을 행복한 것, 좋은 것으로 생각합니다. 그렇게 생각하기 때문에 언젠가는 행복해질 것으로 믿고 그 괴로운 것들을 놓지 못하고 따라갑니다.[247] 이것은 괴로운 것이 행복한 것인 양 속이며 괴롭히고 있는 모습입니다. 그래서 괴로움인 법들이 생길 때마다 방일하지 않고 끊임없이 관찰하는 것이 중요합니다. 그렇게 관찰하는 이는 그 괴로운 법들에 속는 일도 없고 괴롭힘을 당하지도 않습니다. 어느 단계에 도달해야 완전히 괴롭힘을 당하지 않을까요? 아라한이 됐을 때입니다. 그때는 방일이 완전히 없어져서 아무것도 아닌 것들이 어떤 모습으로 위장한다 해도 괴롭힐 수 없는 단계에 도달합니다. 위빳사나 수행을 하는 범부도 스스로 관찰할 수 있는 만큼 방일하지 않기 때문에 어느 정도 편안해집니다. 지금까지 좋아할 만한 것이 아닌 여섯 대상을 좋아할 만한 것으로 생

247 ㉻앞에서도 언급했듯이 까마귀가 코끼리 시체 위에 올라타서 '이대로 좋을 거야'라고 계속 그 상태로 흘러가다가 결국 바다에 이르러 죽는 것과 같다. 친구에게 집중수행에 가자고 하면 수행에 관심이 없는 친구는 없던 약속도 만들며 미룬다. 그렇게 미루다가 결국엔 죽음을 맞이한다.

각하고 따라간다는 내용과 관련해서 숩빠와사 공주의 일화를 소개했습니다.

지금 인용한 「우다나」 가르침에서 "좋아할 만한 것이 아닌 것이 좋아할 만한 것으로 위장하여 괴롭힌다"라는 구절의 '좋아할 만한 것이 아닌 것'과 이 「뿌라베다숫따」에서 "sātiyesu쾌락거리에도; 좋아할 만한 대상인 감각욕망거리·감각욕망대상에도"라는 구절의 '쾌락거리'는 성품으로는 동일합니다. 그래서 좋아할 만한 대상 쪽으로 즐기면서 흘러가지 않도록 특히 주의해야 합니다. 위빳사나 수행을 하지 않는 이들도 좋아할 만한 대상들과 관련해서 애착이나 즐김이 너무 심하게 생겨나지 않도록 주의해야 합니다. 위빳사나 관찰을 하는 이들이라면 여섯 문에서 드러나는 모든 것에 대해 즐기고 애착하여 흘러가지 않도록 끊임없이 관찰해야 합니다. 만일 즐김과 애착이 생겨나면 관찰해서 제거해야 합니다. 어느 정도까지 제거해야 할까요? 즐김이 법성품으로는 종성까지 흘러갈 수 있으니 성스러운 도의 지혜에 이르기 바로 전까지 생겨나는 모든 즐김을 관찰해서 제거해야 합니다. 이렇게 제거해 나가면 마지막에 성스러운 도의 지혜에 도달할 것입니다.[248] 그래서 요약게송으로 다음과 같이 표현했습니다.

쾌락거리 안빠지고 오만없고 유연현명
맹신없고 안빛바래 적정자 여섯덕목들

248 ㉻"성스러운 도에는 언제 도달합니까?"라고 묻는다면 "내일 도달합니다"라고 대답할 수 있다. 만약 내일 도달하지 못한다면 내일의 내일에 도달할 것이다. 이렇게 마음 기울이며 열심히 관찰하면 언젠가 성스러운 도에 도달할 것이다.

다른 이를 무시하지 않아야 한다

쾌락거리에 빠지지 않는 덕목에 이어 둘째 구절에서 “atimāne ca오만과도; 매우 심하게 자만하며 다른 이를 무시하는 것, 중시하지 않는 것과도 no yuto hoti관련되지 않습니다”라고 설하셨습니다. 자신을 높이 평가하고 다른 이를 경시하거나 무시하면 안 된다는 뜻입니다.

세간의 측면에서도 무시하면 안 되고 법의 측면에서도 무시하면 안 됩니다. 세간에선 특히 가문과 관련해서 무시하는 경우가 많습니다. 재산이나 학벌과 관련해서 무시하기도 합니다. 가문, 재산, 학벌, 외모 등 그 어떤 것으로도 무시하면 안 됩니다. 지금 자신이 무시한 사람이 나중에는 높이 평가받을 만한 이가 될 수도 있습니다. 무시할 만한 이가 아닌 이를 무시하면 곤경에 처하기도 합니다. 그렇게 곤경에 처한 일화를 하나 소개하겠습니다.

부처님 당시 빠세나디Pasenadi 꼬살라Kosala 왕은 비구 승가 500명에게 매일 공양을 올렸습니다. 아난다Ānanda 존자를 선두로 해서 승가 500명이 매일 왕궁으로 와서 공양했습니다. 처음 칠 일은 왕이 직접 앞에 나서서 공양을 올렸습니다. 하지만 팔 일째 되는 날부터는 직접 공양도 올리지 않고 다른 이들에게 시중드는 일도 맡기지 않았습니다. 당시 왕궁에서는 명령이 없으면 누구도 함부로 행하지 않았습니다. 그래서 팔 일째 되는 날에는 스님들을 위해 자리조차 깔지 않았습니다. 그러자 어떤 스님들은 ‘앉을 자리조차 없구나’라고 생각하고서 다른 곳으로 가버렸습니다. 다음 날도 마찬가지였습니다. 앉을 자리가 없어서 많은 스님이 떠나버렸습니다. 그다음 날도[249] 마찬가지로 스님들이 다 떠나버린 뒤 아난다 존자

249 처음 칠 일로부터 삼 일째 되는 날이다.

혼자만 남았습니다. 아난다 존자는 재가자들의 믿음을 고려해서 참을 수 있을 만큼 참았습니다. 그때 마침 왕이 왔습니다. 왕의 눈에는 그 많은 음식을 아난다 존자 혼자만 공양하고 있는 것처럼 보였습니다. 왕은 마음이 불편해져서[250] 부처님께 가서 이 사실을 말씀드렸습니다.

"부처님, 제가 왕궁에 비구 500명을 초청했는데 아난다 존자 한 분만 왔습니다. 스님들은 왜 왕궁을 염두에 두지 않습니까?"

가까이하기에 적당한 재가자의 덕목 아홉 가지

그러자 부처님께서는 왕에게 "제자 비구들이 왕과 친하지 않아서 가지 않았을 것입니다"라고 말씀하시면서 비구는 아홉 가지 덕목을 갖추지 않은 가문과는 가까이하면 안 된다는 사실, 아홉 가지 덕목을 갖춘 가문은 가까이하기에 적당하다는 사실을 설하셨습니다.

아홉 가지 덕목이란 다음과 같습니다.

①존중하며 자리에서 일어나 맞이합니다.

②존중하며 예경합니다.

③존중하며 자리를 마련합니다.

④있는 것을 감추지 않습니다.

⑤많이 있으면 많이 보시합니다.

250 ㉻부처님 당시 한 무리의 도리천 천신들이 부처님께 와서 자신들의 마음이 조금 불편하다고 하소연했다. 부처님께서 이유를 물으시자 다음과 같이 대답했다. "저희들은 인간 세상에서 행한 선업의 공덕으로 이렇게 천상에 태어나긴 했지만 선업을 행할 때 정성을 다하지는 않았습니다. 보시할 때도 비구들을 공손하게 일어나서 맞이하지 않았습니다. 예경을 올리지도 않았습니다. 음식도 적게 보시했습니다. 좋지 않은 것을 보시했습니다. 법문을 들으려고 하지도 않았습니다. 그래서 저희가 천상에 태어났을 때 다른 천신들보다 위력도 적고 영화도 적고 대중도 적어서 마음이 불편합니다."(A9:19) 인간 세상에서 재물이나 따르는 대중 등에서 차이가 나듯이 천상 세상에서도 차이가 난다. 다른 점은 천상 세상에서는 과거의 선업에 의해 결정되기 때문에 다시 천상에서 일을 하거나 노력을 해서 재산이나 대중을 더 늘릴 수 없다는 것이다.

⑥ 좋은 것이 있으면 좋은 것을 보시합니다.

⑦ 정성스럽게 보시합니다.

⑧ 법문을 들으려 가까이 앉습니다.

⑨ 설하는 법문을 정성스럽게 경청합니다.

이어서 「께사와자따까Kesavajātaka」를 설하셨습니다. 께사와 수행자는 친밀하지 않은 바라나시Bārāṇasī 왕의 후원으로 훌륭한 공양과 약 등의 필수품들을 사용하며 지냈지만 건강이 나빠져서 죽을 고비까지 넘겼습니다. 그런데 친밀한 제자들에게 돌아가자 며칠 되지 않아 단지 과일 정도만으로도 건강이 회복됐다는 일화입니다.(J346)

사꺄족의 자만

그러자 왕은 '스님들과 친해져야겠다. 친척이 되도록 해야겠다'라고 생각했습니다.[251] 그래서 사꺄족 왕에게 공주 한 명을 보내 달라고 청했습니다. 사꺄족 왕이 다스리는 삭까Sakka는 당시 꼬살라의 속국이었습니다. 미얀마 연방정부에 속한 샨 지방과 비슷한 상황이라고 할 수 있습니다. 사꺄족은 빠세나디 왕이 청한 대로 공주 한 명을 보내야 했습니다. 그러지 않으면 곤경에 처할 빌미가 될 것이기 때문이었습니다. 하지만 사꺄족은 자만심이 컸습니다. 이 세상에 사꺄족보다 더 거룩한 민족이 없고, 다른 민족과 결혼해서는 안 된다고 생각했습니다. 사꺄족은 그 중대한 사안을 놓고 회의를 열었습니다.

251 ㉻부처님께서는 친밀하지 않은 것과 아홉 가지 덕목을 갖추지 않은 것, 두 가지를 말씀하셨다. 원래 바라시는 바는 아홉 가지 덕목을 갖추도록 노력하라는 것이었다. 하지만 빠세나디 왕은 지혜가 미치지 못했기 때문에 친밀해지기 위해 친척이 되려고만 생각했다. 그래서 『와지라 붓디 띠까』라는 문헌에서는 "중생들의 재산이나 성취가 무너질 때는 좋은 것이 나쁜 것으로, 나쁜 것이 좋은 것으로 드러난다"라고 말했다.

한창 회의를 하던 중 마하나마Mahānāma 왕이 하녀에게서 얻은 공주가 있는데, 그 공주를 주는 게 적당하겠다고 말했습니다. '하녀'라고 했지만 진짜 하녀는 아닙니다. 과거에 왕들은 자기 백성들을 전부 하녀로 생각하고 그리 불렀습니다. 그 하녀도 백성의 한 사람으로, 장자 혹은 상인의 딸이었을 것입니다. 마하나마 왕의 제안에 사꺄족 모두가 동의했고, 그 공주를 빠세나디 왕에게 보냈습니다. 빠세나디 왕이 청한 것은 진짜 사꺄족 공주였는데, 하녀와의 사이에서 얻은 공주를 보낸 것입니다. 빠세나디 왕을 속인 것입니다.《속임은 상대방이 속은 줄 모르면 괜찮지만 속은 줄 알게 됐을 때는 상대방을 매우 화나게 합니다.》

하녀와의 사이에서 얻은 공주를 보내자 빠세나디 왕의 사신들이 그녀를 왕에게 바쳤습니다. 왕은 그녀를 진짜 사꺄족의 공주라고 믿고 매우 좋아하며 그녀에게 제일왕비의 지위를 내렸습니다. 왕비의 이름은 와사바캇띠야Vāsabhakhattiyā였습니다. 시간이 지나 와사바캇띠야 왕비에게서 아들이 태어났습니다. 왕자는 위따뚜바Viṭaṭūbha라고[252] 불렸습니다. 왕은 위따뚜바를 매우 총애해서 어릴 때부터 장군의 지위를 주었습니다.

위따뚜바는 일곱 살이 되자 "어머니, 다른 아이들은 외갓집에서 이모나 외숙모들이 코끼리 인형이나 말 인형 등 여러 선물을 보내는데 우리 외갓집에서는 왜 아무것도 보내지 않나요? 어머니의 어머니는 없나요?"라고 물었습니다. 왕비는 사실대로 말하면 거짓이 탄로 날까 봐 방편으로 꾸며 다음과 같이 말했습니다.

"아들아, 너의 외갓집 친척들은 사꺄족이란다. 까삘라Kapila에 있지. 까삘라의 마하나마 왕이 내 아버지란다. 그런데 아들아, 외갓집이 너무

252 스리랑카 본이나 타이 본에서는 위두다바Viḍūḍabha라고 한다.

멀어서 친척들이 네게 선물을 보내줄 수 없단다."

위따뚜바는 열다섯 살이 되자 외할아버지인 마하나마 왕과 외가 친척들을 보고 싶다며 까삘라에 가기를 간청했습니다. 왕비는 왕자가 가지 못하게 계속 막았지만, 결국 허락할 수밖에 없었습니다. 다만 와사바캇띠야는 까삘라에 미리 전갈을 보내 두었습니다. 위따뚜바가 도착했을 때 문제가 생기지 않도록 잘 준비해 달라는 내용이었습니다. 왜 이렇게까지 미리 소식을 전한 것일까요? 사꺄족이 행여 위따뚜바가 진짜 사꺄족이 아니라고 무시할까 봐, 그래서 왕자에게 예를 갖추지 못할까 봐 걱정이 됐기 때문입니다.

위따뚜바를 무시하는 모습

전갈을 받은 사꺄족은 위따뚜바가 도착하는 날에 맞춰 위따뚜바보다 어린 왕자들을 모두 멀리 보내 버렸습니다. 사꺄족은 위따뚜바가 오자 나름대로 잘 대접했습니다. "이분이 너의 외할아버지다. 이분이 너의 외삼촌이다"하고 여러 친척도 소개해 주었습니다. 위따뚜바는 외할아버지와 외삼촌 등 손위 친척들에게 인사를 올린 뒤 "제게 인사를 올려야 하는 이들은 없나요?"라고 물었습니다. 그러자 사꺄족들은 "어린 왕자들은 모두 먼 곳에 잠시 갔단다"라고 대답했습니다.

이삼 일이 지나 위따뚜바가 돌아가는 날이었습니다. 사꺄족의 시녀 한 명이 "이 자리는 와사바캇띠야라는 하녀의 아들이 앉았던 자리다"라고 투덜대면서 우유로 그 자리를 씻어내고 있었습니다. 그때 위따뚜바 왕자의 부하 한 명이 두고 온 무기를 찾으러 다시 왔다가 그 하녀가 투덜대는 소리를 듣게 됐습니다. 부하는 그 말을 동료들에게 전했습니다. 군사들은 "위따뚜바의 어머니 와사바캇띠야는 진짜 왕족이 아니다. 하녀가 낳은 딸이다"라고 계속 소문을 퍼뜨렸고, 많은 사람이 알게 됐습니다. 결국 그 소문은 위따뚜바의 귀에까지 들어가게 됐고, 사실을 알게 된 위따뚜바는 분노했습니다. '그들이 내가 앉았던 자리를 우유로 씻었다고? 씻을 테면 씻어라. 내가 왕이 되면 너희들 목의 피로 그 자리를 씻을 것이다'라고 결심했습니다.

자만 때문에 사꺄족이 멸망하다

시간이 지나 왕위에 오른 위따뚜바는 사꺄족들을 전부 죽이려고 까삘라왓투Kapilavatthu로 쳐들어갔습니다. 부처님께서는 그 사실을 알고서 그곳으로 가셔서 법을 설하시면서 제지하셨습니다. 세 번째 진군 때까지는 부처님의 제지로 위따뚜바는 진군을 멈추고 회군했습니다. 하지만 네 번째 진군에서는 사꺄족들의 과거 불선업들이 결과를 줄 때가 됐기 때문에 딱히 제지하지 않고 내버려 두셨습니다. 위따뚜바는 외할아버지인 마하나마의 측근들을 제외하고 모든 사꺄족을 다 죽이라고 명령했습니다. 위따뚜바의 군사들은 "사꺄족입니다"라고 인정하는 이들은 모조리 죽였습니다. 젖먹이 아이까지 남김없이 죽여 버렸습니다. 살아남은 이들은 풀을 입에 물고서 "사꺄족이 아닙니다, 풀잎입니다"라고 얼버무린 이들과 갈대를 잡고서 "사꺄족이 아닙니다, 갈대입니다"[253]라고 말한 이들, 그리고 마하나마 왕의 측근들 정도였습니다.

253 No sāko, tiṇaṁ; no sāko, naḷo.(DhpA.i.227) 'no'가 '우리'라는 뜻과 '~이 아니다'라는 두 의미가 있기 때문에 사꺄Sakya족들은 거짓말을 피하기 위해 "우리들은 풀잎 사까입니다; 우리들은 갈대 사까입니다"라고 말한 것이고 병사들은 "사까가 아닙니다. 풀잎입니다; 사까가 아닙니다. 갈대입니다"라고 들은 것이다. *Mingun sayadaw*, 『*Mahābuddhawin*』 제5권, p.40(밍군 사야도 저, 최봉수 역주, 『대불전경』 제8권, p.247 참조.)에서는 풀잎을 입에 문 사꺄족들은 "이것은 티크가 아닙니다. 풀입니다"라고 말했고 갈대를 잡은 사꺄족들은 "이것은 티크가 아닙니다. 갈대입니다"라고 말했다고 설명한다. 'sāka'는 '사꺄Sakya족'과 '티크 나무'라는 뜻을 모두 가지고 있다.

이렇게 사꺄족 전체가 곤경에 처한 것은 무엇 때문일까요?[254] 자신과 자신의 종족을 과대평가하고 다른 이들을 무시했기 때문입니다. 무시한다는 것은 마땅히 존중해야 할 이를 존중하지 않는 것입니다. 얕보고 깔보는 것입니다. 그 때문입니다. 요즘에도 스스로를 지나치게 높이고 거만하게 다른 사람들을 무시하는 이들이 있습니다. 그렇게 다른 사람들을 무시하는 이들은 사꺄족만큼은 아닐지라도 어느 정도 곤경에 처하고 불이익을 당할 것입니다. 친하게 가까이 지내는 이들조차 서로 무시하고 존중하지 않아서 관계가 불편해지기도 합니다. 그래서 평소에 도움을 주던 이들이 도움을 주지 않기도 합니다. '불이익이 생기도록 방해하지 않으면 그래도 다행이다'라고 생각할 수 있습니다. 원수를 무시해서 곤경에 처하는 일들도 있습니다. 이렇게 불이익들이 생겨나게 하기 때문에 스스로를 지나치게 높이면서 다른 이들을 무시하면 안 된다는 뜻입니다.

지금 언급한 내용은 세간의 측면에서 무시하는 모습입니다. 이 경에서는 법의 측면에서 스스로를 높이 평가하고 다른 이를 무시하는 행위를 제거하라는 내용이 원래 말하고자 하는 의미입니다.

법의 측면에서 무시한다는 것은 어떤 것일까요? '이 사람은 나처럼 계가 청정하지 않다. 나처럼 참사람 법을 실천하지 않는다. 나처럼 수행에 노력하지 않는다. 이 사람은 참사람 법이 없다. 법의 측면에서는 아주 거친 사람이다. 눈먼 범부다'라는 등으로 다른 이들을 무시하는 것을 말합니다.

다른 이들을 무시한다는 것은 스스로 우쭐대는 것입니다.

---

254 ⓗ과거생의 인연에 대해서는 본서 부록 pp.294~296 참조.

'나의 계는 다른 이보다 청정하다. 참사람 법도 갖췄다. 수행을 해서 법도 깨달았다. 성자인 수다원이다' 등으로 생각하기도 합니다. 생각한 대로 사실이면 허물이 없습니다. 그렇더라도 스스로 우쭐대며 다른 이를 무시해서는 안 됩니다. 왜냐하면 상대방이 자기가 생각한 수준이 아닐 수도 있고, 또한 지금은 상대방이 자기 수준처럼 높지 않더라도 시간이 지나면 자기보다 더 수준이 높아질 수도 있기 때문입니다. 그러니 다른 이들을 무시하면 안 됩니다.

스스로를 높이 평가하는 것은 법체로는 자만māna입니다. 자만은 범부에게만 있지 않습니다. 수다원·사다함·아나함이라는 성제자들에게도 있습니다. 하지만 다른 점이 있습니다. 성제자들에게 있는 자만은 자기에게 실제로 있고 사실인 덕목만을 의지해서 생겨난다는 점입니다. 자신에게 없고 사실이 아닌 것으로 높이 생각하는 자만은 없습니다. 사실인 덕목을 의지해서 생겨나는 자만을 '사실자만yāthāvamāna'이라고 합니다. 사실대로 있는 덕목들을 적당한 장소에서만 취하는 자만이라는 뜻입니다.[255]

범부들은 사실이 아니고 자신에게 없는 덕목들을 취해서 높이 생각하기도 합니다. 그렇게 사실이 아니고 자신에게 없는 덕목들로 높이 생각하는 것을 '비사실자만ayāthāvamāna'이라고 합니다.

위빳사나 수행을 해서 수다원이 되면 비사실자만이라는, 사실이 아닌 자만들이 사라집니다. 하지만 사실인 덕목과 관련돼 생겨나는 사실자만은 아직 남아 있습니다. 그 사실자만도 차례대로 수행해서 아라한

255 ⓗ진짜 수다원은 악행을 일삼는 범부를 직접 보거나 전해 들었을 때 '오, 이 사람은 악행을 행하고 있다. 그 악행 때문에 사악도에도 떨어질 것이다. 하지만 나는 더 이상 그런 악행을 행하지 않는다. 사악도에도 떨어지지 않는 것이 확실하다. 부처님의 진짜 아들, 진짜 딸이라고 할 수 있다'라고 스스로 갖춘 덕목에 대해서 숙고할 수 있다. 이런 성품을 '사실자만'이라고 한다.

도에 이르게 되면 완전히 사라집니다. 따라서 스스로를 높이 평가하거나, 다른 이를 무시하는 이러한 자만이 완전히 없어지도록 아라한과에 이르러 아라한이 될 때까지 노력해야 한다고 이 경에서 가르치고 있습니다. 요약게송에서는 "쾌락거리 안빠지고 오만없고 유연현명"이라고 표현했습니다.

부드러워야 한다

오만이 없는 덕목에 이어 "saṇho ca hoti부드럽습니다; 부드럽고 미세합니다", 부드러워야 한다고 설하셨습니다. 몸으로도 부드럽고 미세해야 하고, 말로도 부드럽고 미세해야 하고, 마음으로도 부드럽고 미세해야 한다는 뜻입니다. 몸과 말과 마음, 이 세 가지 모두가 부드럽고 미세해야 합니다.

몸과 말이 부드러운 모습

그중 '몸의 부드러움'이란 다른 이에게 불이익이 생겨나게 하는 행위들을 완전히 삼가고 훌륭한 행위만 할 수 있는 만큼 행하는 것을 말합니다. 따라서 살생, 도둑질, 삿된 음행이라고 하는 세 가지 몸의 악행들을 삼가야 합니다.

'말의 부드러움'이란 다른 이에게 불이익을 가져다주는 거짓말, 이간하는 말, 거친 말, 쓸데없는 말이라는 말의 악행들을 완전히 삼가고 훌륭한 말만 하는 것입니다. 이것은 계가 청정하면 갖춰진 것입니다.

몸의 부드러움보다 말의 부드러움이 더욱 중요합니다. 법을 추구하는 이들 중 몸으로 거친 이들은 적기 때문입니다. 하지만 말은, 마음속에 말하고자 하는 것이 있으면 욱하고 자기도 모르게 말하기도 합니다. 그렇게 잘못 말하는 것을 특히 주의하고 삼가야 합니다.[256]

마음으로 부드러운 모습

'마음의 부드러움'이란 먼저 다른 이의 재산을 잘못된 방법으로 가지려는 탐애abhijjhā라는 거친 마음이 없는 것입니다.[257] 다른 이를 죽이고 파멸시키려는 분노byāpāda라는 거친 마음이 없는 것입니다.[258] '업도 없고 업의 결과도 없다. 다음 생은 없다' 등으로 생각하는 사견micchādiṭṭhi도 없는 것입니다. 이러한 마음의 악행 세 가지가 없이 훌륭한 마음을 갖춰야 한다는 뜻입니다.[259]

'훌륭한 마음', 혹은 '훌륭한 생각'이란 새김확립 네 가지 등의 깨달음 동반법bodhipakkhiya입니다. 따라서 네 가지 새김확립도 닦아야 합

256 ㉠"거친 말은 입으로 내뱉지만 받을 때는 온몸으로 받는다"라는 말이 있다. 보살이 말의 거침 때문에 6년이란 긴 시간 동안 고행을 해야 했던 사실, 암바빨리 기녀가 전생에 말이 거칠어서 기생으로 태어난 사실 등은 본서 부록 pp.296~297 참조.

257 ㉠보통의 탐욕lobha과 탐애abhijjhā를 잘 구별해야 한다. 상점에 진열된 물건을 스스로 열심히 일을 해서 번 돈으로 가지려고 하는 것, 돈으로 사서 가지는 것은 탐애가 아니다. 일반적인 탐욕이다. 반면에 속이는 등 어떤 잘못된 방법으로 내 것으로 만들려고 하는 성품은 탐애다. 탐애는 실제로는 그렇게 하지 않았다 하더라도 마음속에 일으키는 것만으로도 사악도에까지 떨어지게 한다.

258 ㉠자기보다 용모가 뛰어난 이에 대해 '저 사람의 용모가 무너졌으면 좋겠다'라고 하는 것도 분노에 해당될 수 있다. 어떤 사람들은 자신을 괴롭히는 사람에 대해 '가다가 뱀에 물려 죽었으면 좋겠어'라는 마음까지 일으킨다. 이것도 분노이다.

259 ㉠악행 열 가지, 자세하게 사십 가지 요약게송은 다음과 같다.

살생투도 사음이 몸악행의셋
이간악구 망기어 말악행의넷
탐애분노 사견이 맘악행의셋
직접시켜 칭송동의 십악업에 사십악행

'투도'는 도둑질, '사음'은 삿된 음행, '이간'은 이간하는 말, '악구'는 거친 말을 뜻한다. '망기어'는 '망어'라는 거짓말과 '기어'라는 쓸데없는 말을 합친 것이다. 악행 열 가지마다 직접 행함, 시킴, 칭송함, 동의함을 결합하면 사십 가지가 된다.

니다. 네 가지 바른 정근sammappadhāna도 닦아야 합니다. 그중 새김확립 네 가지로 끊임없이 관찰하고 있으면 거친 불선 마음들이 일어날 기회조차 없습니다. 마음이 매우 부드러워집니다.[260] 또한 새김확립 네 가지를 닦고 있으면 네 가지 바른 정근, 네 가지 성취수단iddhipāda, 다섯 가지 기능indriya, 다섯 가지 힘bala, 일곱 가지 깨달음 구성요소bojjhaṅga, 여덟 가지 도 구성요소maggaṅga라는 깨달음 동반법들도 적절하게 다 포함됩니다.[261]

따라서 새김확립을 닦고 있으면 마음뿐만 아니라 몸과 말도 모두 부드러워집니다. 어떻게 부드러워질까요? 새김확립을 닦고 있는 이들은 '어떤 일을 하리라'라고 생각하면 '해도 되는가, 하면 안 되는가'를 숙고한 뒤 실행하기 때문에 적당한 것만 행합니다. 행할 때도 그냥 하지 않습니다. 관찰하면서 행합니다. 그래서 몸의 거친 행동들이 생겨나지 않습니다.

말할 때도 '말해도 되는가, 말하면 안 되는가'를 숙고한 뒤 말하기에 적당한 것만 말합니다.[262] 말하는 중에도 할 수 있는 만큼 그 뒤를 따라

260 ㊞위빳사나 수행으로 형성평온의 지혜가 무르익으면 마음이 매우 부드러워진다. 마음이 부드럽기 때문에 말, 특히 몸의 행동에 잘 드러난다. 그래서 수행보고를 할 때의 말이나 행동을 통해 수행지도스승들은 알 수가 있다. 형성평온의 지혜에 도달하지 않았으면서 도달했다고 말하기도 하는데 말하는 모습이나 행동에서 드러난다.

261 ㊞따라서 깨달음 동반법 37가지를 따로 다 닦지 않아도 된다. 새김확립만 닦아도 나머지 법들이 포함된다. 〈부푼다〉라거나 〈꺼진다〉라고 관찰할 때마다 팔정도가 포함된다. 관찰할 때마다 팔정도가 포함되는 모습은 『담마짝까 법문』, pp.365~371 참조.
팔정도라는 표현에서 유추할 수 있듯이 팔정도는 열반으로 가는 '길'에 비유되지만 열반으로 가는 데 타고 가는 '탈것'에도 비유될 수 있다. 어느 도시나 다른 나라에 가려면 탈것을 타고 가야 한다. 마찬가지로 열반으로 가기 위해서도 탈것이 필요하다. 그 탈것이 바로 팔정도이다. 그래서 팔정도를 '마차'에도 비유한다. 관찰할 때마다 팔정도라는 마차를 타고 열반에 조금씩 가까워진다. 『담마짝까 법문』, pp.302~311 참조.

262 ㊞탐욕을 앞세워 말하면 잘못된다. 성냄을 앞세워 말해도 잘못된다. 어리석음을 앞세워 말해도 잘못된다. 요약하면 번뇌를 앞세워 말하면 잘못된다. 잘못 말하면 나중에 나쁜 결과를 받을 때 후회한다.

가면서 잘 관찰합니다. 그래서 거친 말들도 생겨나지 않습니다.

마음으로 생각할 때도 생각이 생겨날 때마다 따라가며 관찰합니다.[263] 그래서 거친 생각들이 생겨날 기회가 거의 없습니다. 생겨나더라도 그 모든 것을 관찰해서 제거하기 때문에 오래 지속되지 않습니다.

따라서 새김확립을 정확하게 많이 닦으면 몸과 말과 마음, 이 세 가지 모두가 청정해서 부드럽고 미세해집니다. 그리고 새김확립 법을 닦고 있는 이에게는 관찰할 때마다 네 가지 바른 정근 등의 깨달음 동반법들도 적당하게 포함됩니다.[264] 그래서 「마하닛데사」에서 다음과 같이 설명했습니다.

Saṇhehi satipaṭṭhānehi samannāgatoti saṇho.(Nd1.180)

대역

Saṇhehi부드러운; 미세한 satipaṭṭhānehi새김확립을 samannāgato갖췄다. iti그래서 saṇho'부드러운'이다.

요약게송을 다시 독송합시다.

쾌락거리 안빠지고 오만없고 유연현명

263 ⓗ앞에서도 언급했듯이 수행을 한 지 얼마 되지 않은 수행자가 보고할 때 "망상은 생겨나지 않습니다"라고 말할 때가 있다. 대부분은 망상이 생겨난 줄조차 아직 모르는 상태이다. 처음 수행을 시작했을 때는 대부분 망상이 많다. 그러면 망상이 생겨나는 대로 관찰해야 한다. '망상을 하면 안 된다'라고 억지로 원래 대상으로 마음을 향하면 안 된다. 망상을 관찰한 뒤 없어지면 다시 원래 대상으로 돌아오기만 하면 된다. 이렇게 관찰을 이어나가다가 수행이 향상되면 망상이 많이 일어나지 않고, 일어나더라도 빨리 관찰할 수 있다. 관찰하는 마음만 깨끗이 지속된다.

264 ⓗ"새김확립 네 가지를 닦으면 나머지 깨달음 동반법들도 다 포함돼 생겨난다"라는 구절은 수행자에게 매우 힘이 되는 표현이다. 수행자를 격려하는 구절이다.

영감을 갖춰야 한다

부드러운 덕목에 이어 "paṭibhānavā ca hoti영감을 갖췄습니다; 현명합니다; 분명한 지혜와 통찰지가 있습니다"라고 설하셨습니다. 교학pariyatti, 실천paṭipatti과 통찰paṭivedha, 질문paripucchā에 관해 잘 이해하는 영감의 지혜paṭibhānañāṇa가 있어야 합니다. 그중 교학에 관한 영감의 지혜가 생기는 모습은 다음과 같습니다. 경전이나 주석서, 복주서 문헌들을 배우고 익혀 놓은 이는 법을 설하기 위해 숙고할 때 법 성품들이 지혜에 쉽게 드러납니다. 성전 하나를 숙고하면 그 의미가 쉽고 분명하게 드러납니다. 다른 이가 독송하는 성전을 들을 때도 그 의미가 쉽게 드러납니다. 이렇게 쉽게 그 의미가 드러나고 이해되는 것이 영감의 지혜입니다. 이것은 배워서 익혀 놓았기 때문에 생겨나는 영감의 지혜입니다.

위빳사나 법을 잘 수행하는 이들에게는 비록 경전을 배우지 않았더라도 영감의 지혜가 생겨날 수 있습니다. 어떻게 생겨날까요? 물질과 정신, 위빳사나와 관련된 법을 들으면 수행했던 이들은 심오한 의미들을 잘 이해합니다. 설법하는 이가 성전에 따라 그 의미 정도만 설명하더라도 수행했던 이들은 매우 깊이 이해할 수 있습니다.

수행하고 나서야 문헌을 잘 이해할 수 있다

수행을 마친 이들은 경전을 읽을 때도 그 의미를 쉽게 이해할 수 있습니다. 예전에는 이해하지 못한 의미도 수행하고 나면 이해하게 됩니다. 한 법사는 "저는 매우 수준 높은 시험들에도 합격했고 다른 이들을 가르치기도 해서 스스로 경전에 박식하다고 생각했지만 지금 수행을 하고 나서야 진실로 경전에 박식하다고 말할 수 있을 것 같습니다"라고 말했습니다. 왜냐하면 이전에 이해하지 못한 것을 지금 수행하고 나서야 분명하게 이해하게 됐기 때문입니다.

사실입니다. 수행하고 나서 경전들을 보고 숙고하면 그 의미와 법 성품들이 쉽게 드러납니다. 이것은 수행해서 드러나는 영감의 지혜입니다. 이 지혜는 경전을 배우고 나서 수행한 이들에게 더욱 분명합니다. 수행하기 전에 경전을 이해하는 것과 수행한 뒤에 이해하는 것은 확연히 다릅니다. 매우 특별해집니다. 지금 설명한 것은 교학과 관련한 영감의 지혜가 생겨나는 모습입니다.

수행을 통해 아는 것은 쉽지 않다

실천paṭipatti과 관련한 영감의 지혜가 생기는 모습은 다음과 같습니다. 수행 방법과 수행 차례에 관해 숙고했을 때 수행자들에게 실천해야 할 것, 닦아야 할 것들이 쉽게 지혜에 드러나기도 합니다. 방금 말했던 것 중 수행을 끝낸 이들이 수행실천에 관한 경전들을 보고 쉽게 이해하는 것도 실천과 관련한 영감의 지혜입니다.

통찰paṭivedha의 성품인 스스로 경험한 법들에 대해서도 수행을 마친 이들은 쉽고 분명하게 이해합니다.[265] 어떻게 분명할까요? 물질법과 정

265 ⓗ왑빠Vappa 존자는 "보는 이는 보는 이도 보고 보지 못하는 이도 본다. 보지 못하는 이는 보지 못하는 이도 보지 못하고 보는 이도 보지 못한다"라고 게송으로 읊었다.(Thag.i.233) 여기서 '본다'는 것은 '안다'는 것이다. 그래서 "아는 사람은 아는 사람도 알고 모르는 사람도 안다. 모르는 사람은 아는 사람도 모르고 모르는 사람도 모른다"라고 표현할 수도 있다. 법을 깨달아 아는 사람은 대화를 통해서, 혹은 같이 살면서 상대방이 법을 아는지 모르는지 안다. 법을 알지 못하는 사람은 상대방이 법을 아는지 모르는지 알지 못한다. 이렇게 성자, 특히 아라한은 알기 어렵다는 사실을 알려주는 일화가 있다. 옛날에 나이가 들어서 출가한 시자 비구가 한 아라한 장로의 뒤를 따라서 장로의 가사와 발우를 들고 따라가고 있었다. 갑자기 시자 비구가 장로에게 "세상에서 성자란 어떤 분입니까?"라고 물었다. 장로는 "보게, 성자란 매우 알기 어렵네. 어떤 시자가 성자의 가사와 발우를 들고 뒤를 따라가면서도 자기가 따라가고 있는 장로가 성자인줄 모를 정도로 어렵다네"라고 대답했다.(MA.i.23)

신법, 생성과 소멸이라는 것을 글을 통해 말하는 것은 전혀 어렵지 않습니다. 쉽습니다. 하지만 실제로 이해하는 것은 글을 통해 말하는 것만큼 쉽지 않습니다. 매우 어렵습니다. 완벽하게 수행한 이들이라야 스스로의 지혜로 그렇게 알기 어려운 물질·정신이라는 성품을 분명하게 구분하여 알 수 있습니다. 관찰할 때마다, 새길 때마다 새겨 알아지는 물질이 따로, 새겨 아는 정신이 따로, 이렇게 구별되어 드러납니다.

정신·물질 구별의 지혜

문헌에 따라 구별하자면 땅·물·불·바람 등 28가지 물질이 물질법입니다. 세간[266] 마음 81가지와 마음부수 52가지가 정신법입니다. '이러한 정신과 물질, 두 가지만 있다'라고 숫자로 헤아려 말할 수 있습니다.

하지만 이것은 문헌에 있는 물질과 정신입니다. 자기상속에 실제로 존재하는 법들이 아닙니다. 그렇게 아는 것 정도로는 물질과 정신을 구별하여 아는 정신·물질 구별의 지혜가 생겨나지 않습니다. 인식으로 아는 것일 뿐입니다. 생각해 보십시오. 물질 28가지 중에 남자에게는 여성 물질이 없고 여자에게는 남성 물질이 없습니다. 또한 세간 마음 81가지 중 색계·무색계 마음은 선정을 얻지 못한 사람에게는 일어나지 않습니다. 《욕계》 큰 작용 마음들도 아라한에게만 일어납니다. 범부에게는 일어나지 않습니다. 따라서 자신에게 존재하지 않는 법들을 숫자로 분석해서 아는 것을 진정한 자신의 지혜라고 할 수 있을까요? 할 수 없습니다. 단지 인식으로 아는 것일 뿐입니다.

266 정신·물질 구별의 지혜와 관련된 내용이어서 출세간 마음은 포함시키지 않는다.

교학적으로 해박하지 않지만 법은 잘 안다

수행에 전념하는 수행자들은 비록 경전에 해박하지 않더라도 물질과 정신을 스스로의 지혜로 구별하여 압니다. 관찰하고 새길 때마다 알아지는 대상 물질이 따로, 알아 나가는 마음을 포함한 정신이 따로, 이렇게 두 가지 종류만 있다는 것을 관찰하면서 스스로의 지혜로 경험하여 압니다.

볼 때도 아는 마음과 알지 못하는 물질 두 종류만 있다고 압니다. 들을 때도 아는 것과 알지 못하는 것 두 가지뿐이라고, 맡을 때도 아는 것과 알지 못하는 것 두 가지뿐이라고 압니다. 닿을 때는 매우 광범위합니다. 굽힘, 폄, 감, 섬, 앉음, 누움, 움직임 등이 모두 닿음입니다. 따라서 굽히거나 펼 때 굽히려 하거나 펴려는 마음이 따로, 굽히고 펴는 움직임이 따로, 그것을 새겨 앎이 따로, 이렇게 구별하여 알게 됩니다. 갈 때 등에서도 마찬가지입니다. 생각해서 아는 것과 새겨서 아는 것은 정신, 움직이고 뻣뻣한 것은 알지 못하는 물질, 이렇게 물질과 정신 두 가지가 짝을 이루고, 짝을 이루면서 생겨나는 것을 스스로의 지혜로 분명하게 알 수 있습니다.

"생멸"이라고 독송하는 것만으로 생멸하는 것을 알 수 있는가

어떤 이들은 생멸을 스스로 경험하지도 못하면서 "생멸, 생멸"이라고 소리 내며 관찰합니다. 마음속으로 외우면서도 관찰합니다. 이것도 그리 이치에 맞지 않습니다. 물질과 정신이 생겨날 때마다 끊임없이 관찰하는 수행자는 삼매와 지혜가 무르익었을 때 처음 생겨나는 것도 분명하게 경험할 수 있습니다. 마지막에 사라지는 것도 분명하게 경험할 수 있습니다. 예를 들어 아픈 느낌이 생겨났을 때 〈아픔, 아픔〉이라고 집중해서 새기고 있으면 새길 때마다 아픔이 생겨나서는 사라지고, 다시 생겨나서는 사라지는 것들이 한 부분씩, 한 부분씩 끊어져서 드러납니다.[267] "생멸, 생멸"이라고 소리 내지 않아도 생멸하는 것을 손으로 잡아서 보듯이 분명하게 알 수 있습니다.

희열pīti과 경안passaddhi이라는 성품도 문헌만으로는 이해하기 어렵습니다. 위빳사나에 전념하는 수행자라면 생멸의 지혜에 이르렀을 때 희열이나 경안이 분명하게 드러나기 때문에 스스로 직접 경험하여 압니다. 중립tatramajjhattatā이라는 성품도 단지 문헌만으로는 정확하게 알기 어렵습니다. 생멸의 지혜, 특히 형성평온의 지혜에 이르렀을 때 특별히 신경 쓰지 않아도 저절로 새김이 생겨납니다. 그때 어느 쪽으로도 치우치지 않고 균형을 이루는 모습을 분명하게 경험합니다. 그때는 알아야 할 대상들도 특별히 애쓰지 않아도 저절로 드러나고, 새김도 저절로 알아 나갑니다. 새겨지는 대상도, 새겨 아는 마음도 알면 사라지고, 또다시 알면 사라지고, 이렇게 순간도 끊임없이 생멸하고 있는 것만 끊임없이 경험하게 됩니다. 그래서 'anicca 무상하다'라는 성품이 매우 분명하게 드러납니다. 그와 마찬가지로 'dukkha 괴로움이다', 'anatta 무아의 성품법일 뿐이다'라는 성품도 분명합니다.

이렇게 수행하면서 스스로 직접 경험하여 알았기 때문에 수행하지 않고 쉬고 있어도 돌이켜 반조해 보면 그 생멸하는 성품, 무상·고·무아의 성품들이 지혜에 분명하게 드러납니다. 다시 관찰하면 원래 생겨나던 지혜들이 거듭 생겨납니다.

267 ㉾'한 부분씩, 한 부분씩'이라는 표현을 「사띠빳타나숫따」 주석에서는 "pabbaṁ pabbaṁ 부분부분", "sandhi sandhi 마디마디", "odhi odhi 조각조각"이라고 표현했다.(MA.i.265) 마하시 사야도 지음, 비구 일창 담마간다 옮김, 『마하사띠빳타나숫따 대역』, p.129 참조. 대나무나 사탕수수의 마디마디처럼 생성과 소멸을 분명히 아는 모습을 표현한 구절이다.

형성들이 소멸한 곳에 도달한 적이 있는 이들은 관찰하다가 그 소멸한 곳에도 다시 도달합니다. 자신이 도달했던 성품을 돌이켜 반조했을 때도 이전에 도달했던 때처럼 다시 드러납니다. 이렇게 반조할 때마다, 숙고할 때마다 직접 경험하여 알아 놓은 성품법들이 쉽게 지혜에 드러나는 것이 통찰paṭivedha과 관련한 영감의 지혜의 위력입니다.

질문paripucchā과 관련한 영감의 지혜는 문헌을 배운 적 있는 이들에게 교학과 관련한 질문이 주어졌을 때 쉽게 대답이 드러나는 것입니다. 완벽히 수행을 해 놓은 이들에게는 실천과 관련한 질문들에 대한 대답도 쉽게 드러납니다. 교학과 실천, 양쪽 모두를 갖춘 이들은 양쪽 모두와 관련한 질문들에 대한 대답도 쉽게 드러납니다. 이것은 질문과 관련한 영감의 지혜의 위력입니다.

이러한 교학·통찰(실천)·질문이라는 세 가지와 관련한 영감의 지혜를 구족해야 한다는 뜻입니다. 요약게송에서는 "쾌락거리 안빠지고 오만없고 유연현명"이라고 표현했습니다.

맹신이 없어야 한다

영감의 지혜가 있어야 한다는 덕목 다음에 "saddho ca맹신도; 다른 이를 맹신함도 na hoti없습니다"라고 설하셨습니다. 'saddhā'는 믿음을 뜻하기 때문에 표현 그대로라면 믿음이 없다는 뜻이 됩니다. 그렇지 않습니다. 사실은 다른 이를 의지해서 믿는 믿음만 있는 것이 아니라 스스로 직접 경험하여 아는 지혜도 갖춰야 한다는 뜻입니다. 하지만 "na saddho"를 그대로 번역하면 "믿지 않아야 한다. 믿음이라는 법이 없다"라는 의미로만 해석됩니다. 여기에서는 믿는 것과 직접 아는 것을 구별하기 위해 이렇게 설명해 놓으셨습니다. 자기가 아직 알지 못하면 다른 이가 말하는 것을 믿어야 합니다. 자신이 알고 있으면 다른 이가 말하는 것을 믿을 필요가 없습니다. 이러한 의미를 알게 하려고 "na saddho 맹신이 없어야 한다"라고 설하신 것입니다.

믿는 것보다 아는 것이 더욱 거룩하다

미얀마 사람들이라도 쉐다곤 탑에 가보지 않았다면 쉐다곤 탑에 관한 것을 다른 이들이 말하는 대로 믿을 수밖에 없습니다. 하지만 쉐다곤 탑을 직접 가서 확실하게 둘러본 이라면 다른 이들이 탑에 대해 말하는 것을 믿을 필요가 없습니다.

그와 마찬가지입니다. 위빳사나 지혜와 도와 과, 열반을 경험하지 못한 이들은 문헌대로, 다른 이들의 가르침대로 믿어야 합니다. 로켓이 우주로 날아가는 것을 직접 보지 못한 이들은 다른 이들의 말을 반신반의하며 믿을 수밖에 없는 것과 마찬가지입니다. 위빳사나 지혜와 도와 과, 열반이라는 법들을 스스로 직접 경험하여 알고 있는 이들은 다른 이들의 말 때문에 믿는 것이 아닙니다. 직접 경험하여 알고 있는 것입니다. 이것은 단지 믿는 것이 아닙니다. '아는 것'입니다.

부처님께서 사리뿟따Sāriputta 존자에게 다음과 같이 물으셨습니다.

"사리뿟따여, 믿음 기능을 닦으면 'amatogadhaṁ amatapariyosānaṁ. 죽음이 없는 열반에 이르고, 죽음이 없는 불사의 열반이라는 끝에 도달한다'라는 것을 그대는 믿는가?"(S.iii.194/S48:44)[268]

268 Saddahasi tvaṁ, sāriputta – saddhindriyaṁ bhāvitaṁ bahulīkataṁ amatogadhaṁ hoti amataparāyaṇaṁ amatapariyosānaṁ ··· paññindriyaṁ bhāvitaṁ bahulīkataṁ amatogadhaṁ hoti amataparāyaṇaṁ amatapariyosānaṁ?(S.iii.194)

사리뿟따 존자는 이렇게 대답했습니다.

"부처님, 그것에 관해서는 부처님의 말씀을 믿는 것이 아닙니다."

이 대답을 듣고 범부 비구들은 사리뿟따 존자에 대해 잘못 생각했습니다. '사리뿟따 존자가 바라문 신분이라서 지금까지 부처님을 믿지 않는다'라고 생각했습니다. 그렇게 생각할 만합니다. 바라문교를 믿는 이들은 부처님께서 설하시는 법문을 믿지 않습니다. 사리뿟따 존자도 바라문 신분이었기 때문에 다른 범부 비구들이 그렇게 생각할 여지가 있습니다.

'믿음 기능을 닦으면 열반에 도달한다'라는 사실을 사리뿟따 존자는 직접 경험하여 이미 알고 있었습니다. 그렇게 직접 알았기 때문에 "그것에 관해서는 부처님의 말씀을 단지 믿는 정도만이 아닙니다"라고 대답한 것입니다. 쉐다곤 탑 비유를 다시 생각해 보십시오. 쉐다곤 탑에 직접 가서 자세하게 살펴보고 기억해 놓은 이에게 다른 이가 "이보게, 쉐다곤 탑에는 금판을 붙여 놓았네. 내가 말한 것을 그대는 믿는가?"라고 말하면 "그대가 말해서 믿는 것이 아니네. 나는 직접 보았네"라고 대답할 것입니다. 그와 마찬가지입니다. 사리뿟따 존자가 "믿는 것이 아닙니다"라고 대답한 것은 믿음 기능을 닦으면 열반에 도달한다는 사실을 직접 경험하여 알고 있기 때문입니다. 이렇게 사리뿟따 존자가 대답하자 부처님께서는 사리뿟따를 다음과 같이 칭송하셨습니다.

Assaddho akataññūca,
sandhicchedocayonaro;
hatāvakāso vantāso,
save uttamaporiso.(Dhp.97게)

해 석

맹신하지 않고 무위도 깨달았고
윤회고리 끊어낸 바로 그 사람,
새로운 업 제거했고 열망도 토해낸
그야말로 참으로 고귀한 이라네.

대 역

Yo naro어떤 이가 assaddho ca hoti맹신하지 않고; 다른 이가 말하는 것을 믿는 것이 아니라 스스로 아는 이고, akataññū ca hoti무위無爲도 깨달았고; 원인의 법들이 행할 수 없는 무위의 열반을 직접 아는 이고, sandhicchedo ca hoti윤회고리를 끊어낸 이고; 윤회윤전의 고통의 연결을 제거한 이고, hatāvakāso ca hoti새로운 업을 제거한 이고; 새로운 세상에 태어날 기회가 다 제거된 이고, vantāso ca hoti열망도 토해낸 이라면; 구토물을 제거하여 모든 바람이 없는 이라면 sa=so그 사람은 ve참으로 uttamaporiso고귀한 사람이다.

「담마빠다」에 있는 이 게송은 부처님께서 사리뿟따 존자를 칭송하시면서 읊으신 게송입니다. 지금 설명하고 있는 「뿌라베다숫따」에 포함된 게송은 아니지만 같은 의미를 뜻하는 표현이 포함됐기 때문에 특별히 기억하도록 같이 설명하겠습니다.

먼저 "yo naro어떤 이가 assaddho hoti믿음이 없다면 sa=so그 사람은 ve참으로 uttamaporiso고귀한 사람이다"라고 번역한다면, 의미를 잘 모른 채 직역하는 것입니다. 직역 그대로 이해하면 완전히 잘못 이해하는 것입니다. 작시법에서 이렇게 숨어 있는 말들을 'paheḷi'라고 합니다. 감춘 말, 수수께끼의 한 종류입니다. 이 작시법에 따라 "yo naro어떤 이가 assaddho hoti다른 이가 말하는 것을 믿는 것이 아니라 스스로 아는 이라면 sa=so그 사람은 ve참으로 uttamaporiso고귀한 사람이다"라고 해석해야 합니다.

그다음 구절에서도 'kataññū'가 '은혜를 아는'이라는 뜻이라고 해서 "akataññū"를 "다른 이가 행했던 은혜를 알지 못하는"으로 직역하면 안 됩니다. 이 직역대로라면 은혜를 모르는 이를 뜻해서 저열한 자가 되어 버립니다. 거룩하지 않은 자가 되어 버립니다. 이러면 원래 의미와 반대가 됩니다. 여기서 진실로 말하고자 하는 바는 'akata 조건법들이 행할 수 없는 열반을' + 'ññū 직접 아는 이', '무위無爲인 열반을 직접 깨달은 이가 거룩한 이'라는 뜻입니다.

이어서 'sandhicchedo'도 그대로 번역하면 '집 담장의 연결을 뚫고 도둑질하는 이'라는 뜻입니다. 하지만 그런 의미가 아닙니다. 실제 의미는 '윤회윤전[269] 괴로움의 연결을 제거한 이'라는 뜻입니다. '윤회윤전 괴로움의 연결'이란 연기 가르침에 따르면

①과거 업 존재와 형성을 조건으로 현재 새로운 생에 재생연결이 생겨나는 것에 한 연결,

②현재 생에서 느낌을 조건으로 갈애가 생겨나는 것에 한 연결,

③현재 업 존재를 조건으로 다음 생에서 새로운 태어남이 생겨나는 것에 한 연결,

이렇게 세 가지 연결이 있습니다. 그중 과거와 현재의 연결은 이미 이어져서 끊을 수 없습니다. 끊을 필요도 없습니다. 느낌과 갈애가 연

269 ⓗ윤전에는 번뇌윤전, 업윤전, 과보윤전이라는 세 가지가 있다.

결되지 않도록, 새로운 업에 따라 새로운 재생연결이 생겨나지 않도록, 이 두 가지 연결을 제거하는 것이 필요합니다. 이 중에서도 느낌과 갈애가 연결되지 않도록 하는 것이 기본입니다.

지금 수행자들이 볼 때마다, 들을 때마다, 경험할 때마다, 알 때마다 관찰하는 것은 느낌에서 갈애로 연결되지 않도록 관찰하고 있는 것입니다. 이렇게 거듭 관찰해 나가다가 위빳사나 지혜, 도의 지혜들이 차례대로 생겨나 아라한 도와 과에 이르게 되면 윤회윤전의 연결이 모두 끊어집니다. 그래서 "sandhicchedo 윤회고리를 끊어낸 이; 윤회윤전의 고통의 연결을 제거한 이"가 "거룩한 이"라는 의미로 말한 것입니다.

다음 구절은 "hatāvakāso"입니다. 여기서 'hata'는 '제거된', 'avakāsa'는 '기회'라고 일반적으로 해석됩니다. '발전하고 번영하게 하는 기회가 제거된'으로 직역하면 이 게송에서 바라는 의미가 아닙니다. 여기서는 "hatāvakāso 새로운 업을 제거한 이; 새로운 세상에 태어날 기회가 다 제거된 이"가 "거룩한 이"라는 의미로 말한 것입니다.[270]

다음 구절은 "vantāso"입니다. 이 구절에서 'vanta'는 '구토물', 'asa'는 '먹는다'라고 직역할 수 있습니다. 하지만 이렇게 의미를 취하면 안 됩니다. 여기서 '바람이나 원함'은 'āsā 열망'을 의미합니다. 일부 미얀마 사람들은 희망이 충족되지 않은 것을 '아사āsā'가 해결되지 않았다고 말하기도 합니다. 아라한에게는 세간의 측면에서 원하는 열망āsā도, 법의 측면에서 원하는 열망āsā도 모두 사라지고 없습니다. 그것을 염두에 두

270 ⓗ이렇게 새로운 세상에 태어날 기회가 다 제거된 이는 바로 아라한이다. 태어날 기회가 아직 다 제거되지 않으면 현생에서 죽은 뒤 다시 어느 생에 태어나야 한다. 태어나면 늙음과 병듦과 죽음 등 여러 고통을 겪어야 한다. 수다원이 아니면 사악도의 고통을 겪어야 한다. 이렇게 선처로 솟았다가 악처로 가라앉았다가 윤회의 고통을 "끊임없이" 겪어야 한다. "끊임없이" 생겨나고 사라지는 물질·정신의 연속이 윤회이다. 그런 윤회의 괴로움을 바라지 않는다면 "끊임없이" 생멸하는 물질·정신을 "끊임없이" 관찰해야 한다.

고 "vantāso열망도 토해낸 이", '모든 바람이 없는 이'라고 표현하신 것입니다. 게송을 다시 대역해 보겠습니다.

> Yo naro어떤 이가 assaddho ca hoti맹신하지 않고; 다른 이가 말하는 것을 믿는 것이 아니라 스스로 아는 이고, akataññū ca hoti무위無爲도 깨달았고; 원인의 법들이 행할 수 없는 무위의 열반을 직접 아는 이고, sandhicchedo ca hoti윤회고리를 끊어낸 이고; 윤회윤전의 고통의 연결을 제거한 이고, hatāvakāso ca hoti새로운 업을 제거한 이고; 새로운 세상에 태어날 기회가 다 제거된 이고, vantāso ca hoti열망도 토해낸 이라면; 구토물을 제거하여 모든 바람이 없는 이라면 sa=so그 사람은 ve참으로 uttamaporiso고귀한 사람이다.

인용한 이 게송에서 원래 말하고자 하는 바는 "assaddho 다른 이를 그냥 믿는 것이 아니라 스스로 안다"라는 구절입니다. 이 덕목은 매우 중요합니다. 스스로 알기에 적당한 법들은 스스로 알도록 노력해야 합니다. 물질과 정신, 생성과 소멸, 무상·고·무아라는 성품이 바로 스스로 알아야 하는 법들입니다. 이러한 성품들을 스스로 알도록 노력해야 합니다. 위빳사나 지혜, 도와 과, 열반이라는 법들도 스스로 알아야 하는 법들입니다. 이러한 법들도 스스로 알도록 노력해야 합니다. 이렇게 노력하여 직접 경험해서 알고 있는 이들은 스승을 의지해서 믿는 것이 아닙니다. 문헌을 의지해서 믿는 것도 아닙니다. 부처님을 의지해서 믿는 것도 아닙니다. 스스로 경험해서 스스로 알고 있는 것입니다.

"스스로 알도록 노력해야 합니다. 다른 이를 의지하여 믿으면 안 됩니다"라는 말은 스스로 알 수 있는 영역에서만 해당됩니다. 스스로 알 수 없는 영역에 관한 것들은 잘 알고 정통한 이를 의지해서 믿어야 합니다. 사리뿟따 존자조차 스스로 알 수 없는 영역에 대해서는 부처님을 의지해서 믿어야 합니다.

이렇게 말하면 어떤 사람들은 "스스로 경험할 수 없는 모든 것은 믿지 못한다"라고 말하기도 합니다. 이것도 이치에 맞지 않습니다. 자기가 가보지 못한 곳에 대한 정보를 가본 적이 있는 이가 말하면 믿어야 합니다. 요즘 몇몇 나라에서는 로켓이나 인공위성을 발사한다고 합니다.[271] 설령 자기 눈으로 로켓이나 인공위성이 발사되는 장면을 보지 못했다 하더라도 직접 눈으로 본 사람들의 말은 믿어야 합니다. 발사 소식을 기사를 통해 알게 된 이의 말도 믿어야 합니다. 직접 보지 못했다고 믿지 않는다면 웃음거리가 될 것입니다.

법의 측면에서도 마찬가지입니다. 이미 경험해서 알게 된 수행자가 말하면 아직 경험하지 못해 알지 못하는 이들은 믿어야 합니다. 그래서 스스로도 알고 경험하도록 노력해야 합니다. 그렇게 노력해서 스스로 알게 되면 "assaddho 맹신없는"이라는 구절과 일치하는 덕목을 갖출 수 있습니다.

찟따 장자와 나따뿟따

부처님 당시에 찟따Citta라는 아나함 장자가 있었습니다. 어느 날 찟따 장자가 나따뿟따Nāṭaputta라는 니간타 종파의 스승을 찾아갔습니다. 나따뿟따는 자이나 교도들이 자신들의 제일 거룩한 '붓다'로 숭배하는

271 이 법문은 1960년에 미얀마에서 설해졌다.

마하위라Mahāvīra·大雄라고 생각하는 스승이었습니다. 그는 부처님께서 출현하시기 전부터 유명한 스승이었습니다. 찟따 장자가 그 유명한 나따뿟따에게 갔을 때 나따뿟따가 찟따 장자에게 물었습니다.

"어떤가, 찟따 장자여. 그대의 스승인 고따마가 말한 대로 '사유vitakka와 고찰vicāra이 없는 선정삼매가 있다. 사유와 고찰 없이 머문다'는 것을 그대는 믿는가?"

찟따 장자는 다음과 같이 대답했습니다.

"'사유와 고찰이 없는 선정삼매가 있다. 사유와 고찰 없이 머문다'는 것은 부처님을 믿어서 그렇게 알고 기억하고 있는 것이 아니오."

그러자 나따뿟따는 '오, 이 찟따 장자는 부처님을 믿지 않는다고 말하는구나'라고 이해했습니다. 그래서 자신의 제자들에게 다음과 같이 말했습니다.

"오, 생각해 보라. 찟따 장자는 매우 정직한 사람이다. 자기가 믿지 않는 것을 믿지 않는다고 말한다. 사실 믿을 만하지도 않다. 바람을 그물로 잡을 수 없듯이, 강가 강을 손바닥으로 가로막을 수 없듯이, 사유와 고찰을 제거하도록 할 수 없다."

스스로 아는 것과 다른 이가 말한 것을 믿는 것

그러자 찟따 장자가 말했습니다.

"나따뿟따 존자여, 아는 것과 믿는 것 중 어느 것이 더 거룩합니까?"

나따뿟따가 대답했습니다.

"믿는 것보다 아는 것이 더욱 거룩하오."

그러자 찟따 장자가 다시 조목조목 반박했습니다.

"나따뿟따 존자여, 저는 언제든 상관없이 원할 때마다 사유와 고찰이 있는 초선정에도 입정할 수 있습니다. 사유와 고찰이 없는 제2선정에도 입정할 수 있습니다. 희열이 없는 제3선정에도 입정할 수 있습니다. 행복이 없는 제4선정에도[272] 입정할 수 있습니다. 이렇게 저는 사유와 고찰이 없는 선정을 스스로 경험하여 알고 있는데 그러한 사유와 고찰이 없는 선정 삼매가 있다는 것을 다른 이를 의지해서 믿을 필요가 있겠습니까?"

그러자 나따뿟따가 즉시 비난하며 말했습니다.

"보라, 제자들이여. 이 찟따 장자는 매우 교활하다. 정직하지 못하다. 조금 전에는 믿지 않는다고 해 놓고 지금은 다시 믿는다고 한다. 매우 정직하지 않은 사람이다."

그러자 장자도 물러나지 않고 다음과 같이 반박했습니다.

"존자도 조금 전까지 내가 매우 정직하다고 제자들에게 말해 놓고 지금은 정직하지 않다고 말합니다. 존자의 말은 앞뒤가 일치하지 않습니다. 처음에 한 말이 맞으면 나중에 한 말이 틀린 것이고, 나중에 한 말이 맞으면 처음에 한 말이 틀린 것입니다."(S41:8)[273]

찟따 장자의 일화에서 나따뿟따는 사유와 고찰이 없는 선정을 스스로 경험해 본 적이 한 번도 없었습니다. 그래서 사유와 고찰이 없는 선정이라는 것은 있을 수 없다고 생각한 대로 말한 것입니다. 하지만 찟따 장자는 스스로 경험했기 때문에 그러한 선정 삼매를 자신 있게 장담할 수 있었습니다. 그러한 선정과 관련된 내용에 대해 단지 믿는 것 정도가 아니라 스스로 직접 경험하고 있다는 사실을 자신 있게 장담한 것입니다.

272 색계 선정을 사선정으로 나눴을 때의 초선정, 제2선정, 제3선정, 제4선정이다.

273 각묵 스님 옮김,『상윳따 니까야』 제4권, pp.594~599 참조.

여러분도 찟따 장자처럼 경험하여 알도록 노력해야 합니다. 이렇게 직접 경험해서 아는 이를 염두에 두고 「뿌라베다숫따」에서 "na saddho. saddho ca맹신도; 다른 이를 맹신함도 na hoti없습니다"라고 설하신 것입니다. 이 구절의 의미는 이제 분명하게 이해했을 것입니다.

애착이 이미 없어야 한다

맹신하지 않는 덕목에 이어 마지막으로 "na virajjati빛바래지도 않습니다; 애착을 제거할 필요가 없습니다"라고 설하셨습니다. 이 문장을 '애착을 없애고 있는 상태도 아니다'라고 직역한다면 '애착하고 있다'고 그 의미를 취해야 하는 것으로 이해할 수도 있습니다. 하지만 그런 의미가 아닙니다. '애착을 제거하고 있는 중이 아니다'란 '애착을 이미 다 제거했다'라는 뜻입니다. 수련자sekkha·有學와 비교되는 완수자asekkha·無學를 말합니다. 훌륭한kalyāṇa 범부와 함께 계속 실천 수행하고 있는 성자들을 수련자라고 합니다.[274] 실천할 일을 다 마친 아라한들을 완수자라고 말합니다.

법의 측면으로 열심히 노력하지 않는 어리석은bāla 범부들은 여섯 문에서 드러나는 대상들을 좋은 것으로 생각해서 모두 애착합니다. 좋지 않은 것으로 생각하더라도 좋은 것을 기대하며 애착합니다. 그래서 수행하지 않는 이들은 항상 애착에 떨어집니다. '애착이 제거됐다'라는 상태는 있을 수 없습니다.

274 ㉻엄밀하게 '수련자sekkha·有學'는 수다원도, 수다원과, 사다함도, 사다함과, 아나함도, 아나함과, 아라한도라는 일곱 성자를 말한다. 하지만 넓은 의미로 취하면 위빳사나 수행을 잘 실천하고 있는 수행자도 수련자에 포함시킬 수 있다.

애착을 제거하는 중이다

여섯 문에서 드러나는 대상들을 관찰하여 '물질과 정신일 뿐이다. 생겨나서는 사라지는 성품일 뿐이다. 무상·고·무아일 뿐이다'라고 알고 있는 훌륭한 범부들에게는 관찰할 때마다 계속해서 관찰대상에 대한 애착이 없어집니다.[275] 그래서 위빳사나 수행을 하고 있는 훌륭한 범부들도 '애착을 제거하고 있는 중인 이'라고 합니다. 위빳사나 관찰을 통해 차례대로 위빳사나 지혜들이 향상돼 수다원 도와 과의 지혜에 이르게 되면 사악도에 태어나게 하는 애착이 사라집니다. 일곱 생을 넘어 태어나고자 하는 애착도 사라집니다. 하지만 일곱 생 중에 선처에서 즐기려는 애착은 아직 남아 있습니다.[276] 따라서 '애착이 완전히 제거됐다'라고 할 수는 없습니다. '애착을 제거하고 있는 중이다'라고 말할 수 있습니다.[277] 그와 마찬가지로 사다함 도와 과, 아나함 도와 과에 이르렀을 때도 애착을 제거하고 있는 중일 뿐입니다. 아라한도에 이르러서야 애착이 사라집니다. 하지만 그때도 애착이 완전히 사라진 상태는 아닙니다.

275 ㉻애착이 생겨나서 사라지는 것이 아니라 아예 애착이 생겨날 기회조차 주지 않는 것을 말한다. 애착이 생겨날 기회조차 얻지 못하는 것을 여기서 '애착이 없어진다'라고 말했다. 이때 애착만 없어지는 것이 아니다. 애착은 대표로 언급한 것이고 성냄이나 자만 등 모든 번뇌도 모두 다 생겨날 기회를 얻지 못한 채 없어진다. 이것을 관찰대상에 대해 생겨날 번뇌를 부분제거로 제거했다고 표현한다.

276 ㉻하지만 윤회하면서 겪어야 할 괴로움은 많이 줄었다고 알아야 한다. 비유하면 긴 풀을 바닷물에 담갔다가 끄집어 올렸을 때 거기에 일곱 방울의 바닷물이 붙어 있다고 하자. 수다원에게 남아 있는 윤회의 고통은 그 일곱 방울의 바닷물 양과 같고 제거한 윤회의 고통은 남은 바닷물의 양과 같다. 범부들은 바닷물의 양과 같은 윤회의 고통이 남아 있다. 따라서 범부를 '윤회 고통의 부자'라고 표현할 수 있다.(『상윳따 니까야』 원문에는 "깊은 연못에서 풀끝으로 찍어 올린 물"(S13:2), "대해로부터 길어 올린 두세 방울의 물"(S13:7)로 비유됐다. 『상윳따 니까야』 제2권, pp.365~369 참조.

277 ㉻수다원은 악처에 태어나게 할 정도로 매우 거친 탐욕과 성냄 등의 번뇌만 제거했기 때문에 약한 탐욕이나 성냄 등은 아직 남아 있다. 그래서 범부와 비슷하게 탐욕이나 성냄 등이 일어나는 모습이 겉으로 드러날 수 있다. 그런 모습을 보고 어떤 수행자에게 "수행을 했다면서 탐욕이 여전합니다"라거나 "수행자가 성냄이 왜 이렇게 많습니까?" 등으로 말의 허물을 범한다면 성자비방업에 해당될 수 있다. 그 사람에게 직접 용서를 구하거나 부처님 앞에서 용서를 구하지 않으면 법의 장애가 되어 아무리 노력해도 수행이 진전되지 않는다. 이 사실에 매우 주의해야 한다.

아직 제거하고 있는 중입니다.

애착을 제거하고 있는 중이 아니다

아라한과에 이르러 아라한이 됐을 때라야 애착이 완전히 사라진 상태가 됩니다. 그렇게 아라한이 됐을 때는 더 이상 애착을 제거하고 있는 중이 아닙니다. 이것을 염두에 두고 이 게송에서 'na virajjati', '애착을 제거하고 있는 중이 아니다', '애착을 이미 다 제거했다'라고 표현한 것입니다. 요약게송에서는 "안빛바래"라고 표현했습니다. 요약게송을 같이 독송합시다.

쾌락거리 안빠지고 오만없고 유연현명
맹신없고 안빛바래 적정자 여섯덕목들

"Sātiyesu anassāvī"로 시작하는 다섯 번째 대답 게송에 담긴 "쾌락거리에 빠지지 않는다. 오만이 없다. 부드럽다. 영감을 갖췄다. 맹신하지 않는다. 애착을 이미 제거했다"는 덕목을 모두 설명했습니다.

진짜 부처님의 대답 게송 6

7 Lābhakamyā na sikkhati,
alābhe ca na kuppati;
aviruddho ca taṇhāya,
rasesu nānugijjhati.(Sn.861게)

해 석

이익을 바라서 수련하는 것 아니고
이익이 없더라도 화내지 않는다네.
반대하지도 않고 갈애 때문에
음식의 맛에 탐닉하지도 않는다네.

대 역

Yo어떤 이는 lābhakamyā이익을 바라서 na sikkhati수련하는 것이 아닙니다. alābhe ca이익이 없더라도; 얻지 못하더라도 na kuppati화내지 않습니다. aviruddho ca hoti반대하지도 않습니다; 각각의 대상이나 사람에 대해 반대하지 않고 화내지 않습니다. taṇhāya갈애 때문에 rasesu맛에; 음식의 맛에 nānugijjhati탐닉하지도 않습니다. 《sa=so그러한 이는; 그러한 이를 eva실로 santoti적정자라고 vuccati불립니다.》[278]

첫째 구절에서 "lābhakamyā이익을 바라서 na sikkhati수련하는 것이 아닙니다"라고 설하셨습니다. 어떤 비구들은 더 많은 이익을 얻기 위해, 더 큰 복덕을 누리기 위해 교학을 배웁니다. 계를 수지합니다. 두타행을 실천합니다. 「뿌라베다숫따」에서 말하는 비구는 그러한 이익들을 기대하면서 실천하는 것이 아닙니다. 윤회의 고통에서 벗어나기 위해, 열반에 이르기 위해, 그것만을 기대하며 실천하는 것입니다. 이것도 '참적정자'의 덕목 중 하나입니다.

278 저본에서 다른 게송에서는 "taṁ그러한 이를 upasantoti참적정자라고 ahaṁ나는 brūmi부릅니다"라고 대역했으나 이 게송에서는 위와 같이 달리 대역했다.

둘째 구절에서 "alābhe ca이익이 없더라도; 얻지 못하더라도 na kuppati화내지 않습니다"라고 설하셨습니다. 어떤 비구들은 자신을 존경하는 재가자가 없다고 화를 냅니다. 도반이나 대중들이 많지 않다고 화를 냅니다. 대중에게 칭송받지 못한다고 화를 냅니다. 공양이나 가사 등 필수품을 풍족하게 얻지 못한다고 낙담하거나 화를 냅니다. 적정한 비구는 그러한 것들을 얻지 못한다 하더라도 낙담하거나 화를 내지 않습니다. 이것도 '참적정자'의 덕목 중 하나입니다.

셋째 구절에서 "aviruddho ca hoti반대하지도 않습니다; 각각의 대상이나 사람에 대해 반대하지 않고 화내지 않습니다"라고 설하셨습니다. 어떤 사람들은 보고 싶지 않은 것을 보면 화를 냅니다. 듣고 싶지 않은 것을 들으면 화를 냅니다. 경험하고 싶지 않은 것들을 경험하면 화를 냅니다. 같이 지내는 사람들끼리 반목합니다. 낯선 사람과는 편하지 않다고 시비를 걸거나 화를 냅니다. 적정한 비구는 반대하는 성품이 없습니다. 그에게 적합하지 않은 것이란 없습니다. 화내지 않는다는 뜻입니다. 매우 훌륭한 덕목입니다.

마지막으로 "taṇhāya갈애 때문에 rasesu맛에; 음식의 맛에 nānugijjhati탐닉하지도 않습니다"라고 설하셨습니다. 어떤 사람들은 맛있는 음식을 매우 좋아합니다. 좋은 음식을 먹을 생각만 합니다. 특별히 맛있는 음식을 먹게 되면 집요할 만큼 간절하게 집착합니다. 적정한 비구는 그렇지 않습니다. '음식을 먹는 것은 neva davāya행락을 위해서가 아니다; 즐기기 위해서가 아니다. na madāya도취를 위해서가 아니다; 자만으로 우쭐대기 위해서도 아니다. na maṇḍanāya매력을 위해서가 아니다; 살과 피부를 아름답게 꾸미기 위해서도 아니다. na vibhūsanāya장식을 위해서가 아니다; 살과 피부를 살찌우기 위해서도 아니다. 사실은 imassa kāyassa ṭhitiyā이 몸을 유지시키기 위해서일 뿐이다. vihiṁsūparatiyā배고픔의 고통을 해소시키기 위해서일 뿐이다. brahamcariyānuggahāya거룩한 실천행인 가르침의 실천, 성스러운 도의 실천을 실천하기 위해서일 뿐이다'[279] 등으로 반조의 지혜paccavekkhaṇa ñāṇa로 숙고한 뒤라야 수용합니다. 얻지 못한 맛들을 바라지 않습니다. 공양하는 음식도 애착하지 않습니다. 이것도 적정한 이의 덕목 중 하나입니다. 그래서 "sa=so그러한 이는 eva실로 santoti적정자라고 vuccati불립니다", 이 덕목을 갖춘 비구를 적정자라고 부른다는 뜻입니다.

진짜 부처님의 대답 게송 7

8 Upekkhako sadā sato,
na loke maññate samaṁ;
na visesī na nīceyyo,
tassa no santi ussadā.(Sn.862게)

279 Paṭisaṅkhā yoniso piṇḍapātaṁ paṭisevati – 'neva davāya, na madāya, na maṇḍanāya, na vibhūsanāya, yāvadeva imassa kāyassa ṭhitiyā yāpanāya, vihiṁsūparatiyā, brahmacariyānuggahāya, iti purāṇañca vedanaṁ paṭihaṅkhāmi navañca vedanaṁ na uppādessāmi, yātrā ca me bhavissati anavajjatā ca phāsuvihāro ca'.(M.i.12/M2)
요약게송으로 표현하면 다음과 같다.
이와같은 공양음식 행락도취 매력장식
위해서가 아니라네 사대로된 이내몸의
지탱유지 피곤덜고 청정범행 돕기위해
옛고통을 물리치고 새고통을 안생기게
건강하고 허물없이 편안위해 수용하네

해 석

항상 새김을 확립하여 평온하고
세상에서 동등하다고 생각하지 않는다네,
또는 뛰어나다거나 열등하다라고도.
그에게는 일체의 파도가 없다네.

대 역

Yo어떤 이는 sadā항상 sato새기고; 새김을 확립하여; 새김을 확립하면서; 새기는 이고 upekkhako hoti평온합니다; 평온하게 관찰합니다. loke세상에서 attanaṁ자신을 samaṁ동등하다고도; 다른 이와 같다고도 na maññate생각하지 않습니다. visesī뛰어나다고도; 다른 이보다 뛰어나다고도 na maññate생각하지 않습니다. nīceyyo열등하다고도; 다른 이보다 열등하다고도 na maññate생각하지 않습니다.《이러한 세 종류의 자만도 없다는 뜻이다.》tassa그에게는; 세 가지 자만이 없어진 그에게는 ussadā파도도; 윤회에 크게 생겨나게 하는, 소용돌이치게 하는 번뇌 업들도[280] no santi없습니다.《taṁ그러한 이를 upasantoti참적정자라고 ahaṁ나는 brūmi부릅니다.》

20여 년 전에 「마하사마야숫따」를 설명할 때 언급한 게송이 바로 이 게송의 의미를 취해서 만든 요약게송입니다.

항상새겨 평온하고
자만셋을 제거해 적정자라해

280 ㉯윤회에 크게 소용돌이치게 하는 번뇌 업kilesakamma들이란 탐욕, 성냄, 어리석음, 자만, 사견, 번뇌, 선업과 불선업이라는 업을 말한다.(이어지는 본문에 설명이 나온다.)

항상 새겨야 한다

항상 새기는 모습

첫째 구절에서 "sadā항상 sato새기고; 새김을 확립하여; 새김을 확립하면서; 새기는 이고"라고 말했습니다. 이것을 요약게송으로는 '항상새겨'라고 표현했습니다. 항상, 언제나 관찰한다는 뜻입니다.[281] 'sadā 항상'이라는 단어를 『닛데사』에서 다음과 같이 자세하게 설명해 놓았습니다.

Sadāti sadā sabbadā sabbakālaṁ niccakālaṁ dhuvakālaṁ satataṁ samitaṁ abbokiṇṇaṁ … avīci santati …, purebhattaṁ pacchābhattaṁ purimayāmaṁ majjhimayāmaṁ pacchimayāmaṁ, kāḷe juṇhe vasse hemante gimhe, purime vayokhandhe majjhime vayokhandhe pacchime vayokhandhe.(Nd1.14)[282]

대 역

Sadāti'항상'이란 sadā항상, sabbadā언제나, sabbakālaṁ모든 시간에, niccakālaṁ항상하는 시간 동안, dhuvakālaṁ지속되는 시간 동안, satataṁ samitaṁ끊임없이 계속, abbokiṇṇaṁ얼떨결에

281 ⓗ모든 음식에 소금이 포함되듯이 관찰할 때 항상 새김이 포함되도록 잊어서는 안 된다. 이것을 "새김은 소금 같아 항상 잊지마"라는 요약게송으로 표현했다.

282 중간에 생략된 구절을 포함한 원문은 다음과 같다.
Sadāti sadā sabbadā sabbakālaṁ niccakālaṁ dhuvakālaṁ satataṁ samitaṁ abbokiṇṇaṁ poṅkhānupoṅkhaṁ udakūmikajātaṁ avīci santati sahitaṁ phassitaṁ, purebhattaṁ pacchābhattaṁ purimayāmaṁ majjhimayāmaṁ pacchimayāmaṁ, kāḷe juṇhe vasse hemante gimhe, purime vayokhandhe majjhime vayokhandhe pacchime vayokhandhe. (Nd1.14)
"poṅkhānupoṅkhaṁ"은 '연달아'(먼저 쏜 화살의 화살 깃을 다시 다른 화살로 꿰뚫듯이. 『상윳따 니까야』 제6권, p.439 참조), "udakūmikajātaṁ"은 '연속으로'(물의 파도가 거듭 몰려오듯이), "sahitaṁ"은 '수반되어', "phassitaṁ"은 '접촉되어'라는 뜻이다.

> 놓쳐버린 마음들과 섞이지 않는, … avīci santati끊임없이 지속해서, … purebhattaṁ공양 전에, pacchābhattaṁ공양 후에《하루로 치면 오전과 오후에》, purimayāmaṁ majjhimayāmaṁ pacchimayāmaṁ초야, 중야, 후야든, … kāḷe juṇhe vasse hemante gimhe계절로는 우기, 겨울, 여름, purime vayokhandhe majjhime vayokhandhe pacchime vayokhandhe연령으로는 초년, 중년, 말년 관계없이.[283]

'항상'이란 "'niccakālaṁ 항상하는 시간 동안', 'dhuvakālaṁ 지속되는 시간 동안', 'satataṁ samitaṁ 끊임없이 계속', 'abbokiṇṇaṁ 얼떨결에 놓쳐버린 마음들과 섞이지 않는', 'avīci santati 끊임없이 지속해서', 하루로는 오전·오후·초야·중야·후야든, 항상 끊임없이, 계절로는 우기·겨울·여름에 관계없이, 연령으로는 초년·중년·말년에 관계없이"라고 설명했습니다. 이 주석서의 설명을 인용한 이유는 새김을 할 때 한두 시간 노력하고 쉬고, 다시 노력하고, 그렇게 띄엄띄엄 하지 말라는 뜻입니다. 잠자는 시간만을 제외하고 항상 끊임없이 노력해야 한다는 것을 이해시키기 위해 이 구절을 뽑아 설명해 놓은 것입니다. 칠 일 동안 수행한다면 밤에 잠을 자는 시간을 제외하고 낮이든 밤이든 항상 끊임없이, 쉬지 않고 노력해야 합니다. 보름 동안 수행한다면 보름 내내 항상 끊임없이, 쉬지 않고 노력해야 합니다. 한 달 동안 수행하더라도 밤에 잠을 자는 시간을 제외하고 항상 끊임없이, 쉬지 않고 노력해야 합니다. 그래서 "sadā항상 sato새기고; 새김을 확립하여; 새김을 확립하면서; 새기는 이고"라고 설하셨습니다.

283 "계절로는 우기, 겨울, 여름, 연령으로는 초년, 중년, 말년 관계없이"라는 구절은 역자가 첨가했다.

새김을 확립하는 것이 새김확립

"Sato 새기고; 새기는 이고"라는 단어도 「닛데사」에 몸 거듭관찰 새김확립kāyānupassanā satipaṭṭhāna을 닦고 있으면 '새기는 이'라고 설명했습니다. 느낌 거듭관찰vedanānupassanā, 마음 거듭관찰cittānupassanā, 법 거듭관찰dhammānupassanā을 닦고 있어도 '새기는 이'라고 설명했습니다.[284]

따라서 새김확립 네 가지 중 어느 하나를 기본으로 닦아야 합니다. 네 가지 새김확립 중에서도 처음 수행을 시작하는 이들은 몸 거듭관찰 새김확립을 시작으로 닦는 것이 대부분 적합합니다. 몸의 현상 중에서 분명한 것을 시작으로 관찰해야 합니다. 위빳사나 수행이란 여섯 문에서 드러나는 모든 법을 관찰하는 것입니다. 하지만 처음 수행을 시작할 때는 여섯 문에서 드러나는 모든 것을 관찰할 수 없습니다. 따라서 제일 분명한 몸의 동작을 시작으로 관찰해야 합니다.

앉아 있을 때 앉아 있는 상태를 〈앉음, 앉음〉이라고 끊임없이 관찰할 수 있습니다. 들숨과 날숨이 코끝에 닿는 것도 〈닿음; 앎〉이라고 끊임없이 관찰할 수 있습니다. 발바닥부터 머리까지 한 곳의 닿음을 집중해서 〈닿음, 닿음〉이라고 끊임없이 관찰할 수 있습니다. 이곳 사사나 수행센터 수행자들의 직접 경험으로는 배가 부풀고 꺼지면서 움직이는 바람 요소를 처음 관찰하는 것이 제일 좋습니다. 그래서 수행자들은 처음에는 배가 부풀어 오는 것과 꺼져 가는 것을 기본으로 관찰해 왔을 것입니다.

284 Satoti catūhi kāraṇehi sato – kāye kāyānupassanāsatipaṭṭhānaṁ bhāvento sato, vedanāsu… citte… dhammesu dhammānupassanāsatipaṭṭhānaṁ bhāvento sato. Aparehi catūhi kāraṇehi sato…pe… so vuccati satoti – tasmā jantu sadā sato.(Nd1.14)

이것이 전부가 아닙니다. 부풂과 꺼짐을 관찰하다 생각이나 망상들이 생겨나면 그것도 관찰해야 합니다. 그러고 나서 다시 부풂과 꺼짐을 관찰해야 합니다. 몸의 저림, 뜨거움, 아픔, 가려움 등의 느낌들이 드러나면 그것도 관찰해야 합니다. 손과 발, 몸의 움직임도 관찰해야 합니다. 그러고 나서 다시 부풂과 꺼짐을 관찰해야 합니다. 앉은 상태에서 일어날 때도 관찰해야 합니다.

경행할 때도 걸음마다 다리를 들 때부터 다리를 내릴 때까지 끊임없이 관찰해야 합니다. 경행을 하다가 다시 앉을 때도 앉으려는 의도, 앉는 동작을 관찰해야 합니다. 앉았다가 누울 때도 관찰해야 합니다.

요약하면 움직일 때든 고요할 때든 몸의 모든 동작을 관찰해야 합니다. 생각하거나 망상할 때마다 마음의 현상들을 관찰해야 합니다. 느낌은 어떠한 것이든 관찰해야 합니다. 봄·들음 등도 할 수 있는 만큼 관찰해야 합니다. 특별한 현상이 없을 때는 부풂과 꺼짐만 끊임없이 관찰해야 합니다. 이것은 몸 거듭관찰 새김확립을 기본으로 네 가지 새김확립을 수행하고 있는 간략한 모습입니다.

이렇게 끊임없이 관찰하면 어떻게 될까요? "sadā항상 sato새기고; 새김을 확립하여; 새김을 확립하면서; 새기는 이고 upekkhako hoti평온합니다; 평온하게 관찰합니다", 평온한 상태에 도달한다는 뜻입니다. 하지만 한두 시간 관찰해서 평온한 상태에 도달한다고는 장담하지 못합니다. 하루나 이틀 관찰해서도 장담하지 못합니다. 지혜가 매우 예리한 이들이라면 일주일 정도 만에 평온한 상태에 도달할 수도 있습니다. 하지만 이런 수행자는 매우 드뭅니다. 백 명 중 한 명 있을까 말까 합니다. 보름 안에 도달하는 이도 드뭅니다. 보통 20일에서 한 달 사이에 도달하는 이들이 많습니다. 그것은 이 지혜 단계에 이르기 전에 차례대로 밟아야 할 지혜 단계들이 있기 때문입니다. 이 지혜들 중 제일 처음 지혜가 정신·물질 구별의 지혜입니다. 정신·물질 구별의 지혜에 도달하기 전에도 마음청정에 도달하도록 노력해야 합니다. 그래서 시간이 그 정도 걸립니다.

마음청정이 생겨나는 모습

처음 수행을 시작한 이는 부풂과 꺼짐, 이 두 가지를 정확하게 잘 관찰할 수 있도록 노력해야 합니다. 부풂·꺼짐을 관찰하다가 마음이 다른 곳으로 달아나서 관찰하지 못하는 경우도 있습니다. 하지만 강한 믿음, 의욕, 정진으로 관찰한다면 하루나 이틀, 혹은 사나흘이나 닷새 안에는 정확한 관찰이 가능합니다. 그때는 마음이 다른 곳으로 달아나지 않습니다. 부풂·꺼짐 등 관찰해야 하는 대상들만 관찰하면서 생겨납니다. 가끔 망상이 생겨나도 즉시 관찰할 수 있습니다. 그러고 나서는 다시 관찰하던 것을 놓치지 않고 이어서 관찰해 나갈 수 있습니다. 그때 감각욕망바람kāmacchanda 등 장애들이 사라지고 관찰하는 마음들만 깨끗합니다. 그래서 이것을 '마음청정cittavisuddhi'이라고 부릅니다.

정신·물질 구별의 지혜가 생기는 모습

이렇게 마음이 깨끗해졌을 때, '관찰할 때마다 계속 관찰해서 알아지는 대상인 물질이 따로, 관찰해서 아는 마음인 정신이 따로' 등으로 물질과 정신, 두 가지를 그렇게 관찰하면서 구별하여 알게 됩니다. 이것이 물질과 정신을 구별하여 아는 '정신·물질 구별의 지혜nāmarūpapariccheda ñāṇa'입니다.

그다음 계속 관찰하다가 조건과 결과의 연속인 성품도 알게 됩니다.

이것이 '조건파악의 지혜paccayapariggaha ñāṇa'입니다.[285]

이어서 계속 관찰하면 관찰해야 하는 대상들이 생겨나서는 사라져 가는 것을 관찰하는 중에 알게 됩니다. 어떻게 알게 될까요? 〈부푼다〉라고 관찰할 때 팽팽함과 움직임들이 새로, 또 새로 생겨나서는 사라져 가는 것을 경험합니다. 〈꺼진다; 굽힌다; 편다〉 등을 관찰할 때도 그와 마찬가지로 경험합니다. 생각이나 망상을 관찰할 때는 더욱 분명합니다. 아픔이나 뜨거움 등의 느낌들을 〈아프다〉 등으로 관찰하고 있어도 사라져 가는 것을 경험합니다. 그래서 수행자는 '생겨나서는 사라져 가기 때문에 항상하지 않은 법들이구나'라고 이해하게 됩니다. '생겨나서 사라지기만 하기 때문에 괴로움일 뿐이다'라고도, '마음대로 할 수 없는, 자기 성품대로 생멸하고 있는 법들일 뿐이다'라고도 이해하게 됩니다. 이것이 '명상의 지혜sammasana ñāṇa'입니다.

그다음 계속 이어서 수행하면 생겨남과 사라짐이 매우 빠르고 분명하게 드러납니다. 이때는 빛이나 광명도 경험하게 됩니다. 희열도 매우 강하게 생겨납니다. 마음의 고요함인 경안passaddhi도 분명하게 생겨납니다. 몸과 마음의 가벼움lahutā, 부드러움mudutā 등도 분명하게 경험할 수 있습니다.

---

285 ㉾예를 들면 '가려고 하는 의도가 있어서 가는 몸동작이 생겨나는구나. 앉으려는 의도가 있어서 앉는 몸동작이 생겨나는구나. 숨을 들이쉬려는 의도가 있어서 숨을 들이쉬고 숨을 들이쉬기 때문에 배가 부풀고 배가 부풀어서 그것을 〈부푼다〉라고 관찰하는구나. 이렇게 정신적인 조건 때문에 물질적인 결과가 생겨나고, 물질적인 조건 때문에 정신적인 결과가 생겨나는구나' 등으로 지혜에 따라서 어떤 수행자는 매우 자세하고 다양하게 숙고하는 경우도 있다. 숙고하기를 좋아하는 수행자는 '오, 이것이 있어서 저것이 있구나. 이것이 없으면 저것이 없겠구나' 등으로 경험하는 모든 것을 다 숙고하면서 조건과 결과로 분석하기도 한다. 이렇게 숙고를 길게 하면 수행이 끊어지기 때문에 향상이 더디다. 이때는 숙고하는 것도 〈숙고한다, 숙고한다〉라고 관찰한 뒤 계속 관찰을 이어나가야 한다.

조건파악의 지혜가 생겨나는 수행자를 『위숫디막가』에서는 '작은 수다원'이라고 표현했다. 왜냐하면 적어도 바로 다음 생에는 사악도에 떨어지지 않기 때문이다. 하지만 그 이후로는 장담하지 못한다. 따라서 조건파악의 지혜 정도로만 만족하지 말고 계속 이어서 관찰을 해 나가야 한다.

새김과 지혜들도 매우 강하게 생겨납니다. 마음의 깨끗함인 믿음과 마음의 행복함도 매우 강하게 생겨납니다. 그렇게 특별하게 생겨나는 것을 즐기고 좋아하면서 지내기도 합니다.[286] 이것들을 모두 관찰하여 제거해야 합니다.

그렇게 관찰해서 제거할 수 있게 됐을 때, 관찰하던 대상이든 관찰해서 아는 마음이든 두 가지 모두 계속해서 짝을 이루어 관찰하면 사라지고, 다시 관찰하면 사라지고 하는 것을 분명하게 경험합니다. 형체나 모습이 없이 휙휙 사라지는 것만을 경험합니다. 이때는 생겨나는 대상이든, 관찰해서 아는 마음이든 순간도 끊임없이 사라지고 있는 것만을 경험하기 때문에 무상·고·무아일 뿐이라는 사실을 매우 분명히 알 수 있습니다. 이것이 '무너짐의 지혜bhaṅga ñāṇa'입니다.

나머지 지혜들은 요약해서 설명하겠습니다. 그다음 계속 관찰하면 두려운 것으로 생각하는 '두려움의 지혜bhaya ñāṇa', 허물로 보는 '허물의 지혜ādīnava ñāṇa', 넌더리를 치는 '염오의 지혜nibbidā ñāṇa', 형성 고통에서 벗어나고자 하는 '벗어나려는 지혜muñcitukamyatā ñāṇa', 다시 더욱 강력하게 관찰하는 '재성찰의 지혜paṭisaṅkhā ñāṇa'라는 지혜들이 차례대로 생겨납니다.

형성평온의 지혜로 평온하게 관찰하는 모습

그다음 계속해서 관찰하면 형성평온의 지혜saṅkhārupekkhā ñāṇa에 도달합니다. 이 지혜에 도달하면 "upekkhako 평온하게 관찰하는 이"의 덕목을 갖추게 됩니다. 여섯 문에서 드러나는 모든 대상을 좋아하는 것

286 ㊞생멸의 지혜 게송은 본서 p.95 참조.

으로 생각하지 않습니다. 싫어하는 것으로도 생각하지 않습니다. 좋아하지도 않고 싫어하지도 않으면서 평온하게 관찰할 수 있습니다. 이렇게 여섯 문에서 무덤덤하고 평온하게 관찰하기 때문에 이 지혜를 갖춘 이를 '여섯 구성요소 평온chaḷaṅgupekkhā을 갖췄다'라고 말합니다. 「닛데사」 성전에 여섯 구성요소 평온에 관련한 구절을 다음과 같이 설명했습니다.

Cakkhunā rūpaṁ disvā neva sumano hoti, na dummano, upekkhako viharati sato sampajāno.(Nd1.186)

대 역

Cakkhunā눈으로 rūpaṁ형색을 disvā보고 나서 neva sumano hoti좋은 마음도 없다; 좋아하지도 않는다. na dummano hoti 싫은 마음도 없다; 싫어하지도 않는다. sato새기고 sampajāno 바르게 알면서 upekkhako평온하게 관찰하며 viharati머문다.

《이 성전 구절은 형색을 볼 때 평온하게 관찰하는 모습을 설명한 구절입니다. 소리를 들을 때 등에서도 "saddaṁ sutvā" 등으로 같은 방법입니다.》

여섯 구성요소 평온

요약하자면 눈으로 형색을 볼 때 좋아하고 바라는 것을 보더라도 좋아함이나 즐김이 생기지 않는다는 뜻입니다. 일반인들은 보고 싶거나 경험하고 싶은 것을 직접 보거나 경험하면 기뻐하고 좋아합니다. 예를 들어 사랑하는 아들이나 딸, 가족들을 보면 기뻐하고 좋아합니다.

하지만 여섯 구성요소 평온을 갖춘 이들은 아무리 좋아하는 것들을 보더라도 "neva sumano hoti", 좋아하지도 않습니다. 아무리 싫어하는 것들을 보거나 경험하더라도 "na dummano hoti", 싫어하지도 않습니다.[287] 그러면 어떻게 되는가 하면 "upekkhako평온하게 관찰하며 viharati머뭅니다", 보고 나서는 사라져버리는 대상을 단지 보기만 하고 알기만 하면서 평온하게 관찰하고 있다는 뜻입니다. 무엇 때문에 이렇게 (평온하게) 관찰할 수 있을까요? "sato새기고 sampajāno바르게 알기" 때문입니다.

맞습니다. 이 지혜에 이른 수행자들은 드러나는 대상들에 대해 억지로 애쓰지 않아도 새김이 저절로 알면서 생겨납니다. 대상과 앎이 휙휙 사라져 가는 것도 압니다. 따라서 보이는 것에 대해 좋아할 만한 점이 없습니다. 싫어할 만한 점도 없습니다. 들리는 것 등에서도 마찬가지입니다. 따라서 행복이나 기쁨이 생겨나지 않습니다. 싫어함이나 마음의 불편함도 생겨나지 않습니다. 여섯 문에서 휙휙 사라져 가는 것만을 알면서 평온하게 관찰할 뿐입니다.

이 지혜는 매우 좋은 지혜입니다. 위빳사나 관찰을 통해 이 지혜에 이르게 되면 스스로 이 지혜에 관한 것들을 잘 알 수 있습니다. 사실 이렇게 설명을 듣는 것만으로는 이해하기가 쉽지 않습니다. 그저 조금이나마 감을 잡기를 바랄 뿐입니다.

덧붙여 지금 법문을 듣고 있는 이들 중에는 이 지혜에 이른 이들이 많을 것으로 생각돼 이런 심오한 지혜에 대해 설명하고 있는 것입니다.

287 ㉻미얀마의 한 여성 수행자가 수행 중에 부친의 부고를 받았다. 그녀는 차분하게 "언제 돌아가셨습니까?"라고 물었다. "어제 돌아가셨습니다." "화장은 언제 합니까?" "내일 합니다." 그녀는 계속 차분하게 "저는 해야 할 수행이 조금 남아서 계속 수행해야 합니다. 가족에게 장례를 잘 치러 달라고 전해 주십시오"라고 말했다고 한다.

이해하지 못한 이들에게는 위빳사나 수행을 더 열심히 하도록 권유하려는 의도도 있습니다. 수행해서 이 지혜에 이르게 되면 직접 경험하여 알 수 있을 것입니다.

볼 때마다, 들을 때마다, 경험할 때마다, 알 때마다 평온하고 무덤덤하게 관찰할 수 있는 것은 아라한이라면 항상 갖추고 있는 덕목입니다. 그것을 '여섯 구성요소 평온'이라고 부릅니다. 범부나 수련자들은 위빳사나 관찰을 하고 있을 때만 갖춥니다. 따라서 이러한 지혜를 갖추고 있는 이들은 아라한의 덕목을 일정 시간 갖추고 있는 것입니다. 자기 자신에 대해 흡족할 만하고 공경할 만합니다. 다른 이들이 알게 되더라도 존경할 만한 덕목입니다. 형성평온의 지혜에 이르게 되면 도와 과의 지혜에 이르는 데 멀지 않습니다. 하루 사이에도 도달할 수 있습니다. 바라밀을 구족한 이라면 도와 과의 지혜 네 단계를 차례대로 올라가 아라한과에 이르러 아라한이 됐을 때 지금 말한 대로 드러나는 모든 대상을 평온하게 관찰할 수 있는 이 덕목을 항상 갖추게 됩니다. 이렇게 갖추도록 노력해야 한다는 의미로 "sadā항상 sato새기는 이고; 새김을 확립하는 이고, upekkhako hoti평온합니다; 평온하게 관찰합니다"라고 설하셨습니다. 이렇게 아라한이 되어 항상 평온하게 관찰할 수 있으면 모든 자만도 없어집니다.[288]

288 형성평온의 지혜와 관련된 요약게송들은 다음과 같다.
〈평온 관찰 덕목 세 가지〉
두려움과 즐김없어 불고불락 평온관찰
애쓰잖고 쉽게관찰 행사지 평온세덕목
〈특별한 덕목 세 가지〉
오랜시간 관찰유지 지날수록 미세해져
다른대상 안달아나 행사지 특별세덕목
의미는 마하시 사야도 지음, 비구 일창 담마간다 옮김, 『아낫딸락카나숫따 법문』, pp.407~415 참조.

세 가지 자만이 없어야 한다

그래서 항상 새김을 확립하여 평온한 덕목에 이어서 "loke세상에서 attanaṁ자신을 samaṁ동등하다고도; 다른 이와 같다고도 na maññate 생각하지 않습니다. visesī뛰어나다고도; 다른 이보다 뛰어나다고도 na maññate생각하지 않습니다. nīceyyo열등하다고도; 다른 이보다 열등하다고도 na maññate생각하지 않습니다"라고 설하셨습니다.

"samaṁ동등하다고도; 다른 이와 같다고도 na maññate생각하지 않습니다", '나는 누구누구와 수준이 같다'라고 비교하는 자만[289]도 없다는 뜻입니다.

"visesī뛰어나다고도; 다른 이보다 뛰어나다고도 na maññate생각하지 않습니다", 자신이 다른 이보다 더 낫다고 생각하며 비교하는 자만[290]도 없다는 뜻입니다.

"nīceyyo열등하다고도; 다른 이보다 열등하다고도 na maññate생각하지 않습니다", 열등하다고 생각하는 자만[291]도 없다는 뜻입니다. 자만māna은 "uṇṇatilakkhaṇo 우쭐거리는 특성이 있다"라고 설명합니다.(Vis.ii.99) 여기서 스스로 열등하다고 생각하는 것은 자신을 낮추는 것이기 때문에 우쭐대는 것이 없다고 생각할지도 모릅니다. 하지만 자만과 관련해서 스스로 열등하다고 생각하는 것은 자신을 낮추는 겸손nivāta의 성품이 아닙니다. 열등한 수준 그 자체를 덕목으로 삼는 것입니다. 어떻게 덕목으로 삼을까요? '나는 누구보다 열등하다. 그러니 죽

289 ⓗ동등자만이다.
290 ⓗ수승자만이다.
291 ⓗ열등자만이다.

일 수도 있다', '나는 누구도 고려할 덕목이 없다. 무엇이든 할 수 있다' 등으로 자신을 낮추는 것을 덕목으로 삼는 것입니다. 하인들조차 '나는 원래 하인이다', '나는 대문을 지키는 하인이다' 등으로 하인의 수준에서 덕목을 취하기도 합니다. 이렇게 '열등하다', '낮다' 등으로 비교하는 것도 우쭐대는 성품입니다. 아라한에게는 이렇게 자신을 열등하다고 생각하며 덕목으로 삼는 자만도 없습니다.

아라한이 되기 전에는 그러한 세 가지 자만이 각각 수준에 따라 아직 남아 있습니다. 따라서 수행하는 중에 이 세 가지 자만 중 어느 하나가 생겨나면 관찰해서 제거해야 합니다. 어떻게 제거해야 할까요? 만약 특별한 지혜가 생겨나면 '나는 누가 도달한 지혜에 도달했다. 그와 나는 동등하다'라고 (동등)자만이 생깁니다. '나는 누구보다 낫다. 누구는 나만큼 경험이 좋지 않다' 등으로 스스로를 높이 생각하면서 (수승)자만이 생기기도 합니다. 처음 수행하는 수행자라면 '나는 이제 수행을 시작했다. 누구처럼 새김을 잘 확립할 수 없다. 그러니 나는 새기지 않고 지내더라도 삼매와 지혜가 무너질 만한 것이 없다'라고 스스로를 폄하하면서 (열등)자만이 생기기도 합니다. 어떠한 자만이든 그렇게 생겨나는 자만을 관찰해서 제거해야 합니다. 자만도 갈애처럼 힘이 강력합니다. 아나함에게조차 자만이 남아 있습니다. 아라한과에 이르러야 이 세 가지 자만이 완전히 사라집니다.[292] 그렇게 도달하도록 노력해야 합니다.

292 ㉻앞에서도 언급했듯이 비사실자만은 수다원만 되면 제거되지만 사실자만은 아나함에게도 남아 있다. 수다원의 경우 '나는 사악도에 다시 태어나지 않는다', '사악도의 문이 닫혔다', '저 범부는 사악도에 태어날 수 있다' 등으로 사실자만은 남아 있다. 사실자만은 아라한이 돼야 다 없어진다.

파도가 없어야 한다

그렇게 아라한 도와 과에 이르러 아라한이 됐을 때 '파도ussada'라고 부르는 번뇌들과 업들이 완전히 사라집니다. 그래서 마지막으로 "tassa그에게는; 세 가지 자만이 없어진 그에게는 ussadā파도도; 윤회에 크게 생겨나게 하는, 소용돌이치게 하는 번뇌 업들도 no santi없습니다"라고 설하셨습니다.

윤회에서 한 생, 또 한 생 늘어나게 하고 번창시키는 법들도 없다는 뜻입니다. 윤회를 늘어나게 하고 번창시키는 법들이란 탐욕, 성냄, 어리석음, 자만, 사견, 나머지 번뇌들, 선업·불선업이라는 업, 이렇게 일곱 종류입니다. 이 법들이 있는 한 계속해서 윤회하며 새로운 생에 끊임없이 태어나야 합니다. 그래서 이 법들을 '파도ussada', 소용돌이라고 합니다. 이것들도 없어야 한다는 뜻입니다. 이 법들은 결과의 성품이기 때문에 요약게송으로는 만들지 않았습니다. 알아두면 좋을 만한 앞 구절들만 요약게송으로 만들어 놓았습니다. 앞부분 정도로 의미는 충분합니다. 요약게송을 같이 독송합시다.

항상새겨 평온하고
자만셋을 제거해 적정자라해

진짜 부처님의 대답 게송 8

9 Yassa nissayanā natthi,
ñatvā dhammaṁ anissito;
bhavāya vibhavāya vā,
taṇhā yassa na vijjati.(Sn.863게)

해 석

그에게는 의지할 것 전혀 없으니
법을 알고서 의지하지 않는다네.
존재에 대해서나 비존재에 대해서
그에게는 갈애가 드러나지 않는다네.

대 역

Yassa그에게는; 아라한에게는 nissayanā의지할 것이; 갈애와 사견이라고 하는 의지처가 natthi없습니다. dhammaṁ법을; 물질·정신 형성법을 ñatvā알고서 anissito의지하지 않습니다; 어느 것 하나도 의지하지 않습니다. yassa그에게는; 아라한에게는 bhavāya vā존재에 대해서나; 존재사견bhavadiṭṭhi이라는 상주견sassatadiṭṭhi에 대해서나 vibhavāya vā비존재에 대해서나; 비존재사견vibhavadiṭṭhi이라는 단멸견ucchedadiṭṭhi에 대해서나 taṇhā갈애가; 애착하는 갈애가 na vijjati드러나지 않습니다; 없습니다. 《taṁ그러한 이를 upasantoti참적정자라고 ahaṁ나는 brūmi부릅니다.》

앞의 두 구절에서 "yassa그에게는; 아라한에게는 nissayanā의지할 것이; 갈애와 사견이라고 하는 의지처가 natthi없습니다. dhammaṁ법을; 물질·정신 형성법을 ñatvā알고서 anissito의지하지 않습니다; 어느 것 하나도 의지하지 않습니다"라고 설하셨습니다.

자기 내부와 외부에 있는 모든 법 중 어느 하나를 애착하고 좋아하는 갈애라는 것도 의지처 하나, 그 법들을 '나, 너, 영혼이 있는 실체, 죽지 않고 무너지지 않고 항상 머물고 있는 실체, 죽고 나서 아무것도 남기지 않고 사라지는 실체'라고 잘못 생각하여 집착하는 사견도 의지처 하나, 이러한 두 가지 의지처가 없는 이라는 뜻입니다. 이것은 아라한을 말합니다. 아라한들은 모든 물질·정신 형성법들이 무상·고·무아라는 성품을 사실대로 알고 있기 때문에 어떠한 물질과 정신도 항상하다고, 행복하다고, 자아라고, 중생이라고, 나라고 집착하여 의지하지 않는다는 뜻입니다.[293]

뒤의 두 구절에서는 "yassa그에게는; 아라한에게는 bhavāya vā존재에 대해서나; 존재사견bhavadiṭṭhi이라는 상주견sassatadiṭṭhi에 대해서나 vibhavāya vā비존재에 대해서나; 비존재사견vibhavadiṭṭhi이라는 단멸견ucchedadiṭṭhi에 대해서나 taṇhā갈애가; 애착하는 갈애가 na vijjati드러나지 않습니다; 없습니다"라고 설하셨습니다.

범부는 '나 혹은 남이라고 부르는 영혼이나 실체나 중생이 죽거나 무너짐이 없이 항상 머물고 있다. 물질인 몸의 무더기는 죽으면 없어지지만 영혼이나 자아는 없어지지 않는다. 다른 곳, 다른 생으로 건너가 머문다. 절대로 무너질 수 없다'라고 집착하기도 합니다. 이러한 견해를 '존재사견bhavadiṭṭhi'이라고 부릅니다. '상주견sassatadiṭṭhi'이라고도 부릅니다.

'죽은 뒤에는 아무것도 없다. 완전히 사라진다. 생이 끊긴다'라고 집착하기도 합니다. 이것을 '비존재사견vibhavadiṭṭhi', '단멸견ucchedadiṭṭhi'이라고 합니다.

범부들은 이 두 가지 사견 중 어느 하나를 좋아합니다. 아라한들은

293 ㉻위빳사나 수행의 목적은 갈애와 사견으로 의지해서 집착하지 않도록 하는 것이다. 나의 것이라고 의지해서 갈애로 집착하지 않도록, '나'라거나 '자아'라고 의지해서 사견으로 집착하지 않도록 관찰하는 것이 위빳사나다.

이러한 집착이 없습니다. 그러한 견해를 좋아하지 않습니다. 따라서 다른 생으로 다시 태어나는 것도 바라지 않습니다. 다시 태어나지 않는 것도 바라지 않습니다.[294] 그래서 아라한들을 '참적정자'라고 부릅니다.

진짜 부처님의 대답 게송 9

10 Taṁ brūmi upasantoti,
kāmesu anapekkhinaṁ;
ganthā tassa na vijjanti,
atarī so visattikaṁ.(Sn.864게)

해 석

그를 참적정자라고 부르나니
감각욕망을 넘겨보지 않는 이.
그에게는 매듭도 드러나지 않고
그는 달라붙음을 뛰어넘었네.

294 ㉻이 성품을 잘 나타내는 게송은 다음과 같다.
Nābhinandāmi maraṇaṁ, nābhinandāmi jīvitaṁ;
Kālañca paṭikaṅkhāmi, nibbisaṁ bhatako yathā.(Thag.i.258/196게)
해 석
죽음도 안 바라네, 목숨도 안 바라네.
단지 시간만을 고대하나니, 월급쟁이 월급만 고대하듯이.
대 역
Maraṇaṁ죽음을 nābhinandāmi좋아하지 않는다; 바라지 않는다. jīvitaṁ지금 현재 생에서 지내는 것도 nābhinandāmi바라지 않는다. kālañca완전열반에 들 시간만 paṭikaṅkhāmi고대한다. bhatako월급쟁이가 nibbisaṁ월급만 paṭikaṅkhati yathā고대하는 것과 마찬가지로.

대 역

Yo어떤 이는 kāmesu감각욕망을; 감각욕망대상에 대해 anapekkhinaṁ넘겨보지 않습니다; 고려함이 없습니다. taṁ그를; 그러한 모든 덕목을 구족한 아라한을 upasantoti참적정자라고 ahaṁ나는 brūmi부릅니다. tassa그에게는; 참적정자라는 아라한에게는 ganthā매듭도; 결박시키는 매듭들도 na vijjanti드러나지 않습니다; 없습니다. so그는; 아라한은 visattikaṁ달라붙음을; 달라붙어 좋아하는 갈애를 atarī뛰어넘었습니다.

첫째 구절과 둘째 구절의 의미는 분명합니다.

셋째 구절에서 "tassa그에게는; 참적정자라는 아라한에게는 ganthā매듭도; 결박시키는 매듭들도 na vijjanti드러나지 않습니다; 없습니다"라고 설하셨습니다.

줄의 한쪽 끝을 다른 줄과 묶어서 이어놓으면 줄은 끊기지 않고 길어집니다. 두 번째 줄의 끝에 다시 세 번째 줄을 묶고, 그 끝에 네 번째 줄을 묶는 식으로 계속해서 묶어주면 줄은 끝이 없이 이어집니다. 그처럼 한 생과 다음 생을 다시 묶어서 이어주는 갈애와 사견을 'gantha 매듭'이라고 부릅니다. 범부는 이 매듭이라는 법들이 계속 묶어서 이어주기 때문에 생의 윤회에서 끊임없이 헤맵니다. 수다원은 최대 일곱 생, 사다함은 두 생, 아나함은 색계·무색계의 한 생에서만 윤회하면 됩니다. 아라한은 새로운 생으로 이어주는 매듭이 전혀 없습니다.

마지막에 "so그는; 아라한은 visattikaṁ달라붙음을; 달라붙어 좋아하는 갈애를 atarī뛰어넘었습니다"라는 구절은 그 의미가 분명합니다.

진짜 부처님의 대답 게송 10

11 Na tassa puttā pasavo,
khettaṁ vatthuñca vijjati;
attā vāpi nirattā vā,
na tasmiṁ upalabbhati.(Sn.865게)

해 석

그에게는 자식도 또한 가축도
밭도 경작지도 드러나지 않는다네.
자아도 또한 자아없음도
그에게는 결코 얻어지지 않는다네.

대 역

Tassa그에게는; 참적정자라는 아라한에게는 puttā ca자식도, pasavo ca가축도; 들소, 소, 말, 코끼리, 염소, 닭, 돼지 등의 생명 있는 재산인 중생들도, khettaṁ ca밭도, vatthuṁ ca경작지도 na vijjati드러나지 않습니다; 없습니다. tasmiṁ그에게는; 아라한에게는 attā vāpi자아도; 자아사견도, nirattā vā자아없음도; 단멸견도 na upalabbhati얻어지지 않습니다.

앞의 두 구절에서 "tassa그에게는; 참적정자라는 아라한에게는 puttā ca자식도, pasavo ca가축도; 들소, 소, 말, 코끼리, 염소, 닭, 돼지 등의 생명 있는 재산인 중생들도, khettaṁ ca밭도, vatthuṁ ca경작지도 na vijjati드러나지 않습니다; 없습니다"라고 설하셨습니다. 아라한이 되기 전에 아들딸이 있었다 하더라도 아라한이 되고 나면 자식들과 관련한 애착이나 소유가 전혀 없다는 뜻입니다.[295]

뒤의 두 구절에서는 "tasmiṁ그에게는; 아라한에게는 attā vāpi자아도; 자아사견도, nirattā vā자아없음도; 단멸견도 na upalabbhati얻어지지 않습니다"라고 설하셨습니다. 자아사견과 단멸견이라는 사견 두 종류가 없다는 뜻입니다. 앞에서도 언급했지만 'attā 자아', 'nirattā 자아없음'이라는 단어로 설명해야 이해하는 이들을 위해 다시 설하신 것입니다.

진짜 부처님의 대답 게송 11

12 Yena naṁ vajjuṁ puthujjanā,
atho samaṇabrāhmaṇā;
taṁ tassa apurakkhataṁ,
tasmā vādesu nejati.(Sn.866게)

295 ㉠두 아들의 아버지인 소레야Soreyya 장자는 목욕을 마친 마하깟짜야나 존자의 깨끗한 몸을 보고 '장로가 나의 아내가 됐으면. 아니면 나의 아내가 장로와 같은 깨끗한 몸을 가졌으면'이라고 생각했다. 그 때문에 즉시 여성으로 몸이 바뀌었다. 여인이 된 장자는 다른 곳으로 도망쳐 그곳에서 다른 남자와 결혼해 다시 두 아들을 낳았다. 나중에 친구의 도움으로 마하깟짜야나 존자에게 참회하자 즉시 남자로 다시 몸이 바뀌었다. 경각심이 생겨난 소레야 장자는 출가한 뒤 열심히 수행해서 아라한이 됐다. 평소 도반들이 "아버지였을 때 아들들과 어머니였을 때 아들들 중 누가 더 애정이 갑니까?"라고 물었을 때 "어머니였을 때의 아들들이 더 애정이 갑니다"라고 대답했다. 하지만 아라한이 된 뒤에는 같은 질문에 대해서 "아무에게도 애정이 가지 않습니다"라고 대답했다.(Dhp.43게 일화) 『법구경 이야기』 제1권, pp.499~505 참조.

해 석

범부들이 비난할 어떤 것
그리고 사문과 바라문이 비난할
그러한 것, 그는 앞세우지 않나니
그래서 여러 말에 동요하지 않는다네.

대 역

Puthujjanā범부들이나; 지혜가 없는 많은 천신과 인간들이나 atho그 밖에 samaṇabrāhmaṇā사문과 바라문들이; 지혜가 있는 사문과 바라문들이 naṁ그를; 그 사람을 yena어떠한 것으로; 애착 등의 허물들로 vajjuṁ비난하는데; '애착하는 이, 화내는 이'라고 비난하는데, taṁ그것을; 그렇게 비난할 수 있는 원인인 애착 등의 허물들을 tassa그는; 참적정자인 아라한은[296] apurakkhataṁ앞세우지 않습니다; 앞서서 행하지 않습니다. tasmā그래서 《so그 아라한은》 vādesu여러 말에; 비난하는 여러 말에 nejati동요하지 않습니다.

처음 세 구절에서 "범부들이 비난할 어떤 것/ 그리고 사문과 바라문이 비난할/ 그러한 것, 그는 앞세우지 않나니"라고[297] 설하셨습니다. 범부나 수련자들은 탐욕 등이 시키는 일을 여전히 행합니다. 그래서 이들에게는 탐욕 등이 마치 앞서서 길을 안내하는 지도자나 우두머리가 부추기는 것처럼 생겨납니다. 그 탐욕 등의 지도자나 우두머리가 있

296 소유격으로 '그에게는'이라고 해석해야 하지만 주격을 나타내는 표현이라 저본을 따랐다.
297 대부분의 내용이 중복돼 대역이 아니라 해석으로 표현했다.

기 때문에 범부나 수련자들에게는 탐욕이 생겨날 때도 있습니다. 성냄이 생겨날 때도 있습니다. 실제로 생겨나지는 않더라도 잠재된 것으로 anusaya 조건이 형성되면 언제라도 생겨날 준비가 되어 있습니다. 그래서 범부와 수련자들에 대해 '애착하고 좋아한다', '성을 낸다' 등으로 비난할 수 있습니다. 하지만 아라한들은 탐욕 등을 우두머리나 지도자로 삼는 일이 결코 없습니다. 그래서 '탐욕 등으로 애착한다', '성냄 때문에 화를 낸다' 등으로 비난받을 여지가 전혀 없습니다.

나머지 구절은 의미가 분명합니다.[298]

진짜 부처님의 대답 게송 12

13 Vītagedho amaccharī,
na ussesu vadate muni;
na samesu na omesu,
kappaṁ neti akappiyo.(Sn.867게)

해 석

갈망도 다했고 인색도 없으며
성인은 우월한 이에 대해 말하지 않는다네,

298 ⓗ마지막에 "《so그 아라한은》 vādesu여러 말에; 비난하는 여러 말에 nejati동요하지 않습니다"라고 설하셨다. 이렇게 동요하지 않는 성품은 아라한에게 분명하다. 이득과 이득없음, 명성과 명성없음, 칭송과 비난, 행복과 괴로움이라는 세상법 여덟 가지에 전혀 동요하지 않는다. 범부들은 좋은 세상법과 만나면 지나치게 좋아하면서 격앙되고, 나쁜 세상법과 만나면 지나치게 슬퍼하면서 낙담한다.

동등한 이에 대해서도 열등한 이에 대해서도.
짓지 않아 짓는 것에 빠지지 않는다네.

대 역

So muni그 성인은; 그 성자인 아라한은 vītagedho갈망도 다했습니다. amaccharī인색함도 없습니다. ussesu우월한 이에 대해; 자기보다 나은 이에 대해 na vadate말하지 않습니다; 비교하여 말하지 않습니다. na (vadate) samesu동등한 이에 대해서도 말하지 않습니다; 비교하여 말하지 않습니다. na (vadate) omesu열등한 이에 대해서도 말하지 않습니다; 비교하여 말하지 않습니다. akappiyo짓지 않아; 짓는 일이 없어; 갈애와 사견으로 생각을 짓는 일이 없어 kappaṁ짓는 것에; 갈애와 사견으로 생각을 짓는 것에 neti=na eti빠지지 않습니다; 도달하지 않습니다.

"갈망도 다했고 인색도 없으며"라는 첫째 구절의 의미는 분명합니다.

둘째 구절에서 "ussesu우월한 이에 대해; 자기보다 나은 이에 대해 na vadate말하지 않습니다; 비교하여 말하지 않습니다"라고 설하셨습니다. 법랍에서든, 교학의 덕목에서든, 대중에서든 자기보다 나은 이들에 대해 '내가 더 낫다'라고 더 높은 수준인 듯 말하는 것, '나도 그 정도이다'라고 같은 수준인 듯 말하는 것, 또는 '나는 저 사람보다 열등하다'라고 낮은 수준이라고 함부로 말하는 성품도 없다는 뜻입니다. 이어지는 두 구절도 의미는 같습니다.

마지막 넷째 구절에서 "akappiyo짓지 않아; 짓는 일이 없어; 갈애와 사견으로 생각을 짓는 일이 없어 kappaṁ짓는 것에; 갈애와 사견으로 생각을 짓는 것에 neti=na eti빠지지 않습니다; 도달하지 않습니다"라고 설하셨습니다. 바라고 좋아하는 것들을 바라고 좋아하여 생각하는 것을 '갈애로 생각을 짓는다'라고 합니다.[299] '물질이 자아다. 아는 성품인 마음이 자아다'라고 생각하는 것을 '사견으로 생각을 짓는다'라고 합니다. 이 두 종류의 생각지음이 없다는 뜻입니다.

진짜 부처님의 대답 게송 13

14 Yassa loke sakaṁ natthi,
asatā ca na socati;
dhammesu ca na gacchati,
sa ve santoti vuccati.(Sn.868게)

해 석

그에게는 세상에서 자기 것이 없으며
없다고 또한 슬퍼하지 않는다네.
모든 법에 이끌리지 않나니
그야말로 참으로 적정자라고 불린다네.

대 역

Yassa그에게는; 지금까지 말한 아라한에게는 loke세상에서 sakaṁ자기 것이; 나의 것이라고 애착하고 소유할 만한 자

299 'kappeti 행하다, 생각하다', 'kappa 사고, 상상', 'kappiya 상상된' 등의 용례를 참고해서, 또한 시적 허용을 고려해서 '만들고 구성하다'는 뜻을 지닌 '짓다'라는 표현을 사용했다.

기 재산이라는 것이 natthi없습니다. asatā ca없다고 또한 na socati슬퍼하지 않습니다. dhammesu ca법들에 대해서도; 물질·정신 형성법들에 대해서도; 물질·정신 형성법들 때문에도 na gacchati이끌리지 않습니다; 도달하지 않아야 할 곳에 도달하지 않습니다; 행하지 않아야 할 것을 행하지 않습니다. sa그야말로; 지금까지 말한 덕목들을 모두 구족한 아라한이야말로 ve참으로 santoti적정자라고; 번뇌의 불이 모두 적멸해 적정한 이라고 vuccati불립니다.

첫째 구절에서 "yassa그에게는; 지금까지 말한 아라한에게는 loke세상에서 sakaṁ자기 것이; 나의 것이라고 애착하고 소유할 만한 자기 재산이라는 것이 natthi없습니다"라고 설하셨습니다. 자기 내부나 외부 어느 것 하나도 '나의 재산'이라거나 '나의 눈' 등으로 애착하여 소유하는 일이 없습니다. 애착하여 소유하는 갈애와 사견이 전혀 없다는 뜻입니다.

둘째 구절에서 "asatā ca없다고 또한 na socati슬퍼하지 않습니다"라고 설하셨습니다. 어떠한 것을 얻을 수 없다고 걱정하지 않고, 얻은 것이 무너지고 없어져도 걱정하거나 슬퍼하지 않는다는 뜻입니다.

셋째 구절에서 "dhammesu ca법들에 대해서도; 물질·정신 형성법들에 대해서도; 물질·정신 형성법들 때문에도 na gacchati이끌리지 않습니다; 도달하지 않아야 할 곳에 도달하지 않습니다; 행하지 않아야 할 것을 행하지 않습니다"라고 설하셨습니다. 세상에서 재가자·출가자·남자·여자라고 부르는 존재들, 옷·쌀·금·은·집·절 등으로 부르는 사용품들, 이러한 모든 것은 수행의 지혜로 보면 물질·정신 형성법들일 뿐입니다. 이러한 물질·정신 형성법들을 '나', '너', '나의 재산' 등으로 부르고 있습니다. 따라서 나를 위해서든 남을 위해서든, 음식이나 물건 등 어느 하나 때문에 말하고 행동하는 것은 단지 물질·정신 형성법들을 위해 말하고 행동하는 것일 뿐입니다. 그것을 여기에서 'dhammesu 법에 대해서, 법을 위해서, 법 때문에; 나, 너, 물건, 재산 등으로 부르는 물질·정신 형성법들을 위해서'라고 말했습니다.

「뿌라베다숫따」는 지혜가 예리한 '깨달음기질'인 이들을 위해 설한 법문이기 때문에 심오한 표현이 많습니다. 범부들은 물질·정신 형성법들일 뿐인 나를 위해서든, 남을 위해서든, 얻은 것들을 위해서든 행해서는 안 될 것을 행합니다. 가깝거나 사랑하는 이를 위해서든, 얻은 것들을 위해서든 바람직하지 않은 것들을 행합니다. 이것은 가지 않아야 할 곳에 가는 '바람 잘못따름chanda agati'입니다. 싫어해서도 바람직하지 않은 것들을 행합니다. 이것은 '성냄 잘못따름dosa agati'입니다. 두려워해서도 바람직하지 않은 것들을 행합니다. 이것은 '두려움 잘못따름 bhaya agati'입니다. 몰라서도 바람직하지 않은 것들을 행합니다. 이것은 '어리석음 잘못따름moha agati'입니다.

아라한에게는 이러한 네 가지 잘못따름agati, 잘못된 길을 따라가서 바람직하지 않은 것들을 행하거나 말하는 것이 전혀 없습니다.[300] 그리고 자만이나 사견 등 다른 불선업들 때문에도 바람직하지 않은 것들을 행하거나 말하거나 생각하는 것이 전혀 없습니다. 그래서 "dhammesu ca법들에 대해서도; 물질·정신 형성법들에 대해서도; 물질·정신 형성

300 ⓗ실제로는 수다원만 돼도 적당한 만큼 네 가지 잘못따름에 따라서 잘못을 행하지 않는다. 잘못따름뿐만 아니라 자만과 사견 등 다른 불선법들 때문에도 바람직하지 않은 것들을 행하거나 말하지 않는다.

법들 때문에도 na gacchati이끌리지 않습니다; 도달하지 않아야 할 곳에 도달하지 않습니다; 행하지 않아야 할 것을 행하지 않습니다. sa그야말로; 지금까지 말한 덕목들을 모두 구족한 아라한이야말로 ve참으로 santoti적정자라고; 번뇌의 불이 모두 적멸해 적정한 이라고 vuccati불립니다"라고 설하셨습니다.

「뿌라베다숫따」는 이 게송으로 끝납니다. 「뿌라베다숫따」에는 질문이 한 게송, 대답이 열세 게송으로 모두 열네 게송이 있습니다.

질문은 "어찌보고 실천해 적정하다 표현해", "어떤 계 등의 실천, 어떤 지견 등의 통찰지를 구족해야 적정한 이라고 부릅니까?"라는 뜻입니다.

그 질문에 대한 대답이 열세 게송입니다. 첫 번째 대답 게송으로도 대답은 충분합니다. 하지만 부처님께서는 당시 법문을 듣던 천신과 범천들의 성향을 일일이 살피신 뒤 각각에 적당한 열세 개의 대답 게송으로 거듭 설하셨습니다. 열세 게송 중 첫 번째 대답 게송이 적당한 천신과 범천들은 첫 번째 대답 게송을 듣고 도와 과라는 특별한 법들을 증득했습니다. 두 번째 대답 게송이 적당한 천신과 범천들은 두 번째 대답 게송을 듣고 도와 과라는 특별한 법들을 증득했습니다. 이렇게 「뿌라베다숫따」라는 한 경을 듣고 도와 과라는 특별한 법을 얻은 천신과 범천들은 매우 많았습니다. 아라한이 된 천신과 범천들만 1조에 이르렀고, 수다원이나 사다함, 아나함이 된 천신과 범천들은 헤아릴 수 없었습니다.

본승도 이 마하시 사사나 수행센터에 포살일마다 와서 법문을 듣는 여러 출가자와 재가자의 근기를 보고 부처님께서 설해 놓으신 이 게송들을 미얀마 요약게송으로 만들어 법문하면 좋겠다고 생각해서 처음 다섯 게송을 자세하게 설명했습니다. 나머지 여덟 게송은 그 비중이 적어 간략하게만 설명했습니다.

이제 『뿌라베다숫따 법문』을 듣고 있는 여러분도 바라밀의 요소가 무르익었을 때 도와 과라는 특별한 법들을 얻을 수 있습니다. 지금 즉시 법을 얻지 못하더라도 바라밀의 씨앗은 확실하게 심어 놓은 것입니다. 법문을 마치겠습니다.

이 『뿌라베다숫따(죽기 전에 경) 법문』을 정성스럽게 경청한
청법선업 의도의 공덕으로
지금 법문을 듣는 대중들 모두가
이 가르침에서 설한 참적정자의 덕목들을
갖추기 위해 실천하고 노력해서
위빳사나 지혜들과 성스러운 도의 지혜들을 차례대로 향상시키기를.
그리하여 모든 괴로움이 완전히 사라진
열반의 행복을
도의 지혜와 과의 지혜로
빠르고 편안하게 실현하기를.

사두, 사두, 사두.

『뿌라베다숫따 법문』 제3장이 끝났습니다.
『뿌라베다숫따 법문』이 끝났습니다.

부록

부록 1

역자의 주석

마하시 사야도의 『뿌라베다숫따 법문』을 한국마하시 우 소다나 사야도께서 집중수행 법문으로 여러 번 강의하셨습니다. 한국마하시 사야도께서 중간중간 본문과 관련해서 보충하신 내용과 설명이 필요한 내용을 역자의 주석으로 덧붙였습니다.

「뿌라베다숫따」의 배경

본서 pp.23~26에 부처님께서 「뿌라베다숫따」를 설하신 배경을 간략하게 소개했습니다. 그 배경에 대해 조금 더 자세하게 설명하겠습니다.

부처님께서 네 번째 안거 후 제따와나 정사에 머물고 계셨을 때 사꺄족과 꼴리야족 사이에 큰 싸움이 일어났습니다. 사꺄족은 부처님의 부친의 종족이고 꼴리야족은 부처님의 모친의 종족입니다. 원래 두 종족은 같은 시조始祖로 서로 혼인할 만큼 친밀했습니다.

두 나라 사이에는 로히니Rohiṇī라는 작은 강이 흐르고 있었는데, 비가 잘 내리지 않는 음력 5월이 되자 농사지을 물이 부족해졌습니다. 처음에는 농부들끼리 서로 물을 차지하기 위해 다툼을 벌였지만 다툼이 점차 커지면서 나중에는 서로 자존심을 건드리며 비난까지 하게 됐습니다. 물 때문에 시작된 농부들 간의 싸움은 대신과 왕족들에게도 알려졌고, 결국 두 종족이 군대까지 동원하면서 전쟁 직전의 상황으로까지 커져 버렸습니다.

그 사실을 아신 부처님께서 홀로 로히니 강으로 가셨습니다. 부처님께서는 두 종족의 군대가 강 양쪽에 모여 있는 것을 보시고 강 중간으로 날아올라 가부좌를 하고 앉으셨습니다. 그러고는 신통으로 먼저 검푸른 광명을 펴 주위를 어둡게 만드신 후 다시 몸에서 육색광명을 내뿜으셨습니다.

사꺄족과 꼴리야족 사람들은 그 모습을 보면서 마음이 한결 누그러져 들고 있던 무기를 내려놓고 부처님께 예경을 올렸습니다. 그러자 부처님께서 근처 모래 위로 내려와 두 종족의 왕족들을 불러 물으셨습니다.

"무슨 일 때문에 싸우려고 하는가?"

"물 때문입니다."

"이 강물은 얼마나 가치가 있는가?"

"매우 작습니다."

"왕족이라는 혈통은 얼마나 가치가 있는가?"

"값을 매길 수 없을 정도로 가치가 큽니다."

"왜 가치가 없는 물 때문에 매우 큰 가치를 지닌 왕족의 혈통을 무너뜨리려 하는가?"

부처님께서는 이렇게 물보다 가치가 매우 큰 왕족이라는 혈통을 무너뜨리면 안 된다고 훈계하신 뒤 화합과 관련된 여러 법문을 설하셨습니다.(Dhp.197게~199게 일화)[301]

---

301 『법구경 이야기』 제3권, pp.19~22 참조.

먼저 「판다나자따까Phandanajātaka」를 설하셨습니다.

판다나phandana라는 나무 아래 곰이 잠을 자고 있었는데 바람이 불어 나뭇가지가 곰의 등위로 떨어졌습니다. 곰은 놀라서 일단 도망쳤다가 나중에 다음과 같이 숙고했습니다.

'근처에 새도 날아다니지 않는다. 사자나 호랑이도 없다. 나를 이렇게 놀라게 한 것은 분명히 판다나 나무에 살고 있는 목신일 것이다. 내가 자기 나무 밑에서 쉬는 것을 원치 않아서 그런 것이다.'

이렇게 오해한 곰은 그 나무를 때리면서 '언젠가는 그대의 나무를 무너뜨리겠다'라고 원한을 품었습니다. 기회를 엿보던 곰은 어느 날 한 목수가 도끼를 들고 오는 것을 보고 물었습니다.

"무슨 일로 이 숲을 다닙니까? 어떤 나무를 베려 합니까?"

"수레바퀴의 테로 쓸 목재를 찾고 있다네."

"수레바퀴의 테로는 판다나 나무가 제일 좋습니다."

"판다나 나무란 어떤 나무인가?"

"바로 지금 제가 서 있는 이 나무입니다."

목수는 그 나무를 베기 시작했습니다. 그러자 목신은 '나는 아무런 잘못이 없는데 나의 궁전을 파괴한다. 나도 가만히 있지 않겠다'라고 생각해서 나무꾼으로 변신한 뒤 목수에게 물었습니다.

"이 나무를 잘라서 무엇을 만들려고 합니까?"

"수레바퀴의 테를 만들려고 합니다."

"그 테에는 곰 가죽을 두르면 더욱 튼튼할 것입니다."

"곰 가죽은 어디서 구할 수 있습니까?"

"방금 이 나무를 알려준 곰에게 가십시오. 그리고 그 곰에게 어디를 잘라야 할지 알려달라고 하십시오. 그러면 그 곰은 의심 없이 입을 쭈

뻣 내밀면서 어딘가를 가리킬 것입니다. 그때 그 곰을 죽인 뒤 가죽을 벗기면 됩니다."

목수는 목신의 말을 듣고 곰도 죽이고 나무도 베어 그곳을 떠났습니다.(J475)[302] 이것은 원한 때문에 양쪽 모두 파멸에 이른 이야기입니다. 부처님께서는 싸우지 말고 화합하라며 먼저 이 일화를 설하셨습니다.

두 번째로 「둣두바자따까Duddubhajātaka」를 설하셨습니다.

한 토끼가 종려나무 잎사귀 아래 누워 '땅이 무너지면 어디로 도망쳐야 하는가?'라고 생각하던 중 벨루와beluva 열매가 떨어졌습니다. 그 소리에 '땅이 무너진다'라고 생각하고는 놀라서 도망쳤습니다. 그러자 다른 토끼들을 비롯해 사슴, 멧돼지, 코끼리 등도 덩달아 도망치기 시작했습니다. 그때 보살이었던 사자가 그 상황을 잘 살핀 후 땅이 무너지는 것이 아니라 열매가 떨어진 것일 뿐이라고 밝혀서 모두의 목숨을 구했습니다.(J322)[303] 이렇게 왕들이나 장군들이 자세한 사정을 묻지 않고 함부로 판단하면 안 된다고 설하셨습니다.

세 번째로 「라뚜끼까자따까Laṭukikajātaka」를 설하셨습니다.

암종달새가 코끼리들이 다니는 길에 알들을 낳았습니다. 그리고 새끼들이 갓 부화해서 아직 날지 못할 때 코끼리 무리가 그곳을 지나가게 됐습니다. 암종달새는 코끼리의 우두머리에게 예경을 올리며 죽이지 말아 달라고 청했습니다. 보살이었던 코끼리 우두머리는 자신이 새끼들 위에 서서 보호하면서 코끼리들을 지나가게 했습니다. 하지만 뒤에 홀로 오던 코끼리는 그 요청을 무시하고 새끼들을 모두 발로 짓밟고 오

302 『자타카전서』, pp.1811~1814 참조.

303 『자타카전서』, pp.1423~1425 참조.

줌을 뿌린 뒤 떠나갔습니다.

암종달새는 '몸의 힘보다 지혜의 힘이 더욱더 크다는 사실을 알게 하리라'라고 다짐하면서 먼저 까마귀, 쇠파리, 개구리와 친분을 쌓았습니다. 그런 후 어느 날 암종달새는 지난 사정을 말하면서 그들에게 도움을 요청했습니다. 그 요청에 따라 먼저 까마귀가 코끼리의 두 눈을 부리로 쪼았습니다. 쇠파리는 상처 난 눈에 애벌레를 낳았습니다. 애벌레가 눈을 파먹자 코끼리는 고통스러워하며 갈증을 해소할 물을 찾아 돌아다녔습니다. 그때 개구리가 산꼭대기에서 개골개골 울었습니다. 코끼리는 '저곳에 물이 있을 것이다'라고 생각해 산꼭대기로 올라갔습니다. 그러자 이번에는 절벽 아래에서 개구리가 울었습니다. 그 소리에 코끼리는 절벽으로 다가가다가 아래로 떨어져 죽었습니다.(J357)[304] 이와 같이 약자도 힘을 합치면 강자를 이길 수 있기 때문에 절대로 힘이 약하다고 무시해서는 안 된다고, 절대 원한을 맺지 말라고 설하셨습니다.

네 번째로 「룩카담마자따까Rukkhadhammajātaka」를 설하셨습니다.

보살이었던 목신을 비롯한 일부 목신은 보살의 권유에 따라 나무들이 무성한 숲속에 자신들의 궁전을 택했습니다. 다른 목신들은 이익이나 명성을 기대하면서 나무들이 별로 없는, 사람들이 다니는 길 근처의 빈터에 궁전을 택했습니다. 어느 날 큰 폭풍우가 몰아치자 숲속의 나무들은 서로가 보호막이 되어 무사했지만 빈터의 나무들은 모두 뿌리째 뽑혔습니다.(J74)[305] 이렇게 서로 보호하고 화합해야 한다고 설하

304 『자타카전서』, pp.1477~1479 참조.

305 『자타카전서』, pp.1010~1011 참조.

셨습니다.

다섯 번째로 「왓따까자따까Vaṭṭakajātaka」를[306] 설하셨습니다.

보살이 메추리 무리의 왕으로 지낼 때였습니다. 한 사냥꾼이 그 메추리들을 계속 잡아서 생계를 꾸렸습니다. 보살 메추리는 "저 새 사냥꾼이 우리의 친지를 멸망시킨다. 잡히지 않도록 수단을 강구해야 한다. 지금부터 그가 우리에게 그물을 던지면 나의 신호에 맞춰 한꺼번에 그물을 들어 날아올라 멀리 떨어진 가시덤불에 던져버리자"라고 말했습니다. 보살 메추리의 말대로 하자 메추리들은 더 이상 잡히지 않았습니다. 메추리를 잡지 못한 사냥꾼에게 아내는 "다른 부양해야 할 사람이 있는가 봐요"라고 화를 냈습니다. 사냥꾼은 "나에게 다른 사람은 없소. 지금은 그들이 화합해서 내가 친 그물에서 빠져나갔지만 나중에 다툴 때 기회가 있을 것이오"라고 대답했습니다.

며칠 뒤 한 메추리가 무심코 다른 메추리의 머리 위로 내려앉았습니다. 아래쪽에 있던 메추리는 "누가 내 머리를 쳤는가?"라고 화를 냈습니다. 내려앉은 메추리는 고의가 아니라고 말했지만 밟힌 메추리는 계속 화를 냈고, 결국 싸움이 일어났습니다. 보살은 그 모습을 보고 화합이 무너진 곳에서 안녕이라는 것은 없다고 판단하고 자신을 따르던 대중을 이끌고 그 무리를 떠나버렸습니다. 며칠 뒤 사냥꾼이 그물을 치자 메추리들은 "네가 들어 올려라. 네가 들어 올려라" 하며 서로 싸웠습니다. 이렇게 메추리들이 싸우는 동안 사냥꾼은 그들을 모두 잡아서 아내를 기쁘게 했습니다.(J33)[307] 이와 같이 다툼은 파멸의 뿌리라고 설하셨

306 PTS본 제목은 「삼모다마나자따까Sammodamānajātaka」이다.

307 『자타카전서』, pp.931~932 참조.

습니다.

이렇게 다섯 가지 본생담을 설한 후 마지막으로 부처님께서는 「앗따단다숫따Attadaṇḍasutta(자기처벌경)」를 설하셨습니다.(Sn.942게~961게)[308] 자신의 악행이라는 허물에서 위험이 생겨나기 때문에 다툼이 생겨나지 않도록 몸과 마음을 잘 다스려야 한다는 내용이었습니다.

부처님의 설법을 듣고 자신들의 어리석음을 깨달은 사꺄족과 꼴리야족은 성냄의 불이 꺼져 무기를 내려놓고 그 자리에서 참회하고 화합했습니다. 이후 두 종족에서 각각 250명씩 모두 500명의 왕자가 출가했습니다. "부처님의 도움으로 파멸을 피했으니 직접 부처님을 모셔야 한다"라는 두 종족 어른들의 결정이었습니다. 하지만 그렇게 출가한 비구들은 자발적으로 출가한 것이 아니었고 집에 두고 온 아내도 생각나 출가 생활이 즐겁지 않았습니다.

부처님께서는 그 마음을 아시고 비구들을 히말라야의 꾸날라Kuṇāla 호수로 신통을 통해 데려가서 여인들의 허물을 밝히면서 「꾸날라자따까Kuṇālajātaka」(J536)를[309] 설하셨고, 그 설법 끝에 비구 500명은 모두 수다원이 됐습니다. 부처님께서 꾸날라 호수에서 까삘라왓투 근처 마하와나 숲으로 돌아오실 때는 수다원 비구 500명이 모두 각자 자신의 신통으로 돌아왔습니다. 그리고 마하와나 숲에서 계속 수행해서 비구 500명은 모두 아라한이 됐습니다.[310]

308 전재성 역주, 『숫타니파타』, pp.451~455 참조.

309 『자타카전서』, pp.2250~2280 참조.

310 이어지는 내용은 본서 서문 pp.23~26 참조.

이간책을 사용한 일화

본서 p.89에 마호사다가 이간책을 사용한 내용을 언급했습니다. 이와 관련해서 부처님 당시 웨살리 성을 함락시키기 위해 아자따삿뚜 왕이 사용한 이간책을 소개하겠습니다.

아자따삿뚜 왕은 먼저 왓지 국과 전쟁을 하려는 것처럼 선포했습니다. 그때 왓사까라Vassakāra 바라문은 반대하는 척했습니다. 아자따삿뚜 왕은 왓사까라 바라문을 추방시켰습니다. 이것은 모두 미리 계획된 작전이었습니다.

추방된 왓사까라 바라문은 왓지 국으로 갔고, 그곳에서 자신의 유능함을 인정받아 법무대신 겸 릿차위 왕자들을 가르치는 스승이 됐습니다. 어느 정도 위치가 확고해지자 왓사까라 바라문은 이간책을 구체적으로 실행하기 시작했습니다. 어느 날 왓사까라는 한 왕자를 은밀히 부른 후 사소한 것에 대해 물어보았습니다.

"왕자께서 거느리는 젊은이들은 경작을 합니까?"

"예, 그들은 경작을 합니다."

"그들은 소를 부리기도 합니까?"

"예, 그들은 그런 일도 합니다."

둘의 대화는 이뿐이었습니다. 하지만 그들이 대화하는 것을 다른 왕자가 보게 됐고, 그 왕자에게 둘 사이에 무슨 말이 오갔는지 물었습니다. 질문을 받은 왕자는 사실대로 대답했지만 질문을 한 왕자는 믿지 못했습니다. 이렇게 두 왕자의 사이가 멀어졌습니다.

왓사까라는 계속해서 반찬과 관련된 대화, 상대방이 궁핍하다는 대화, 겁쟁이라는 대화 등으로 왕자들이 서로 믿지 못하도록 이간했습니다. 이렇게 해서 서로 화합하던 왕족들이 완전히 갈라섰을 때 왓사까라 바라문은 아자따삿뚜 왕에게 웨살리를 침공하라는 전갈을 보냈습니다.

아자따삿뚜 왕의 군대가 웨살리로 향하고 있다는 소식에도 이미 사이가 갈라져버린 웨살리에는 병력이 모이지 않았고 결국 아자따삿뚜 왕에게 함락당하고 말았습니다.(DA.ii.111~112)[311]

성냄을 토대로 선업을 행한 일화

본서 p.94에 성냄을 토대로 선업을 행할 수도 있다고 설명했습니다. 이 내용은 「꾸사자따까Kusajātaka」 일화를 통해 알 수 있습니다. 형과 형수, 시동생이 한집에 살고 있었습니다. 어느 날 시동생이 땔감을 구하러 숲으로 갔을 때 형수가 과자를 구워서 시동생 몫은 남겨두고 가족들과 나눠 먹었습니다. 그때 마침 벽지불 한 분이 그 집에 탁발을 나오셨습니다. 위의를 갖춘 벽지불의 모습에 큰 믿음이 생겨난 형수는 '도련님에게는 다시 과자를 구워 주면 되겠지'라고 생각하고 시동생 몫을 벽지불에게 올렸습니다.

그런데 그때 시동생이 숲에서 돌아왔습니다. 형수는 "도련님, 기분 나쁘게 생각하지 마세요. 도련님 몫을 존자께 보시했습니다"라고 말했습니다. 하지만 시동생은 "자기들 몫은 다 먹어버리고 내 몫을 보시하다니. 나는 무엇을 먹는단 말인가"라고 화를 내며 벽지불을 쫓아가 발우에서 과자를 빼앗았습니다. 형수는 '존자의 발우에 이미 들어간 보시

311 『大佛傳經』 제9권, pp.24~27 참조.

물을 다시 빼앗다니'라고 화를 내며[312] 친정으로 가서 새로 정제된 버터를 가져다가 벽지불의 발우에 담아 드렸습니다. 그러자 발우에서 빛이 났습니다. 형수는 그것을 보고 "존자님, 이 보시 공덕으로 태어나는 곳마다 저의 몸에서 빛이 나기를. 최상의 아름다움을 지니기를. 저 못된 남자와는 한곳에 살지 않기를"이라고 서원했습니다. 시동생 또한 자기가 빼앗았던 과자를 다시 벽지불의 발우에 담아 드리면서 "존자님, 이 공덕으로 형수가 100요자나 떨어진 곳에 살더라도 데려와서 나의 아내로 삼을 수 있기를"이라고 서원했습니다.

시간이 흘러 형수는 서원에 따라 용모가 매우 아름다운 빠바와띠Pabhāvatī 공주로 태어났습니다. 시동생은 빠바와띠 공주가 사는 곳에서 100요자나 떨어진 나라에 꾸사Kusa 왕자로 태어났습니다. 꾸사 왕자는 용모가 매우 추하게 태어났는데 과거에 화를 내며 벽지불의 음식을 빼앗았기 때문이었습니다. 빠바와띠 공주와 100요자나 멀리 떨어져 태어난 것은 당시 형수의 서원 때문이었습니다.

꾸사 왕은 모후의 도움으로 빠바와띠 공주와 결혼했지만 공주는 왕의 외모에 실망해 본국으로 돌아갔습니다. 이에 꾸사 왕은 공주의 나라로 가서 온갖 고난을 겪으며 마음을 얻으려 애썼습니다. 그러던 중 이웃 나라들이 공주를 데려가려 쳐들어왔고 꾸사 왕이 나서서 적들을 물리쳐 마침내 공주를 다시 데려왔습니다. 예전에 시동생이었을 때 서원한 대로 100요자나 정도로 멀리 떨어져 있었지만 아내로 데려 올 수 있게 된 것입니다.(J531)[313]

여기에서 중요한 것은 보시한 음식을 다시 빼앗는 시동생의 행동에 마음이 상했지만 그 성냄을 바탕으로 다시 보시를 했다는 사실입니다.

312 화를 냈다는 내용은 원문에는 없다.

313 『자타카전서』, pp.2165~2172 참조.

미친 사람 여덟 종류

본서 p.104 주110에서 화를 내는 사람은 미친 사람 여덟 종류 중 한 사람에 포함된다고 설명했습니다. 이와 관련해서 미친 사람 여덟 종류는 다음과 같습니다.(JA.iii.228)

①감각욕망으로 미친 자kāmummattaka는 탐욕lobha이 원하는 대로 따라갑니다.

②화로 미친 자kodhummattaka는 성냄dosa이 원하는 대로 따라갑니다.

③사견으로 미친 자diṭṭhummattaka는 전도vipallāsa가 원하는 대로 따라갑니다. 여기서 '전도'란 무상하고 괴로움이고 무아이고 더러운 법을 항상하고 행복하고 자아이고 깨끗한 법이라고 마음과 인식과 견해가 왜곡된 성품입니다.[314]

④어리석음으로 미친 자mohummattaka는 무지aññāṇa가 원하는 대로 따라갑니다.

⑤야차 때문에 미친 자yakkhummattaka는 야차에 홀려서 야차yakkha가 원하는 대로 따라갑니다.

⑥담즙으로 미친 자pittummattaka는 담즙pitta이 무너져서 아귀peta가 원하는 대로 따라갑니다.

⑦술로 미친 자surummattaka는 술pāna이 원하는 대로 따라갑니다.

⑧상실로 미친 자byasanummattaka는 슬픔soka이 원하는 대로 따라갑니다.

314 전도에 대해서는『아비담마 강설 1』, pp.95~100 참조.

마하시와 장로의 일화

본서 pp.116~117에 자기가 바라는 대로 행복하지 않고 괴로운 일만 겪으면 '나는 업이 좋지 않다. 과보가 저열하다'라고 생각해 의기소침해진다고 설명했습니다. 이것은 마하시와 장로의 일화를 통해 살펴볼 수 있습니다.

마하시와Mahāsiva 장로는 18개 종파의 스님들에게 경전을 강의하는 대강백이었습니다. 장로의 가르침에 따라 아라한이 된 스님들이 무려 3만 명에 이르렀습니다. 그분들 중 한 스님이 자신의 공덕을 반조하고 나서 '나의 공덕이 한계를 헤아릴 수 없이 많구나. 나의 스승께서는 공덕이 얼마나 되실까?'라고 반조했습니다. 그때 스승께서 아직 범부인 것을 알고는 '오, 나의 스승께서는 다른 이의 의지처는 되실지언정 당신 자신의 의지처는 아직 되지 못하셨구나. 스승님에게 가르침을 드려야겠다'라고 생각하고서 즉시 하늘을 날아서 마하시와 장로의 거처로 갔습니다. 스님은 절 근처에 다다르자 하늘에서 내려와 스승에게 가까이 다가가서 축원법문을 배우길 원한다고 청했습니다. 마하시와 장로는 그럴 만한 시간이 없다고 대답했습니다. 제자 비구가 탁발을 준비하는 동안, 혹은 가사를 고쳐 입는 동안에라도 배우겠다고 청했지만, 장로는 그 시간에도 질문하는 제자들이 있어서 안 된다고 했습니다.

그러자 그 제자가 "오, 스님! 세수하고 방에 들어가 잠자리가 따뜻해질 때까지 잠시 앉아서 수행할 정도의 시간은 있어야 되지 않겠습니까? 지금처럼 계속 생활한다면 죽을 시간도 없지 않겠습니까? 스님은 등받이가 있는 의자와 같습니다. 남의 의지처는 될지언정 자기 스스로의 의지처는 될 수 없습니다. 스님의 축원법문은 필요하지 않습니다"

라고 말하고는 하늘로 날아올라 떠나갔습니다.

그때 장로는 '이 제자가 나에게 온 것은 법문을 배우려고 온 것이 아니다. 나에게 경각심을 일깨워 주려고 온 것이다'라고 알고서 다음 날 아침 일찍 발우와 가사 등을 지니고 수행하기 위해 절을 나섰습니다. '나 정도면 아라한과를 증득하기에 그리 어렵지 않을 것이다. 이틀이나 사흘 정도면 아라한이 되어서 돌아올 수 있을 것이다'라고 생각하고는 제자들에게도 알리지 않고 마을 근처 숲에서 지내며 음력 6월[315] 상현의 13일부터 수행에 들어갔습니다. 하지만 보름날이 되어도 특별한 법을 얻지 못했습니다. 장로는 '오, 이틀이나 사흘이면 아라한과를 증득할 거라 기대하고서 왔는데 아직 증득하지 못했구나. 어쩔 수 없지. 이 안거 3개월을 3일처럼 생각하고 수행하자. 안거가 끝나는 해제날이 되면 증득할 수 있겠지'라고 생각하고는 결제에 들어가 다시 수행했습니다. 하지만 해제날이 돼서도 도와 과를 증득하지 못했습니다.

장로는 다시 생각했습니다.

'오, 이틀이나 사흘이면 다 끝날 거라 생각하고 왔건만 석 달이 지나도 아직 성취되지 않았구나. 안거를 마친 다른 많은 대중은 아라한으로서 자자pavāraṇā·自恣를 행할 텐데.'

이렇게 생각하며 마하시와 장로는 눈물을 흘렸습니다. 이후 장로는 '잠자리에 들기 전에 발을 씻어야 하고, 기대거나 눕는 일도 많아서 도와 과를 증득하지 못했던 것이다'라고 생각하고는 침대를 치워버렸습니다. 그때부터 장로는 앉고, 서고, 가는 이 세 가지 자세로만 수행하며 지냈습니다. 그렇게 29년 동안 수행했지만 역시 도와 과를 증득하

315 안거를 시작하는 달이다.

지 못했습니다. 그리고 29년간 자자를 행하는 날마다 눈물을 흘렸습니다. 30년째 자자날이 됐어도 도와 과를 여전히 얻지 못하자 장로는 다음과 같이 생각했습니다.

'오! 내가 수행한 지 어언 30년이나 지났다. 하지만 아직까지도 아라한과를 증득하지 못했다. 맞구나. 나는 이번 생에서는 도와 과를 증득하지 못하는 이로구나. 다른 대중들과 아라한으로서 자자를 행하지 못하는구나!'

이렇게 생각하자 매우 격렬한 슬픔이 생겨나 마하시와 장로는 또다시 눈물을 흘렸습니다. 그때 근처에 있던 한 천녀가 경각심을 일깨워 주려고 멀지도 가깝지도 않은 곳에 울면서 서 있었습니다.

"이보시오. 누가 거기에서 울고 있소?"라고 장로가 물었습니다.

"저는 천녀입니다, 장로님."

"무엇 때문에 울고 있소?"

"장로께서 울고 있는 것을 보고서 '우는 것으로도 도와 과를 증득할 수 있구나'라고 생각해 도와 과를 두 개나 세 개 얻을 요량으로 울고 있습니다, 장로님."

천녀의 대답을 들은 장로는 정신을 번쩍 차리고 스스로에게 다음과 같이 훈계했습니다.

'오! 마하시와여! 보아라! 천녀도 그대를 놀리고 있지 않은가? 그대의 이런 행동이 그대에게 여법한가?'

마하시와 장로는 이렇게 숙고하고서 슬픔을 제거하고 위빳사나 수행을 차례대로 닦아 나가 아라한과에 이르렀습니다.

여기서 주의해야 할 내용이 있습니다. 마하시와 장로가 오랜 기간 수행을 해야만 한 것은 원래 바라밀이 적거나 지혜가 둔해서가 아니었습니다. '경전지식이 많아서 자세한 방법으로 사유했기 때문'입니다. 그리고 본문에 "자기가 바라는 대로 행복하지 않고 괴로운 일만 겪으면 '나는 업이 좋지 않다. 과보가 저열하다'라고 생각해 의기소침해집니다"라는 내용이 나오는데 마하시와 장로의 경우처럼 수행을 실천하다가 진전이 되지 않아 생겨나는 정신적 괴로움은 의지할 만한 근심이라고 알아야 합니다.

마하시와 장로는 그때까지 30년 내내 걷고 앉고 서 있는 자세로만 수행하고 다리를 씻지 않았습니다. 그래서 탁발을 나가는 마을의 아이들이 맹세를 할 때 '내 말이 거짓이면 내 다리가 마하시와 장로 다리처럼 될 것이다'라고 말할 정도로 장로의 다리는 먼지와 때로 뒤범벅이 된 채 매우 더러웠습니다. 아라한이 된 장로는 조금 휴식을 취하러 침상에 올라가기 위해 다리를 씻으려고 앉았습니다. 그때 제자 3만 명이 '오! 우리 스승님께서 드디어 아라한이 되셨다'라고 알고 즉시 신통으로 날아와서 "스승님, 다리를 직접 씻지 마십시오. 저희들이 씻겨드리겠습니다"라며 장로를 둘러쌌습니다. 장로는 스스로 씻겠다며 거절했습니다. 그때 제석천왕도 수자따 천왕비를 데리고 즉시 그곳으로 내려왔습니다. 스님 3만 명이 장로를 빼곡히 둘러싸고 있어서 제석천왕은 장로께 다가갈 수 없었습니다. 제석천왕은 사실 일부러 수자따 천왕비를 데리고 간 것입니다. 제석천왕은 "여인이 들어갑니다, 여인이 들어갑니다"라고 말하며 수자따 천왕비를 앞세웠습니다. 제자들이 자리를 비키자 제석천왕은 장로께 다가가 "제가 씻겨 드리겠습니다"라고 말했습니다. 장로는 "그럴 필요 없습니다. 천신들은 100요자나 밖의 사람 냄새도 고약해서 매우 견디기 힘들다고 들었습니다. 내가 스스로 씻겠습니다"라고 거절했습니다.

하지만 제석천왕은 거듭 "제가 씻겨드리겠습니다"라고 말하면서 왼손으로 잡고 오른손으로 씻겨드렸습니다. 그러자 30년 동안 한 번도 씻지 않아 매우 더러웠던 발이 즉시 갓난아이의 발처럼 부드럽고 뽀얗게 선홍색으로 변했습니다.(DA.ii.319~322)

밍군 제따완 사야도의 일화

본서 p.117에 어떤 것이든 그것을 갖추지 못했어도 낙담하지 말아야 하고, 만일 낙담한다면 관찰해서 제거해야 한다고 설명했습니다. 이 내용과 관련해서 마하시 사야도의 수행 스승이었던 밍군 제따완 사야도의 일화를 소개하겠습니다.

훗날 밍군 제따완 사야도로 불릴 우 나라다 스님은 교학에 능통해서 35세 즈음부터 밍군이라는 곳에서 200~300명 되는 학인들에게 교학을 가르쳤습니다. 그러다가 새로 개원한 강원에 강주로 가게 됐습니다. 처음에는 학인들이나 신도들이 모두 좋아했습니다. 하지만 기존의 사미나 젊은 비구들이 스님의 말을 듣지 않고 말썽을 피우는 등 방해를 많이 했습니다.

학인들이 말을 듣지 않자 '여기서는 계속 지내지 못하겠구나. 떠나야 되겠구나. 그렇다고 지금 떠나면 신도들이 "우 나라다 스님은 교학은 잘 가르쳐도 제자들을 잘 단속하지는 못하는구나. 강원을 잘 운영하지는 못하는구나"라고 말하겠지' 등으로 낙담한 채 방 안에서 가사를 덮고 울었습니다. 대중을 갖추지 못해 낙담한 것입니다.

스님은 마음껏 울고 난 뒤 눈물을 닦고 '이 근심과 슬픔에서 벗어나게 하는 부처님의 가르침이 있을 것이다'라고 생각한 뒤 여러 경을 이리저리 찾다가 「마하사띠빳타나숫따」에 나오는 "ekayano ayaṁ, bhikkhave, maggo … sokaparidevānaṁ samatikkamāya, dukkhadomanassānaṁ atthaṅgamāya … yadidaṁ cattāro satipaṭṭhānā. 비구들이여, 이것은 … 슬픔과 비탄의 극복을 위한, 고통과 근심의 소멸을 위한 하나뿐인 길, 도이니 그것은 바로 네 가지 새김확립이다"라는(D.ii.231/D22) 내용을 접했습니다. 스님은 '바로 이것이다. 이것이 바로 내가 바라던 것이다'라고 기뻐하면서 다시 기운을 회복했습니다. 그 후 학인들에게 양해를 구하고 밍군으로 잠시 돌아갔다가 수행 가르침을 받기 위해 알레 또야 사야도를 찾아갔습니다.

알레 또야 사야도는 "교학은 무슨 목적으로 공부하는가?"라고 물었습니다.

"열반을 얻기 위해서입니다."

"열반을 얻으려면 'bhūtaṁ bhūtato passati. 존재하는 것을 존재하는 그대로 본다'라는(It.224/It2:22) 가르침대로 실제로 분명히 존재하는 것을 실제로 존재하는 그대로 관찰하기만 하면 되네."

스님은 이 가르침을 듣고 강원을 떠나 수행을 시작했다고 합니다. 이렇게 훗날 밍군 제따완 사야도로 불릴 우 나라다 스님은 세상의 여러 풍파를 만났을 때 낙담하고 실망했지만 다시 의욕을 일으켜서 수행을 계속했습니다. 그 수행법이 마하시 사야도로 이어지면서 지금까지 많은 수행자에게 큰 이익을 주고 있는 것입니다. 이처럼 병이나 재산 손실 등 원치 않는 어떤 일 때문에 낙담하거나 실망하더라도 빠르게 관찰해서 제거하고 계속 수행을 이어나가야 합니다.

뽓틸라 장로의 일화

본서 p.122에서 아라한들에게 팔 비행과 발 비행이 없다는 내용을 설명했습니다. 이렇게 되려면 다섯 문에서의 속행이 고요해야 합니다. 이 내용과 관련해서 부처님 당시 뽓틸라Poṭṭhila 장로의 일화를 소개하겠습니다.

부처님 당시 뽓틸라 장로는 과거 여섯 부처님 재세시마다 비구로서 삼장을 수지하여 경전을 가르쳤던 대강백이었습니다. 고따마 부처님 당시에도 역시 경전을 가르치고 있었습니다. 하지만 수행은 하지 않았습니다. 그래서 부처님께서는 뽓틸라 장로를 볼 때마다 주의를 주기 위해 "아무 쓸모없는tuccha 뽓틸라여, 왔느냐. 아무 쓸모없는 뽓틸라여, 가느냐"라고 'tuccha 아무 쓸모없는'이라는 표현을 붙여서 부르셨습니다.

그러자 뽓틸라 장로는 '부처님께서 나에게 쓸모없는 뽓틸라라고 말씀하시는 것은 수행을 하지 않아 도와 과라는 특별한 법을 얻지 못해서일 것이다'라고 경각심을 일으켜 멀리 120요자나 밖에 있는 숲속의 한 정사로 갔습니다.

그곳에는 아라한 비구 30명이 지내고 있었습니다. 뽓틸라 장로는 제일 법랍이 높은 큰스님께 수행주제를 청했습니다. 하지만 큰스님은 두 번째 장로에게 부탁하라고 보내 버렸습니다. 두 번째 장로도 세 번째 장로에게 보냈고, 그렇게 보내다가 마지막에는 일곱 살짜리 아라한 사미에게까지 이르렀습니다.

이렇게 미룬 데는 이유가 있었습니다. 경전에 해박하다는 자만이 수행을 방해할 것이라고 알고 그 자만을 누그러뜨리기 위해서였습니다.

그새 자만이 많이 누그러진 뽓틸라 장로는 사미에게 합장하고 공손하게 서서 수행주제를 청했습니다.

어린 사미는 "오, 스님, 저는 어리기도 어리고 경전지식도 적습니다. 제가 오히려 스님께 배워야지요"라며 거절했습니다. 그래도 뽓틸라 장로가 다시 청하자 "가르치는 대로 잘 따르면 수행주제를 드리겠습니다"라고 말했습니다. 장로는 "무엇이든 따르겠습니다. 불구덩이 속에 뛰어들라고 해도 뛰어들겠습니다"라고 장담했습니다. 사미는 한번 시험해 보려고 "그렇다면 저 연못 속으로 들어가 보십시오"라고 말하며 인근 연못을 가리켰습니다. 당시 장로는 매우 값비싼 가사를 입고 있었습니다. 하지만 아랑곳하지 않고 바로 연못 속으로 들어갔습니다. 가사 끝자락이 약간 젖을 정도로 들어갔을 때 사미가 "돌아오세요"라고 말했고, 그 한마디에 장로는 바로 다시 올라왔습니다. 그때 사미가 아래와 같이 수행주제를 주었습니다.

"스님, 여섯 개의 구멍이 난 개미언덕이 있다고 합시다. 그 개미언덕에 들락거리는 도마뱀을 잡으려면 다섯 구멍을 막아버리고 나머지 한 구멍에서만 기다려서 잡아야 합니다. 그와 마찬가지로 여섯 문에서 여섯 대상이 드러나더라도 다섯 문을 닫아버리고 마음의 문, 그 하나에서만 [수행의] 일을 해야 합니다."

뽓틸라 장로는 주석서와 함께 삼장을 수지한 이였기 때문에 그 정도 수행방법을 듣는 것만으로도 마치 암흑 속에 빛이 밝혀지듯 분명하게 이해했습니다. 그리고 적당한 장소에 가서 그 방법대로 위빳사나 수행에 노력하고 있을 때 부처님께서 120요자나 멀리 떨어진 곳에서 광명을 비추시며 당신을 드러내시고 나서 아래의 게송을 설하셨습니다.

Yogā ve jāyate bhūrī[316], ayogā bhūrisaṅkhayo;

Etaṁ dvedhāpathaṁ ñatvā, bhavāya vibhavāya ca;

Tathāttānaṁ niveseyya, yathā bhūrī[317] pavaḍḍhati.(Dhp.282게)

해 석

참으로 수행에서 지혜가 생겨나고

수행하지 않으면 지혜가 무너지네.

향상과 또한 향상없음 위한 것인

이러한 두 갈림길 잘 알고 나서

지혜가 늘어나고 깊어지도록

그렇게 자신을 머물게 하라.

대 역

Yogā수행 때문에; 수행에 노력하기 때문에 bhūrī지혜가 ve jāyate참으로 생겨난다. ayogā수행없음 때문에; 수행에 노력하지 않기 때문에 bhūrisaṅkhayo hoti지혜가 무너진다. bhavāya ca향상과; 지혜의 향상과 vibhavāya ca향상없음을 위해; 지혜의 무너짐을 위해 pavattaṁ생겨나는 etaṁ dvedhāpathaṁ 그 두 갈림길을 ñatvā잘 알고서 yathā nivesiyamāne어떻게 자신을 머물게 하면 bhūrī지혜가; 위빳사나 지혜와 도의 지혜가 pavaḍḍhati커지는데 tathā그렇게 attānaṁ자신을 niveseyya머물게 하라.

316 제6차 결집본에는 "jāyatī bhūri"라고 표현했으나 출처인 『*Vipassanā Shunikyan*』 제1권, p.326에 따라 "jāyate bhūrī"라고 표현했다.

317 제6차 결집본에는 "bhūri"라고 표현했으나 출처인 『*Vipassanā Shunikyan*』 제1권, p.326에 따라 "bhūrī"라고 표현했다.

이 게송을 듣고 뽓틸라 장로는 아라한이 되었다고 『담마빠다 주석서』에서 설명했습니다.(DhpA.ii.262~264)[318]

이 일화에서 '다섯 문을 닫는다'는 것은 단지 보지 않고 듣지 않는 방법으로 닫는다는 뜻이 아닙니다. 대상이 드러났을 때 관찰해서 이어지는 속행들이 없게 하는 것을 말합니다.[319] 그렇게 계속 관찰하다가 새김·삼매·지혜의 힘이 무르익었을 때 형성평온의 지혜에 도달합니다. 그때는 눈문과 관련해서 망상이 일어나지 않습니다. 나머지 다섯 문과 관련해서도 망상이 일어나지 않습니다. 어떤 번뇌도 일어나지 않습니다. 부풂과 꺼짐을 기본 대상으로 관찰한다면 매우 미세한 부풂과 꺼짐만 관찰하다가 드디어는 아는 성품만 맘문에서 생겨나고 사라지는 것으로 분명합니다.

그 성품을 〈안다, 안다〉라고 계속 관찰해 나가면서 수행이 진행되고 물러나기를 거듭하다가 완전히 수행이 무르익었을 때 훽, 하고 한 번도 경험해 본 적이 없는 성품에 도달합니다.

비유하자면 항해하는 배의 까마귀와 같습니다. 과거에는 망원경이 없어서 해변에 가까이 왔는지 알아보기 위해 까마귀 한 마리를 항상 데리고 다녔습니다. 까마귀를 한 방향으로 날려 보냈을 때 다시 돌아오면 아직 해변이 멀리 있는 것으로 알았습니다. 반면 까마귀가 다시 돌아오지 않으면 해변이 가까이 있는 것으로 알았습니다.

그와 마찬가지로 다섯 문에서 드러난 대상을 따라 잘 관찰하다가 드디어 맘문에서만 관찰이 이어질 때 수행의 힘이 강해지면 나아가다가 힘

318 『법구경 이야기』 제3권, pp.193~196 참조.
319 『위빳사나 수행방법론』 제1권, pp.409~410 참조.

이 약해지면 다시 물러서기를 반복합니다. 그러다가 어느 순간 힘을 완전히 갖추면 여세를 몰아 훽, 하고 한 번도 경험해 보지 못한 대상으로 넘어갑니다.(Vis.ii.295)[320]

비행기의 이륙과 같다고도 설명할 수 있습니다. 비행기가 이륙할 때 처음에는 활주로까지 천천히 나아갑니다. 그리고 이륙을 준비할 때 처음에는 서서히 나아가다가 점점 속도가 빨라져서 이륙할 정도의 속도에 이르면 훽, 하고 단박에 날아오릅니다. 그와 마찬가지로 열심히 관찰해서 맘문에서만 계속 여세를 몰아서 지혜가 생겨나고 있을 때는 대상도 매우 빠르게 생깁니다. 관찰하는 마음도 매우 빠르게 생깁니다. 매우 가속이 붙어서 관찰이 진행되기 때문에 가끔씩 어떤 수행자는 '내가 어떻게 되는 것은 아닌가'라고 걱정하기도 합니다. 그러면 그 미세한 걱정 때문에 수행의 힘이 바로 떨어집니다. 그렇게 향상되고 물러나기를 거듭하다가 어느 순간 힘이 완전히 구족됐을 때 비행기가 이륙하듯이 여세를 몰아 훽, 하고 한 번도 경험해 보지 못한 대상으로 넘어갑니다.

무상·고·무아 게송

본서 pp.134~137에 무상·고·무아의 성품을 아는 모습이 나옵니다. 이 내용과 관련해서 마하시 사야도의 무상·고·무아 요약게송을 소개하겠습니다.

320 『청정도론』 제3권, p.312 참조.

무상

무상anicca과 무상특성aniccalakkhaṇa과 무상 거듭관찰aniccānupassanā을 알아야 합니다. 이 내용을 요약게송으로 다음과 같이 표현할 수 있습니다. 그리고 관찰할 때마다 무상하다고 아는 수행자를 무상 거듭관찰자aniccānupassī라고 합니다.

무상한법 알아야해 무상특성 알아야해
무상하다 거듭관찰 세가지를 알아야해
(가) 생멸모든 물질정신 무더기가 무상한법
(나) 생겨나서 사라지는 특성바로 무상특성
(다) 관찰할때 소멸함을 알고보고 경험하여
무상하다 아는것이 무상거듭 관찰지혜
(라) 관찰마다 무상하다 아는이가 무상거듭 관찰자

괴로움

괴로움dukkha과 괴로움특성dukkhalakkhaṇa과 괴로움 거듭관찰dukkhānupassanā을 알아야 합니다. 그리고 관찰할 때마다 괴로움이라고 아는 수행자를 괴로움 거듭관찰자dukkhānupassī라고 합니다.

괴로움법 알아야해 고통특성 알아야해
괴로움의 거듭관찰 세가지를 알아야해
(가) 생멸핍박 물질정신 무더기가 괴로움법
(나) 생성소멸 핍박하는 특성바로 고통특성
(다) 관찰할때 핍박함을 알고보고 경험하여
괴롭다고 아는것이 고통거듭 관찰지혜
(라) 관찰마다 괴롭다고 아는이가 고통거듭 관찰자

무아

무아anatta와 무아특성anattalakkhaṇa과 무아 거듭관찰anattānupassanā을 알아야 합니다. 그리고 관찰할 때마다 무아라고 아는 수행자를 무아 거듭관찰자anattānupassī라고 합니다.

무아인법 알아야해 무아특성 알아야해
무아라고 거듭관찰 세가지를 알아야해
(가) 생멸본성 물질정신 무더기가 무아인법
(나) 마음대로 되지않는 특성바로 무아특성
(다) 관찰할때 마음대로 되지않음 경험하여
무아라고 아는것이 무아거듭 관찰지혜
(라) 관찰마다 무아라고 아는이가 무아거듭 관찰자[321]

시끄럽게 해서 부처님께 쫓겨난 일화

본서 p.141에 적당한 말과 관련해서 혼자서 고요히 지내는 한거를 언급했습니다. 그런데 사리뿟따 존자와 마하목갈라나 존자의 제자들이 그렇게 고요히 지내지 않고 시끄럽게 해서 부처님께 쫓겨난 일화를 소개하겠습니다.

부처님께서 짜뚜마Cātuma의 아말라끼 숲에서 조용하게 지내실 때였습니다. 사리뿟따 존자와 마하목갈라나 존자를 비롯한 비구 500명이 부처님을 친견하러 찾아왔습니다. 새로 도착한 비구들은 이미 거주

321 『아낫딸락카나숫따 법문』, pp.385~386 참조.

하고 있던 비구들과 함께 서로 담소를 나누고, 잠자리와 좌구를 준비하고, 발우와 가사를 정리하면서 큰 소리로 시끄럽게 떠들었습니다.

그러자 세존께서는 아난다 존자를 불러 "누가 이렇게 큰 소리로 시끄럽게 떠드는가? 꼭 어부가 물고기를 끌어 올릴 때와 같구나"라고 말씀하셨습니다. 아난다 존자에게 전후 사정을 들으신 부처님께서는 방문한 비구들을 모두 불러서 큰 소리로 떠든 것을 지적하신 뒤 내쫓으셨습니다.

쫓겨난 비구들이 지나가는 것을 짜뚜마에 사는 사꺄족들이 보고서 자초지종을 물었습니다. 연유를 알게 된 짜뚜마의 사꺄족들은 부처님께 가서 비구들을 다시 섭수해 주시도록 청했습니다. 사함빠띠 범천도 부처님께 가서 비구들을 다시 섭수해 주시도록 간청했습니다. 그래서 부처님께서 이들 비구에 대해 신뢰를 회복하셨고, 다시 돌아온 비구들에게 출가자에게 예상되는 네 가지 두려움에 대한 설법을 하셨습니다.(M67)[322]

거침 아홉 가지

본서 pp.157~159에서 거침에 대해 설명했습니다. 이와 관련해서 초대 쉐진 사야도가 설명한 '거침 아홉 가지'를 소개하겠습니다.

첫째, 음식의 거침입니다. 입에 음식을 많이 넣고 말하는 것, 혼자서만 맛있는 음식을 많이 먹는 것, 손으로 먹을 때 손가락을 핥으며 먹는

322 「Cātumasutta(짜뚜마 경)」. 대림스님 옮김, 『맛지마 니까야』 제2권, pp.673~684 참조.

것 등이 해당됩니다.

둘째, 잠의 거침입니다. 큰 소리로 코를 골면서 잠을 자는 것, 정리되지 않은 상태로 함부로 자는 것 등이 해당됩니다.

셋째, 걷는 것의 거침입니다. 쿵쿵 큰 소리를 내면서 걷는 것이 해당됩니다.

넷째, 앉는 것의 거침입니다. 몸을 잘 간수하지 않고 함부로 앉는 것이 해당됩니다. 특히 미얀마에서는 여성이 어른이나 공경해야 할 사람 앞에서 쪼그리고 앉는 것을 매우 거칠다고 말합니다. 이와 관련된 일화가 있습니다. 한 가족이 식사가 준비돼 식탁 주위에 둘러앉았습니다. 그런데 막내딸이 쪼그리고 앉아 있었습니다. 아버지는 막내딸만 지적하면 상처를 입을까 염려해서 "우리 모두 일어나서 자리를 다시 정돈한 다음 앉읍시다"라고 말했습니다. 그러자 막내딸이 "아버지, 저도 포함되나요?"라고 물었습니다. 아버지는 "너 때문에 지금 이렇게 하는 것이다"라고 말했다고 합니다.

다섯째, 마음기울임의 거침입니다. 이것은 본문에 설명한 마음의 거침과 같습니다. 마음을 잘 간수하지 못하고 적당하지 않은 것들을 함부로 생각하는 것입니다. 세간의 측면으로는 그렇지 않은데도 자신을 다른 이와 재산이나 가문 등에서 같은 수준으로 생각하는 것, 법의 측면으로는 그렇지 않은데도 자신을 다른 이와 계나 교학, 수행 등에서 같은 수준으로 생각하는 것입니다.

여섯째, 몸의 거침입니다. 이것도 본문에서 설명했습니다. 출가자들과 관련해서 공손하게 대해야 하는 스님에 대해 불경하게 부딪치면서 가는 것, 바로 앞에 멈추어 서거나 앉는 것, 앞서가는 것 등을 말합니다.

일곱째, 웃음의 거침입니다. 웃을 때 너무 큰 소리로 웃거나 입속을 다 드러내고 웃는 것 등을 말합니다.

여덟째, 말의 거침입니다. 이것도 본문에서 설명했습니다. 공손하게 대해야 하는 스님에게 예의 없이 말하는 것, 승가가 모였을 때 장로의 허락 없이 끼어들어 말하는 것, 말하기에 적당하지 않은 것들을 대중들 사이에서 말하는 것을 말합니다.

아홉째, 훈계의 거침입니다. 욕을 하거나 때리는 등 적당하지 않은 방법으로 훈계하는 것을 말합니다.

이러한 아홉 가지 거침을 제거해야 합니다. 이것을 "아홉거침 제거해"라고 요약게송으로 표현했습니다.

그리고 "아홉거침 제거해"라는 구절과 대구인 "다섯크게 삼가야"라는 내용도 소개하겠습니다. 다섯 가지 크게 하는 것을 삼가야 한다는 뜻입니다.

첫째, 크게 웃는 것을 삼가야 합니다. 둘째, 크게 재채기하는 것을 삼가야 합니다. 셋째, 크게 트림하는 것을 삼가야 합니다. 넷째, 크게 말하는 것을 삼가야 합니다. 다섯째, 크게 하품하는 것을 삼가야 합니다.

아홉거침 제거해 다섯크게 삼가야

친한 두 비구 사이를 이간한 천녀

본서 p.162에서 이간하면 안 된다는 내용을 설명했습니다. 이와 관련해서 깟사빠 부처님 당시 친한 두 비구 사이를 이간한 천녀 일화를 소개하겠습니다.

깟사빠 부처님 당시 형제처럼 가깝게 지내던 두 비구가 있었습니다. 어느 날 한 도리천 천녀에게 그 두 비구를 갈라서게 하고 싶은 생각이 들었습니다. 깟사빠 부처님 당시에는 여섯 달에 한 번씩 포살을 했는데 마침 포살일이 되어 두 스님이 포살을 하러 포살당으로 가는 중이었습니다. 도중에 한 비구가 볼일을 보기 위해 덤불 속으로 들어가자 천녀도 여인의 모습으로 변신한 뒤 그 뒤를 따라 들어갔습니다. 그리고 비구가 나올 때 한 손으로는 머리카락 묶음을 잡고 한 손으로는 옷을 고쳐 입는 시늉을 하며 비구 뒤에 바짝 붙어서 따라 나왔습니다.

덤불로 들어간 비구에게는 천녀가 보이지 않았지만, 밖에서 기다리던 동료 비구에게는 그 모습이 확실히 보였습니다. 동료 비구가 알아보자 천녀는 즉시 사라졌습니다. 동료 비구는 도반에게 "그대의 계는 무너졌네"라고 말했습니다. 도반 비구는 부인했지만 동료 비구는 계속 파계를 주장했고 결국 먼저 포살당으로 가서 비구의 파계 사실을 대중에게 알리면서 같이 포살을 할 수 없다고 주장했습니다. 그제야 천녀는 잘못을 깨닫고 공중에 모습을 드러낸 후 자신이 일부로 그렇게 꾸민 것이라고 밝히면서 같이 포살을 하라고 말했습니다. 오해가 풀려 두 비구는 같이 포살을 했지만 전처럼 가깝게 지내지는 못했습니다.

이간하는 행위를 한 천녀는 천상의 수명이 다한 뒤 무간지옥에 태어나 계속해서[323] 고통을 받다가 고따마 부처님 당시에 사왓티에 남자로 태어났습니다. 그는 성년이 된 뒤 출가했는데 출가한 날부터 여

323 깟사빠 부처님 때부터 고따마 부처님께서 출현하시기 전까지의 기간을 말한다.

인의 환영이 항상 뒤를 따라다녔습니다. 그래서 그 비구를 꾼다다나 Kuṇḍadhāna[324]라고 불렀습니다. 여인이 계속 뒤따르는 모습을 본 다른 비구들이 진상을 조사해 달라고 빠세나디 왕에게 부탁했습니다. 왕이 꾼다다나 존자의 처소에 갔을 때 밖에서는 여인이 보였지만 처소 안에서는 보이지 않는 것을 보고 환영이라고 확신했습니다. 그리고 여인이 따라다니는 모습으로 탁발을 나가기가 어려운 상황을 생각해서 항상 왕궁으로 와서 공양 등 필수품을 받도록 청했습니다.

꾼다다나 존자가 왕에게 후원까지 받자 마음이 불편한 비구들은 꾼다다나 존자에게 몰려가 "파계자여" 등으로 거친 말을 했고, 꾼다다나 존자도 "그대들이 파계자다" 등으로 거친 말로 반박했습니다. 결국 부처님께서 그 사실을 아시고 꾼다다나 존자를 불러 사실을 확인한 뒤 과거의 불선업을 설명해 주셨습니다. 그리고 거친 말을 하면 안 된다는 의미의 게송을 설해 주셨고 게송의 끝에 꾼다다나 존자는 아라한이 됐습니다. 이후 뒤따르던 여인의 모습도 완전히 사라졌습니다.(Dhp.133게, 134게 일화)[325]

이간하는 행위를 하면 지옥에 태어나고 사람으로 태어나도 친한 이들과 계속 헤어지는 과보를 받습니다. 이 의미를 "이간지옥 친한이 계속헤어져"라고 표현했습니다.

이간지옥 친한이 계속헤어져

324 'Kuṇḍa'는 여자를 잘 유혹하는 사람이라는 뜻이고 'dhāna'는 유명한 가문에서 태어나서 붙여진 이름이다.

325 『법구경 이야기』 제2권, pp.370~377 참조.

속임당한 것을 알게 되어 슬퍼한 연극단장

본서 p.197에 속임을 당했다고 슬퍼하는 내용이 나옵니다. 이와 관련된 일화를 소개하겠습니다. 부처님 당시 딸라뿌따Tālapuṭa라는 연극단장이 부처님께 와서 "많은 사람을 기쁘고 즐겁게 해 주는 배우는 빠하사Pahāsa라는[326] 행복한 천신으로 태어난다고 스승 대대로 설하는 것을 들었습니다. 이것에 대해 부처님께서는 어떻게 설하십니까"라고 여쭈었습니다. 부처님께서는 그 질문을 하지 않도록 제지하셨습니다. 하지만 연극단장은 다시 물었고, 부처님께서는 두 번째도 제지하셨습니다. 연극단장이 세 번째로 묻자 부처님께서는 다음과 같이 대답하셨습니다.

"탐욕과 성냄과 어리석음이 없어지지 않은 이들에게 배우가 탐욕과 성냄과 어리석음이 더욱 늘어나도록 보여준다. 그래서 죽은 뒤에 빠하사라는 지옥[327]에 태어난다. 공연을 하는 것으로 천상에 태어난다고 확고하게 고집하고 있으면 그 삿된 견해 때문에 지옥이나 축생 중 어느 한 곳에 태어난다."

그러자 딸라뿌따 연극단장은 통곡했습니다. 부처님께서 우는 이유를 물으시자 그는 "많은 사람을 기쁘고 즐겁게 하기 때문에 빠하사 천신으로 태어난다고 스승 대대로 오랫동안 설해져 왔습니다. 이제 그 가르침에 속았다는 것을 알았기 때문입니다"라고 대답했습니다.(S42:2)[328]

326 'pahāsa'는 활짝 웃는 웃음을 뜻한다.

327 빠하사라는 지옥이 따로 있는 것은 아니다. 무간지옥의 한 부분에 속한다. 이곳에서는 춤추고 노래하는 자들이 배우로 분장한 자를 고문한다.(SA.iii.141)

328 속임과 관련해서 『자애』, pp.289~292 참조.

살생의 과보

본서 p.207에서 사까족이 몰살당한 내용을 설명했습니다. 이와 관련해서 살생과 살생의 과보에 관한 여러 일화를 소개하겠습니다.

사까족이 몰살당한 것은 금생만을 살펴보면 이치에 맞지 않아 보입니다. 이것은 과거생의 불선업을 고려해야 합니다. 과거 어느 생에 몰살당한 사까족들은 함께 강물에 독약을 풀어 많은 물고기를 죽였습니다. 그 과보로 금생에 몰살을 당한 것입니다.(Dhp.47게 일화)[329]

또한 사까족을 몰살한 위따뚜바Viṭatūbha와 그의 군사들도 회군하다가 일부가 홍수에 휩쓸려 죽었습니다. 이때의 상황이 특이합니다. 회군하던 중 날이 어두워져 일부 군사는 강가의 모래사장에 막사를 치고 일부는 강둑에 막사를 치고 누웠습니다. 그러다가 갑자기 개미 떼가 몰려들어 강가에 막사를 친 군사들은 강둑으로 이동했고 강둑에 막사를 친 군사들은 강가의 모래사장으로 내려와 막사를 쳤습니다. 그때 갑자기 폭우가 쏟아져 강물이 불면서 위따뚜바와 함께 강가에 있던 군사들이 모두 죽었습니다. 처음에 모래사장에 막사를 쳤다가 강둑으로 옮긴 군사들은 과거생에 과보를 줄 살생업이 없었을 뿐만 아니라 금생에도 사까족을 직접 죽이지 않았던 병사들이었습니다. 한편 강둑에 막사를 쳤다가 모래사장으로 옮겨 몰살당한 군사들은 과거생에도 과보를 줄 살생업이 있었고 금생에도 사까족을 직접 죽인 병사들이었습니다.(Dhp.47게 일화)[330]

329 『법구경 이야기』 제1권, p.540 참조.
330 『법구경 이야기』 제1권, p.540 참조.

살생과 관련해서 비구들의 자살 사건을 소개하겠습니다. 부처님께서 웨살리에 머무실 때 비구 500명이 보름 안에 서로 죽이거나 죽임을 당하거나 스스로 목숨을 끊는 일이 생길 것을 미리 내다보셨습니다. 그 무리에는 범부들도 있었고 수다원, 사다함, 아나함, 아라한도 있었습니다.[331] 그중 아라한은 다음의 새로운 생이 없을 것이고 성자들도 선처에만 태어나기 때문에 문제가 없었습니다. 범부인 비구들은 죽은 뒤 사악도에도 떨어질 수 있기 때문에 그들이 사악도에서 벗어나도록, 더 나아가 수행을 통해 도와 과, 열반을 증득하도록 부처님께서는 그 비구들에게 더러움asubha 수행주제를 주셨습니다.

그 뒤 "지금부터 보름 동안은 홀로 머물기를 원하니 공양을 가져오는 한 비구를 제외하고는 누구도 가까이 오지 마라"라고 말씀하셨습니다. 죽음의 좋은 점을 찬탄해서가 아니라 업의 과보는 누구도 가로막을 수 없는데도 "몇 명의 비구가 죽었습니다" 등의 소식을 듣는 것이 아무런 이익이 없었기 때문입니다. 또한 다른 이들이 "일체지를 가졌다면서도 제자들이 서로 죽이는 것은 제지할 수 없었는가?" 등으로 비방하는 것에서도 벗어나기 위해서였습니다.

더러움 수행주제를 닦던 비구들은 몸에 대해 혐오하면서 스스로 목숨을 끊거나 서로 목숨을 끊어주거나 가짜 사문인 미갈란디까Migalaṇḍika에게 발우와 가사를 주며 목숨을 끊어달라고 청했습니다. 미갈란디까는 하루에 한 비구나 두 비구, 많게는 육십 명의 비구를 죽였습니다. 보름이 지난 뒤 부처님께서 그 사실을 들으시고 제자들에게 들숨날숨새김으로 수행주제를 바꿔 주셨습니다.

331 성자 비구들은 다른 이를 죽이거나 스스로 목숨을 끊지 않고 다른 이에 의해 죽임을 당했다.

이때 자살이나 타살로 목숨을 잃은 비구들은 과거 생에 500명의 사냥꾼으로, 숲에서 여러 무기와 그물을 이용해 사슴과 새를 죽이는 일을 평생 업으로 삼아 생계를 유지했습니다. 그 생에서 죽은 뒤 지옥에 태어나 괴로움을 당하다가 과거에 행한 어떤 선업으로 사람으로 태어나 참사람을 친견하여 모두 세존께 출가해서 비구가 됐습니다. 하지만 과거생의 불선업이 무르익어서 금생에 자살하거나 타살을 당하는 과보를 받은 것입니다.(Vin.i.86; VinA.ii.1~9)[332]

거친 말의 과보

본서 pp.210~211에서 거친 말을 삼가라는 내용을 설명했습니다. 이와 관련해서 거친 말의 과보에 관한 여러 일화를 소개하겠습니다.

고따마 부처님의 과거 생 보살은 깟사빠 부처님 당시 조띠빨라Jotipāla라는 바라문이었습니다. 그는 깟사빠 부처님께서 일주일 정도의 고행으로 깨달음을 얻었다는 소식을 듣고 의구심을 가져 "그렇게 얻기 힘든 아라한도의 지혜와 일체지를 어떻게 일주일 만에 얻겠는가? 그것은 매우 어려운 일이다"라고 말했습니다. 그때 말로 행한 불선업 때문에 마지막 생에 보살은 다른 부처님보다 긴 6년이라는 기간 동안 고행해야 했습니다.(MAṬ.ii.213)[333]

두 번째는 부처님 당시 기녀였다가 출가해서 아라한까지 된 암바빨

332 전재성 역주, 『비나야삐따까』, pp.1655~1660 참조.
333 『부처님을 만나다』, p.132 참조.

리Ambapālī 장로니의 과거 생과 관련된 일화입니다. 암바빨리 장로니는 과거 시키Sikhī 부처님 당시 교법에 출가한 비구니 스님이었습니다. 어느 날 많은 비구니 스님이 탑묘를 오른쪽으로 돌면서 예경하고 있을 때 앞서가던 한 아라한 장로니가 갑자기 기침을 해서 가래가 탑전에 떨어졌습니다. 뒤따르던 그녀는 그 가래 덩어리를 보면서 "어떤 기녀가 여기에 가래를 뱉었는가!"라고 거친 말을 내뱉었습니다. 아라한 장로니에게 거칠게 말한 그때의 구업으로 사람으로 태어날 때마다 기녀가 됐습니다. 마지막 생이 될 고따마 부처님 시대에는 웨살리 성의 왕립유원지에 있는 망고 나무 아래에서 화생으로 태어났는데 용모가 매우 아름다웠습니다. 많은 왕자가 그녀를 차지하려고 다투자 결국 판관은 그녀가 모든 이의 소유가 되도록 기녀의 신분을 부여했습니다. 마지막 생에서도 기녀가 된 것입니다. 그녀는 부처님께 믿음을 내어 망고 동산을 보시하고, 나중에 아들인 위말라꼰단냐Vimalakoṇḍañña 장로에게 가르침을 듣고 출가해서 열심히 정진하여 아라한이 됐습니다.(ThīgA.213)[334]

334 전재성 역주, 『테리가타-장로니게경』, p.444 참조.

부록 2

「뿌라베다숫따」 빠알리어와 해석

뿌라베다숫따
Purābhedasutta

나모 땃사 바가와또 아라하또 삼마삼붓닷사॥
Namo tassa bhagavato arahato sammāsambuddhassa.

질문

1 까탕닷시 까탕실로।
Kathaṁdassī kathaṁsīlo,

우빠산또띠 웃짜띠॥
upasantoti vuccati;

땅 메 고따마 빠브루히।
taṁ me gotama pabrūhi,

뿟치또 웃따망 나랑॥
pucchito uttamaṁ naraṁ.(Sn.855게)

대답

2 위따딴호 뿌라 베다।
Vītataṇho purā bhedā,

뿝바만따마닛시또॥
pubbamantamanissito;

웨맛체 누빠상케요'।
vemajjhe nupasaṅkheyyo,

땃사 낫티 뿌락카땅॥
tassa natthi purakkhataṁ.(Sn.856게)

죽기 전에 경

아라한이며 정등각자이신 거룩한 세존께 예경 올립니다.

질문

1 어떻게 보고 어떻게 행실해야

참적정자라고 불릴 수 있습니까?

으뜸인 분께 묻사오니, 고따마시여

그것을 저에게 말씀해 주십시오.

대답

2 부서지기 전에 갈애에서 떠났고

앞의 부분을 의지하지 않는다네.

중간 부분에 헤아려지지 않고

나중 부분을 내다봄이 없다네.

3 악꼬다노 아산따시 |
Akkodhano asantāsī,

아위깟티 아꾹꾸쪼 ||
avikatthī akukkuco;

만따바니 아눗다또 |
mantabhāṇī anuddhato,

사 웨 와짜야또 무니 ||
sa ve vācāyato muni.(Sn.857게)

4 니라삿띠 아나가떼 |
Nirāsatti anāgate,

아띠땅 나누소짜띠 ||
atītaṁ nānusocati;

위웨까닷시 팟세수 |
vivekadassī phassesu,

딧티수 짜 나 니야띠 ||
diṭṭhīsu ca na nīyati.(Sn.858게)

5 빠띨리노 아꾸하꼬 |
Patilīno akuhako,

아삐할루 아맛차리 ||
apihālu amaccharī;

압빠갑보 아제궂초 |
appagabbho ajeguccho,

뻬수네예″ 짜 노 유또 ||
pesuṇeyye ca no yuto.(Sn.859게)

3 화를 내지 않고 걱정하지 않으며

우쭐대지 않고 비행非行이 없다네.

고려 뒤에 말하고 들뜨지 않으며

그 성인은 참으로 말을 삼간다네.

4 미래에 대한 기대도 없고

과거를 애달파 하지도 않는다네.

접촉에서 멀리떠남을 보고

사견에도 또한 이끌리지 않는다네.

5 물러나고 또한 계략이 없으며

갈망이 없고 인색이 없다네.

거칠지 않고 혐오스럽지 않으며

이간하는 말과 관련되지 않는다네.

6 사띠예수 아낫사위 |
Sātiyesu anassāvī,

아띠마네 짜 노 유또 ||
atimāne ca no yuto;

산호 짜 빠띠바나와 |
saṇho ca paṭibhānavā,

나 삿도 나 위랏자띠 ||
na saddho na virajjati.(Sn.860게)

7 라바까먀 나 식카띠 |
Lābhakamyā na sikkhati,

알라베 짜 나 꿉빠띠 ||
alābhe ca na kuppati;

아위룻도 짜 딴하야 |
aviruddho ca taṇhāya,

라세수 나누깃자띠 ||
rasesu nānugijjhati.(Sn.861게)

8 우뻭카꼬 사다 사또 |
Upekkhako sadā sato,

나 로께 만냐떼 사망 ||
na loke maññate samaṁ;

나 위세시 나 니쩨요" |
na visesī na nīceyyo,

땃사 노 산띠 웃사다 ||
tassa no santi ussadā.(Sn.862게)

6 쾌락거리에도 빠지지 않고

오만과도 또한 관련되지 않는다네.

부드럽고 또한 영감을 갖췄고

맹신도 없고 빛바래지도 않는다네.

7 이익을 바라서 수련하는 것 아니고

이익이 없더라도 화내지 않는다네.

반대하지도 않고 갈애 때문에

음식의 맛에 탐닉하지도 않는다네.

8 항상 새김을 확립하여 평온하고

세상에서 동등하다고 생각하지 않는다네,

또는 뛰어나다거나 열등하다라고도.

그에게는 일체의 파도가 없다네.

9 얏사 닛사야나̄ 낫티 ı
Yassa nissayanā natthi,

냐뜨와̄ 담망 아닛시또 ıı
ñatvā dhammaṁ anissito;

바와̄야 위바와̄야 와̄ ı
bhavāya vibhavāya vā,

딴하̄ 얏사 나 윗자띠 ıı
taṇhā yassa na vijjati.(Sn.863게)

10 땅 브루̄미 우빠산또띠 ı
Taṁ brūmi upasantoti,

까̄메수 아나뻭키낭 ıı
kāmesu anapekkhinaṁ;

간타̄ 땃사 나 윗잔띠 ı
ganthā tassa na vijjanti,

아따리̄ 소 위삿띠깡 ıı
atarī so visattikaṁ.(Sn.864게)

11 나 땃사 뿟따̄ 빠사오 ı
Na tassa puttā pasavo,

켓땅 왓툰짜 윗자띠 ıı
khettaṁ vatthuñca vijjati;

앗따̄ 와̄삐 니랏따̄ 와̄ ı
attā vāpi nirattā vā,

나 따스밍 우빨랍바띠 ıı
na tasmiṁ upalabbhati.(Sn.865게)

9 그에게는 의지할 것 전혀 없으니
법을 알고서 의지하지 않는다네.
존재에 대해서나 비존재에 대해서
그에게는 갈애가 드러나지 않는다네.

10 그를 참적정자라고 부르나니
감각욕망을 넘겨보지 않는 이.
그에게는 매듭도 드러나지 않고
그는 달라붙음을 뛰어넘었네.

11 그에게는 자식도 또한 가축도
밭도 경작지도 드러나지 않는다네.
자아도 또한 자아없음도
그에게는 결코 얻어지지 않는다네.

12 예나 낭 왓중 뿌툿자나 |
Yena naṁ vajjuṁ puthujjanā,

아토 사마나브라흐마나 ||
atho samaṇabrāhmaṇā;

땅 땃사 아뿌락카땅 |
taṁ tassa apurakkhataṁ,

따스마 와데수 네자띠 ||
tasmā vādesu nejati.(Sn.866게)

13 위따게도 아맛차리 |
Vītagedho amaccharī,

나 웃세수 와다떼 무니 ||
na ussesu vadate muni;

나 사메수 나 오메수 |
na samesu na omesu,

깝빵 네띠 아깝삐요 ||
kappaṁ neti akappiyo.(Sn.867게)

14 얏사 로께 사깡 낫티 |
Yassa loke sakaṁ natthi,

아사따 짜 나 소짜띠 ||
asatā ca na socati;

담메수 짜 나 갓차띠 |
dhammesu ca na gacchati,

사 웨 산또띠 웃짜띠 ||
sa ve santoti vuccati.(Sn.868게)

뿌라베다숫땅 닛티땅 ||
Purābhedasuttaṁ niṭṭhitaṁ.

12 범부들이 비난할 어떤 것

그리고 사문과 바라문이 비난할

그러한 것, 그는 앞세우지 않나니

그래서 여러 말에 동요하지 않는다네.

13 갈망도 다했고 인색도 없으며

성인은 우월한 이에 대해 말하지 않는다네,

동등한 이에 대해서도 열등한 이에 대해서도.

짓지 않아 짓는 것에 빠지지 않는다네.

14 그에게는 세상에서 자기 것이 없으며

없다고 또한 슬퍼하지 않는다네.

모든 법에 이끌리지 않나니

그야말로 참으로 적정자라고 불린다네.

「죽기 전에 경」이 끝났습니다.

부록 3

마하시 사야도 『뿌라베다숫따 법문』 요약게송

어찌보고 실천해 적정하다 표현해

죽기전에 갈애없어 전불의지(前不依支) 후불기대(後不期待)
중간에도 못헤아려 적정자라고 부르네

화냄없고 걱정없고 뽐냄없고 비행(非行)없어
고려뒤말 들뜸없는 적정자 여섯덕목들

물러나고 계략없고 갈망않고 인색없어
거침혐오 이간없어 적정자 일곱덕목들

쾌락거리 안빠지고 오만없고 유연현명
맹신없고 안빛바래 적정자 여섯덕목들

항상새겨 평온하고
자만셋을 제거해 적정자라해

부록 4

인식과정

눈문 인식과정

눈문에 매우 큰 형색 대상이 드러나면 다음의 차례로 인식과정이 진행됩니다.

1	경과 존재요인atīta bhavaṅga
2	동요 존재요인bhavaṅga calana
3	단절 존재요인bhavaṅga uccheda
4	오문전향pañcadvārāvajjana
5	눈 의식cakkhu viññāṇa
6	접수sampaṭicchana
7	조사santīraṇa
8	결정voṭṭhapana
9~15	속행javana
16~17	여운tadārammaṇa

욕계 맘문 인식과정

맘문에 선명한 법 대상이 드러나면 경과 존재요인이 한 번 지나가지 않는 경우*에 다음의 차례로 인식과정이 진행됩니다.

1	동요 존재요인bhavaṅga calana
2	단절 존재요인bhavaṅga uccheda
3	맘문전향manodvārāvajjana
4~10	속행javana
11~12	여운tadārammaṇa

*경과 존재요인이 한 번 지나가지 않는 법 대상에는 ①마음 · 마음부수, ②열반 · 개념, ③과거 · 미래의 물질, ④현재 추상적 물질이 있습니다. 현재 구체적 물질 중 일부는 그 물질이 생겨날 때 경과 존재요인에 떨어지지 않고 드러날 수 있으나 일부 물질은 그 물질이 생겨난 후 경과 존재요인이 지나가야 맘문에 드러납니다.

도와 과를 처음 증득할 때 맘문 인식과정

도와 과를 처음 증득할 때 맘문에서 다음의 차례로 인식과정이 진행됩니다.

1	동요 존재요인bhavaṅga calana
2	단절 존재요인bhavaṅga uccheda
3	맘문전향manodvārāvajjana
4~10	속행javana

(보통일 때)		(예리할 때)	
4	준비parikamma	4	근접upacāra
5	근접upacāra	5	수순anuloma
6	수순anuloma	6	종성gotrabhū
7	종성gotrabhū	7	도magga
8	도magga	8~10	과phala
9~10	과phala		

부록 5

칠청정과 위빳사나 지혜들

1. 계청정sīla visuddhi·戒淸淨

2. 마음청정citta visuddhi·心淸淨

3. 견해청정diṭṭhi visuddhi·見淸淨

(1) 정신·물질 구별의 지혜nāmarūpaparicched ñāṇa·名色區別智

4. 의혹극복청정kaṅkhāvitaraṇa visuddhi·度疑淸淨

(2) 조건파악의 지혜paccayapariggaha ñāṇa·緣把握智

5. 도·비도 지견청정maggāmagga ñāṇadassana visuddhi·道非道智見淸淨

(3) 명상의 지혜sammasana ñāṇa·思惟智

(4-1) 생멸 거듭관찰의 지혜udayabbayānupassanā ñāṇa·生滅隨觀智 (약한 단계)

6. 실천 지견청정paṭipadā ñāṇadassana visuddhi·行道智見淸淨

(4-2) 생멸 거듭관찰의 지혜udayabbayānupassanā ñāṇa·生滅隨觀智 (성숙된 단계)

(5) 무너짐 거듭관찰의 지혜bhaṅgānupassanā ñāṇa·壞隨觀智

(6) 두려움 드러남의 지혜bhayatupaṭṭhāna ñāṇa·怖畏現起智

(7) 허물 거듭관찰의 지혜ādīnavānupassanā ñāṇa·過患隨觀智

(8) 염오 거듭관찰의 지혜nibbidānupassanā ñāṇa·厭離隨觀智

(9) 벗어나려는 지혜muñcitukamyatā ñāṇa·脫欲智

(10) 재성찰 거듭관찰의 지혜paṭisaṅkhānupassanā ñāṇa·省察隨觀智

(11) 형성평온의 지혜saṅkhārupekkhā ñāṇa·行捨智

(12) 수순의 지혜anuloma ñāṇa·隨順智

(13) 종성의 지혜gotrabhū ñāṇa·種姓智 *청정에는 포함 안 됨

7. 지견청정ñāṇadassana visuddhi·智見淸淨

(14) 도의 지혜magga ñāṇa·道智

(15) 과의 지혜phala ñāṇa·果智 *청정에는 포함 안 됨

(16) 반조의 지혜paccavekkhaṇa ñāṇa·觀察智 *청정에는 포함 안 됨

부록 6

31 탄생지

탄생지 31			영역				수명
무색계 탄생지		4		31		비상비비상처천	84,000대겁
				30		무소유처천	60,000대겁
				29		식무변처천	40,000대겁
				28		공무변처천	20,000대겁
색계탄생지		16	4선정천	27	정거천	색구경천	16,000대겁
				26		선견천	8,000대겁
				25		선현천	4,000대겁
				24		무열천	2,000대겁
				23		무번천	1,000대겁
				22		무상유정천	500대겁
				21		광과천	500대겁
			3선정천	20		변정천	64대겁
				19		무량정천	32대겁
				18		소정천	16대겁
			2선정천	17		광음천	8대겁
				16		무량광천	4대겁
				15		소광천	2대겁
			초선정천	14		대범천	1아승기겁
				13		범보천	1/2아승기겁
				12		범중천	1/3아승기겁
욕계탄생지 11	욕계선처 7	6	육욕천	11		타화자재천	16,000천상년
				10		화락천	8,000천상년
				9		도솔천	4,000천상년
				8		야마천	2,000천상년
				7		도리천	1,000천상년
				6		사대왕천	500천상년
		1	인간	5		인간	정해지지 않음
	악처	4	악처	4		아수라 무리	정해지지 않음
				3		아귀계	정해지지 않음
				2		축생계	정해지지 않음
				1		지옥	정해지지 않음

*점선은 같은 평면에 위치하는 것을 나타냄

부록 7

빠알리어의 발음과 표기

빠알리어는 고유의 표기법을 가지고 있지 않습니다. 그래서 나라마다 자신의 언어로 표시합니다. 한국어의 경우 지금까지 빠알리어에 대한 한국어 고유의 표기법이 없어 소리 나는 대로 비슷하게 표현한 후 영어 표기법을 병기하여 표시했으나, 본 책에서는 한국어 고유의 표기법으로도 빠알리어를 나타냈습니다. 각각의 표기와 발음은 아래와 같습니다.

일반적인 표기

단모음	a아	i이	u우
장모음	ā아̄	ī이̄	ū우̄
복모음	e에	o오	

자음

	무성무기음	무성대기음	유성무기음	유성대기음	비음
후음	ka까	kha카	ga가	gha가	aṅ앙
구개음	ca짜	cha차	ja자	jha자	ña냐
권설음	ṭa따	ṭha타	ḍa다	ḍha다	ṇa나
치음	ta따	tha타	da다	dha다	na나
순음	pa빠	pha파	ba바	bha바	ma마
반모음	ya야	ra라	la라	va와	vha와
마찰음	sa사				
기식음	ha하				
설측음	ḷa라				
억제음	aṁ앙				

특별한 경우의 표기

″ 자음중복

예를 들어 '밋체야″ miccheyya'라는 단어의 '체야″'라는 표기에서 그냥 '체야'라고 표현하면 '야'가 'ya'인지 'yya'인지 알 수 없습니다. 그래서 '″'라는 표기를 사용하여 자음이 중복됨을 표현합니다. 비슷한 예로 '울로″께야″타 ullokeyyātha'라는 단어에서 그냥 '울로'라고 표현하면 '로'의 'ㄹ'이 'l' 하나임을 나타내므로 'l'이 두 개임을 나타내기 위해 '울로″'라고 표현합니다.

˂ '야'의 표기

예를 들어 '깝빳타잉 kappaṭṭhāyiṁ'이라는 단어에서 그냥 '잉'이라고 표현하면 'iṁ'으로 오해할 수 있습니다. 그래서 'yiṁ'임을 나타내기 위해 '잉'이라고 표현합니다.

ˇ '와'의 표기

예를 들어 '이다마오̌짜 idamavoca'라는 단어에서 그냥 '오'라고 표현하면 'o'라고 오해할 수 있습니다. 그래서 'vo'을 나타내기 위해 '오̌'라고 표현하고 'vu'를 나타내기 위해서는 '우̌'라고 표현합니다.

받침의 표기

받침으로 쓰일 수 없는 중복된 받침은 'ㅅ', 'ㄱ', 'ㅂ' 으로 통일합니다. 한글 맞춤법 규정에 따라 '짜, 자, 땨, 댜, 따, 다' 계열의 자음이 중복될 때는 모두 앞의 자음에 'ㅅ' 받침으로 표기합니다. '까, 가' 계열의 자음이 중복될 때는 모두 앞의 자음에 'ㄱ' 받침으로 표기합니다. '빠, 바' 계열의 자음이 중복될 때는 모두 앞의 자음에 'ㅂ' 받침으로 표기합니다.

발음

모음의 발음

• 모음은 표기된 대로 발음하면 됩니다.

• '아'의 발음은 실제로는 우리말의 '어'에 가까운 소리로 발음합니다.

단음

– 단모음 '아', '이', '우'는 짧게 발음합니다.

– 복모음 '에', '오'가 겹자음 앞에 올 때도('엣타'의 '에') 짧게 발음합니다.

장음

– 장모음 '아̄', '이̄', '우̄'는 길게 발음합니다.

– 복모음 '에', '오'가 단자음 앞에 올 때도('삼모디'의 '모') 길게 발음합니다.

– 단모음이 겹자음 앞에 올 때와('빅쿠'의 '빅') 억제음(앙) 앞에 올 때도('짝쿵'의 '쿵') 길게 발음합니다.

– 단모임이나 복모음이 장음으로 발음되는 경우, 표현의 복잡성을 고려하여 따로 장음부호 '¯'를 붙이지 않았습니다.

자음의 발음

후음 (까, 카, 가, 가, 앙)

혀뿌리를 여린입천장(입천장 안쪽의 부드러운 부분)에 부딪히면서 낸다고 설명하기도 하고 목청에서 소리를 낸다고 설명하기도 합니다. 대부분 표기된 대로 발음하면 됩니다. 특히 '가'는 강하게 콧소리로 '가' 하고 발음합니다. '앙'은 보통 받침으로 많이 쓰입니다. 대표적인 예가 '상강saṅghaṁ'이고, '앙'이라고 발음합니다.

구개음 (짜, 차, 자, 자, 냐)

혀 가운데로 단단입천장(입천장 가운데 부분의 딱딱한 부분)에 부딪히면서 냅니다. 마찬가지로 '자'는 '가'와 마찬가지로 강하게 콧소리로 '자'하고 발음합니다. 'ㄴ'는 '아' 모음 앞에 올 때는 '냐'로 발음하고, 받침으로 올 때는 'ㅇ'이나 'ㄴ'으로 발음합니다. 즉 뒤에 오는 자음이 목구멍에서 가까우면 'ㅇ', 멀면 'ㄴ'으로 발음합니다. 즉 'patañjalī 빠딴잘리'의 경우에는 '빠딴잘리'로, 'milindapañha 밀린다빤하'의 경우에는 '밀린다빵하'로 발음합니다.

권설음 (따, 타, 다, 다, 나)

입천장 머리(입천장의 한가운데 부분)를 혀끝으로 반전하며 소리를 냅니다. 마찬가지로 '다'는 입천장 머리를 혀끝으로 반전하며 강하게 콧소리로 '다'하고 발음합니다.

치음 (따, 타, 다, 다, 나)

혀끝을 윗니의 정면으로 부딪히며 소리를 냅니다. '다'는 정면에 부딪히며 강하게 콧소리로 '다'하고 발음합니다.

순음 (빠, 파, 바, 바, 마)

두 입술로 소리를 냅니다. 마찬가지로 '바'는 강하게 콧소리로 '바'하고 발음합니다.

반모음 (야, 라, 라, 와)

'야'는 그대로 '야'로 발음하고, '라'는 혀 가운데를 경구개에 부딪히면서 '라'하고 발음합니다. '라'는 혀끝을 윗니의 정면에 부딪히면서 '을라'하고 발음합니다. '와'는 모음 앞에서는 독일어의 'w'처럼 '봐'로 발음한다고 설명하기도 하고, 입을 둥글게 오므린 뒤 '와'하고 발음해야 한다고(미얀마) 설명하기도 합니다. 자음 뒤에서는 일반적으로 영어의 'w'처럼 '와'로 발음합니다. 표기할 때는 모두 '와'로 통일했습니다. 특별한 경우로 'yha'라는 단어는 '야'라고 표기했습니다. 발음은 '샤'로(미얀마) 발음합니다.

마찰음 (사)

이를 서로 마찰시키면서 '싸'하고 발음합니다. 약한 '사' 발음보다는 조금 강한 '싸'의 발음에 더 가깝습니다.

기식음 (하)

한국어의 '하' 발음과 같습니다.

설측음 (랗)

입천장 머리(입천장의 한가운데 부분)를 혀의 양끝으로 반전하며 소리를 냅니다.

억제음 (앙)

음성학적으로는 '까, 카, 가, 가' 등 후음 앞에서는 '앙'과 마찬가지로, '짜, 차, 자, 차' 등 구개음 앞에서는 '안'과 마찬가지로, '따, 타, 다, 다' 등 권설음 앞에서는 '안'과 마찬가지로, '따, 타, 다, 다' 등 치음 앞에서는 '안'으로, '빠, 파, 바, 바' 등 순음 앞에서는 '암'으로 발음됩니다. 그 이외의 자음이나 모음 앞, 또는 단독으로 쓰이는 한 단어나 문장의 끝에 올 경우에는 '암'으로(미얀마), 혹은 '앙'으로(스리랑카) 받침을 넣어 발음합니다. 이 책에서는 모두 '앙'으로 표시했습니다.

역자후기

Na saddho na virajjati.(Sn.860게)

「뿌라베다숫따」에 포함된 이 구절을 빠알리어 그대로 직역하면 "믿음도 없고 빛바래지도(갈애가 사라지지도) 않습니다"라는 뜻입니다. 그러나 이 구절은 참적정자가 갖춘 덕목을 표현한 것이어서, 단순히 "믿음이 없다. 갈애가 사라지지도 않는다"라는 의미로 해석하는 것은 적절하지 않습니다. 부처님께서는 왜 이렇게 표현하셨을까요?

이는 당시 법문을 듣던 대중이 지혜가 예리한 천신과 범천들이었기 때문입니다. 이렇게 수수께끼같이 이중적이고 심오한 표현으로 법문을 해야 깨달음기질의 천신과 범천들은 특별히 더 흥미를 갖고 법문을 듣습니다. "스스로 법을 체험했기 때문에 다른 이를 믿을 필요가 없다. 이미 갈애가 사라졌기 때문에 사라지고 있는 것도 아니다"라는 숨은 의미도 바로 이해합니다. 이해한 대로 직접 실천합니다. 그리고 빠르게 지혜가 향상돼 열반을 증득합니다.

깨달음기질이 아닌 대중은 이 깊은 의미를 어떻게 이해할 수 있을까요? 여기서 주석서의 역할이 중요해집니다. 부처님께서는 대중의 습성이나 기질 등을 고려하여 다양한 방편으로 설하셨기 때문에 법문의 의미를 온전히 이해하려면 주석서의 설명을 참고해야 합니다. 주석서만으로 충분하지 않으면 복주서의 설명도 함께 살펴봐야 합니다.

하지만 일반인들은 주석서나 복주서를 직접 접하기가 어려울 뿐만 아니라 그 의미를 이해하는 것도 쉽지 않습니다. 여기서 경전과 실천에 해박한 스승들의 역할이 더욱 중요해집니다. 특히 마하시 사야도께서는 「뿌라베다숫따」 성전 원문뿐만 아니라 주석서나 복주서의 설명, 관련 일화, 수행방법 등을 잘 결합하여 청법자와 독자가 이해하기 쉽게 다시 설명해 주셨습니다. 덧붙여 한국마하시 우 소다나 사야도께서도 2023년 호두마을 집중수행 기간에 관련 교학 내용과 실제로 수행할 때 유념해야 할 점들을 보충해서 법문하셨습니다.

이제 부처님께서 잘 포장해서 설하신 한 편의 선물과도 같은 「뿌라베다숫따」 가르침이 마하시 사야도에 의해 그 포장이 풀리고, 한국마하시 사야도에 의해 더욱 잘 정리되어 청법자 여러분에게 도착했습니다. 남은 일은 가르침대로 실천하면서 이 소중한 선물을 마음껏 누리는 것뿐입니다.

다른 책들과 마찬가지로 이 책을 번역할 때도 한국마하시 우 소다나 사야도께서 많은 도움을 주셨습니다. 「뿌라베다숫따」 경 자체가 심오해서 마하시 사야도의 설명 중에는 심사숙고해야 할 부분이 많았습니다. 그때마다 한국마하시 사야도를 의지해서 바르게 결정하고는 했습니다. 다시 한번 감사의 예경을 올립니다. 그리고 제자가 원하는 법을 실천하도록 언제나 묵묵히 지켜봐주셨던 은사 스님께도 특별히 이 공덕을 회향합니다. 미얀마와 위빳사나를 처음 접하게 해 주셨으며 중간중간 수행의 경책을 일러주시는 법산스님, 마음껏 법담을 나눌 수 있는 범라스님과 현암스님, 늘 앞서 이끌어주시는 일묵스님과 여러 도반스님, 또한 빠알리 성전들을 훌륭하게 번역해 놓으신 각묵스님과 대림스님, 전재성 박사님을 비롯한 많은 분께 감사드립니다.

한국마하시선원과 호두마을, 진주녹원정사 회원들을 비롯해 필수품과 법으로 불법을 뒷받침해 주시는 여러 재가불자 여러분과 가족들, 특히 이 책을 출판하는 데 법보시를 해 주신 담마위라·담마소따 부부, 이장천·권봉화·김춘화·김동률·이종철·김정림·이진비 님의 믿음에도 사두를 외칩니다.

그리고 우 소다나 사야도께서 호두마을에서 설하신 「뿌라베다숫따」 법문 39강을 전부 녹취해 주신 사깜마 님의 선업에도 사두를 외칩니다. 끝으로 거친 문장을 잘 다듬어 주신 홍수연 작가님, 여러 번의 교정을 마다하지 않고 애쓰신 난다싸리 님, 수마나 님, 수뭇따 님, 빠알리어 오탈자를 검토해주신 빤냐난다 님, 출처를 검토해주신 액가냐니 님, 빠알리어 오탈자와 출처를 함께 검토해주신 액가왐사 님, 맞춤법과 함께 전체 글의 통일성을 검토해주신 냐나와띠 님, 좋은 책을 만들어 주신 나눔커뮤니케이션 관계자 여러분의 성의에도 사두를 외칩니다.

이 모든 분에게,
바른 법을 찾는 모든 수행자에게 이 공덕몫을 회향합니다.

마하시 사야도의 『뿌라베다숫따 법문』을 통해
죽기 전에 갈애가 제거되어
참적정자가 되도록
부처님께서 드러내 주신
거룩한 위빳사나 수행의 길을
묵묵히 걸어가시길.
그 길의 끝에서
적정한 행복을 누리시길.

불기 2569년 서기 2025년 12월
안양의 한국마하시선원과 천안의 호두마을을 오가며
비구 일창 담마간다Dhammagandha 삼가 씀

참고문헌

번역 저본

Mahāsi Sayadaw,『Purābheda thouk tayataw』, Yangon, Buddhasāsanānuggaha aphwe, 2005(제6쇄).

저본의 영역본

Translated by U Htin Fatt,『A Discourse on the Purābhedasutta』, Yangon, Buddhasāsanānuggaha aphwe, 2013(New ed.).

빠알리 삼장 및 번역본

The Chaṭṭha Saṅghāyana Tipiṭaka Version 4.0 (CST4), VRI.

Tipitaka Pali Reader, Dhamma Development.(App)

Bhaddanta Sajjanābhivaṁsa,『Suttanipāta Pāḷitaw Nissaya thik』, Yangon, Sitagugabhabuddhatakkathou, 2007.

각묵스님 옮김,『디가 니까야』 전3권, 초기불전연구원, 2006.

___________,『상윳따 니까야』 전6권, 초기불전연구원, 2009.

대림스님 옮김,『맛지마 니까야』 전4권, 초기불전연구원, 2012.

___________,『앙굿따라 니까야』 전6권, 초기불전연구원, 2006~2007.

___________,『청정도론』 전3권, 초기불전연구원, 2004.

마하시 사야도 지음, 비구 일창 담마간다 옮김,『마하사띠빳타나숫따 대역』, 불방일, 2016.

전재성 역주, 『비나야삐따까』, 한국빠알리성전협회, 2020.
__________, 『숫타니파타』, 한국빠알리성전협회, 2005.
__________, 『자타카전서』, 한국빠알리성전협회, 2023.
__________, 『테리가타-장로니게경』, 한국빠알리성전협회, 2017.

문법류

현진 편저, 『빠알리 문법』, 봉숭아학당, 2014.

사전류

Ashin Dhammassāmībhivaṁsa, 『Pāḷi-Myanmar Abhidhān』, Yangon, Khinchouthun Sapei, 2005.
Department of the Myanmar Language Commission, 『Myanmar-English Dictionary』, Yangon, Ministry of Education, 1993.
Rhys Davids and W. Stede, 『Pāli-English Dictionary (PED)』, London, PTS, 1986.

전재성 편저, 『빠알리-한글사전』, 한국빠알리성전협회, 2005.
__________, 『빠알리어사전』, 한국빠알리성전협회, 2012.

기타 참고도서

Dhammacariya U Ei Nain, 『Buddha Abhidhammā mahānidān』, Yangon, Alinthisapei, 2011.
Mahāsi sayadaw, 『Paṭiccasamuppāda tayatawgyi』, Yangon, Buddhasāsanānuggaha aphwe, 2024(제10쇄).

__________, 『*Vammika thouk tayato*』, *Yangon, Buddhasāsanānuggaha aphwe, 2006(제5쇄).*

__________, 『*Vipassanā Shunikyan*』 *2vols, Yangon, Buddhasāsanānuggaha aphwe, 2013(제15쇄).*

Mingun sayadaw, 『*Mahābuddhawin*』, *Yangon, Sāsanāyeiwangyiṭhāna Sāsanāyeiujyiṭhāna pounheiktaik, 1994.*

대림스님 · 각묵스님 옮김, 『아비담마 길라잡이』 전2권, 초기불전연구원, 2002, 전정판 2017.

마하시 사야도 지음, 비구 일창 담마간다 옮김, 『담마짝까 법문』, 불방일, 2025(개정판 1쇄).

__________, 『아낫딸락카나숫따 법문』, 불방일, 2021.

__________, 『아리야와사 법문』, 불방일, 2022.

__________, 『위빳사나 수행방법론』 전2권, 불방일, 2023(개정판 1쇄).

무념 · 응진 역, 『법구경 이야기』 전3권, 옛길, 2008.

밍군 사야도 저, 최봉수 역주, 『大佛傳經』 전10권, 한언, 2009.

비구 일창 담마간다 지음, 『가르침을 배우다』, 불방일, 2021(개정판).

__________, 『부처님을 만나다』, 불방일, 2018(개정판 1쇄).

비구 일창 담마간다 편역, 『자애』, 불방일, 2024(2쇄).

우 소다나 사야도 법문, 비구 일창 담마간다 편역, 『아비담마 강설 1』, 불방일, 2021.

__________, 『아비담마 강설 2』, 불방일, 2024.

우 소다나 사야도 법문, 비구 일창 담마간다 옮김, 『어려운 것 네 가지』, 불방일, 2017.

찾아보기

ㄱ

거침pagabbha 157, 288
걱정santāsa 116
계략kuhanā 150
관습진리sammutisacca 199
근접삼매upacārasamādhi 190
깐다라까Kandaraka 유행자 121
깨달음 동반법bodhipakkhiya 211
깨달음기질buddhicarita 25, 40
께왓따Kevaṭṭa 바라문 83
꾸사Kusa 왕 273
꾼다다나Kuṇḍadhāna 존자 292

ㄴ

나따뿟따Nāṭaputta 226
나라는 자만asmimāna 75
난다까Nandaka 197
누출āsava·漏 172

ㄷ

대상잠재ārammaṇānusaya 52
대화주제kathāvatthu 140
딸라뿌따Tālapuṭa 연극단장 293

ㅁ

마음청정cittavisuddhi 190
마하시와Mahāsiva 장로 275
마호사다Mahosadha 84
말리까Mallikā 여인 67
매듭gantha 252
미갈란디까Migalaṇḍika 295
믿음기질saddhācarita 25
밋따윈다까Mittavindaka 178

ㅂ

반둘라Bandula 장군 67
발 비행pāda kukkucca 121
법 전쟁dhammayuddha 86
비사실자만ayāthāvamāna 209
비행kukkucca·非行 120
빠바와띠Pabhāvatī 공주 273
빠세나디Pasenadi 왕 123, 202
뽓틸라Poṭṭhila 장로 281

ㅅ

사견자만diṭṭhimāna 75
사리뿟따Sāriputta 존자 220
사실자만yāthāvamāna 209

사유기질vitakkacarita 25
상속잠재santānānusaya 53
성냄dosa 105
성냄기질dosacarita 24
성자재산ariyadhana 119
세상법lokadhamma 116
소레야Soreyya 장자 254
수련자sekkha·有學 229
숩빠와사Suppavāsā 공주 192
시하Sīha 장군 54

ㅇ

알라라Āḷāra 185
암바빨리Ambapālī 장로니 296
애착기질rāgacarita 24
어리석음기질mohacarita 25
연유발생atthuppattika 26
열망āsā 224
완수자asekkha·無學 229
우다까Udaka 185
원망āghāta·怨望 111
원망의 토대āghāta vatthu 111
위따뚜바Viṭaṭūbha 205
위범번뇌vītikkamakilesa 46
위빳사나 찰나삼매
vipassanā khaṇikasamādhi 190
유여열반saupādisesanibbāna 56
율 비행vinaya kukkucca 126
이유 없는 화냄aṭṭhāna kopa 113
인색macchariya 157

ㅈ

자만māna 209, 246
자신의향attajjhāsaya 25
자책 비행vippaṭisāra kukkucca 127
잘못따름agati 260
잠재번뇌anusayakilesa 46, 53
적정자santa·寂靜者 37, 62
절대성품진리paramatthasacca 199
조띠빨라Jotipāla 바라문 296
존재꼭대기bhavagga 173
종성gotrabhū 188
질문수반pucchāvasika 26
찟따Citta 장자 226

ㅊ

참사람법saddhamma 119
참사람재산 119
참적정자upasanta 28, 61
출현인도 위빳사나
vuṭṭhānagāminī vipassanā 187

ㅋ~ㅎ

큰 모임mahāsamaya 24
타인의향parajjhāsaya 25
팔 비행hattha kukkucca 121
팔난aṭṭha akkhaṇa·八難 175
항상sadā 236
현전번뇌pariyuṭṭhānakilesa 46

저자

마하시 사야도 우 소바나U Sobhana

1904년 7월 29일 미얀마 세익쿤 출생. 1916년 사미계, 1923년 비구계를 수지했다. 1929년부터 따운와인갈레이 강원에서 강사로 지내다가 1932년 밍군 제따완 사야도의 가르침을 받아 위빳사나 수행을 실천했다. 1941년 사사나다자 시리빠와라 담마짜리야(국가인증우수법사) 칭호를 받았다. 1949년부터 양곤의 마하시 수행센터에서 위빳사나 수행을 지도하며 국내는 물론 국외로도 바른 위빳사나 수행법을 널리 선양했다. 1952년 악가마하빤디따(최승대현자) 칭호를 받았고, 1954년부터 7년 넘게 열린 제6차 결집 때 질문자와 최종결정자의 역할을 맡았다. 1982년 8월 14일, 세랍 78세, 법랍 58하夏로 마하시 수행센터에서 입적했다. 『*Vipassanā Shunikyan* 위빳사나 수행방법론』, 『*Visuddhimagga Mahāṭīkā Nissaya*위숫디막가 대복주서 대역』을 비롯해 80권이 넘는 저서와 법문집이 있다.

감수자

우 소다나U Sodhana 사야도

1957년 미얀마 머그웨이 주 출생. 1972년 사미계, 1978년 비구계를 각각 수지했다. 1992년 담마짜리야 법사 시험에 합격했고 잠시 먀다웅 강원에서 강사로 재직했다. 1995년 마하시 수행센터에서 수행한 뒤 외국인 법사학교에서 5년간 수학했다. 그 뒤 마하시 수행센터에서 수행지도법사로 수행자를 지도하다 2002년 처음 한국에 왔다. 2007년 8월부터 한국마하시선원 선원장으로 지내며 경전과 아비담마를 강의하면서 천안 호두마을과 강릉 인월사 등지에서 위빳사나 수행을 지도하고 있다. 2013년 양곤 마하시 수행센터 국외 나야까 사야도로 임명됐고, 2017년 12월 공식적으로 칭호를 받았다. 2019년 3월 미얀마 정부에서 수여하는 마하깜맛타나짜리야(수행지도 큰스승) 칭호를 받았다.

역자

비구 일창 담마간다Dhammagandha

1972년 경북 김천 출생. 1996년 해인사 백련암에서 원융스님을 은사로 출가했다. 범어사 강원을 졸업했고 2000년과 2005년 두 차례 미얀마에 머물면서 비구계를 수지한 뒤 미얀마어와 빠알리어, 율장 등을 공부했으며 찬매 센터, 파옥 센터, 마하시 센터 등에서 수행했다. 현재 진주 녹원정사에서 정기적으로 초기불교 강의를 하고 있으며, 한국마하시선원과 호두마을을 오가며 우 소다나 사야도의 법문을 통역하면서 위빳사나 수행의 기초를 지도하고 있다. 2019년 12월 양곤 마하시 수행센터에서 깜맛타나짜리야(수행지도 스승) 칭호를 받았다. 저서로 『부처님을 만나다』와 『가르침을 배우다』, 역서로 『위빳사나 수행방법론』(전2권), 『위빳사나 백문백답』, 『통나무 비유경』, 『마하사띠빳타나숫따 대역』, 『어려운 것 네 가지』, 『담마짝까 법문』, 『알라와까숫따』, 『헤마와따숫따 법문』, 『보배경 강설』, 『아비담마 강설 1』, 『아낫딸락카나숫따 법문』, 『아리야와사 법문』, 『자애』, 『말루꺄뿟따숫따 법문』, 『아비담마 강설2』 등이 있다.

법보시 명단

감 수 | 우 소다나 사야도
번 역 | 비구 일창 담마간다
녹 취 | 사깜마
교 정 | 난다싸리, 수뭇따, 홍수연
보 시 | 담마위라·담마소따
이장천·권봉화·김춘화·김동률·이종철·김정림·이진비

삽바다̆낭 담̆마다̆낭 지나̆띠.
Sabbadānaṁ dhammadānaṁ jināti.
모든 보시 중에서 법보시가 으뜸이니라.

이당 노 뿐̆냥 닙바̆낫사 빳짜요 호뚜.
Idaṁ no puññaṁ nibbānassa paccayo hotu.
이러한 우리들의 공덕으로 열반에 이르기를.

이망 노 뿐̆냐바̆강 삽바삿따̆낭 바̆제마.
Imaṁ no puññabhāgaṁ sabbasattānaṁ bhājema.
이러한 우리들의 공덕몫을 모든 존재에게 회향합니다.

사̆두, 사̆두, 사̆두.
Sādhu, Sādhu, Sādhu.
훌륭합니다, 훌륭합니다, 훌륭합니다.

- 이 책에서 교정할 내용을 아래 메일주소로 보내주시면 다음에 책을 펴낼 때 큰 도움이 될 것입니다. 많은 관심 부탁드립니다.(nibbaana@hanmail.net)
- 한국마하시선원에서 운영하는 도서출판 불방일에서는 마하시 사야도의 법문은 「큰북」 시리즈로, 우 소다나 사야도의 일반 법문은 「불방일」 시리즈로, 아비담마 법문은 「아비담마 강설」 시리즈로, 비구 일창 담마간다의 법문은 「법의 향기」 시리즈로, 독송집이나 법요집은 「큰북소리」 시리즈로 출간하고 있습니다. 여러 분들의 많은 법보시를 기원합니다.(농협 355-0041-5473-53 한국마하시선원)

불방일 출판도서

큰북 시리즈

- 마하시 사야도의 『마하사띠빳타나숫따 대역』
  비구 일창 담마간다 옮김 / 신국판(양장) / 350쪽
  정가: 25,000원
  (1쇄 2016년, 2쇄 2018년)
- 마하시 사야도의 『위빳사나 수행방법론』 (1/2)
  비구 일창 담마간다 옮김 / 신국판(양장)
  제1권: 736쪽 / 제2권: 640쪽
  정가: 각권 30,000원
  (이솔 초판 2013년, 2쇄 2013년
  불방일판 2016년; 개정판 2023년)
- 마하시 사야도의 『위빳사나 백문백답』
  비구 일창 담마간다 편역 / 신국판 / 252쪽
  정가: 13,000원
  (이솔 초판 2014년, 불방일 개정판 예정)
- 마하시 사야도의 『담마짝까 법문』
  비구 일창 담마간다 옮김 / 신국판(양장) / 532쪽
  정가: 30,000원
  (1쇄 2019년, 2쇄 2025년)
- 마하시 사야도의 『헤마와따숫따 법문』
  비구 일창 담마간다 옮김 / 신국판(양장) / 412쪽
  정가: 25,000원 / 2020년
- 마하시 사야도의 『아낫딸락카나숫따 법문』
  비구 일창 담마간다 옮김 / 신국판(양장) / 484쪽
  정가 28,000원 / 2021년
- 마하시 사야도의 『아리야와사 법문』
  비구 일창 담마간다 옮김/ 신국판(양장)/ 332쪽
  정가 22,000원/ 2022년
- 마하시 사야도의 『말루꺄뿟따숫따 법문』
  비구 일창 담마간다 옮김/ 신국판(양장)/ 324쪽
  정가 22,000원/ 2023년

불방일 시리즈

- 우 소다나 사야도의 『통나무 비유경』
  비구 일창 담마간다 옮김 / 46판 / 116쪽
  법보시 / 2015년
- 우 소다나 사야도의 『어려운 것 네 가지』
  비구 일창 담마간다 옮김 / 46판 / 279쪽
  법보시 / 2017년
- 우 소다나 사야도의 『알라와까숫따』
  비구 일창 담마간다 옮김 / 46판 / 191쪽
  법보시 / 2019년

법의 향기 시리즈

- 『부처님을 만나다』
  비구 일창 담마간다 지음 / 신국판(양장) / 528쪽
  정가: 23,000원
  (초판 1쇄 2012년, 3쇄 2014년, 개정판 2018년)
- 『가르침을 배우다』
  비구 일창 담마간다 지음 / 신국판(양장) / 456쪽
  정가: 28,000원
  (초판 1쇄 2017년, 개정판 2021년)
- 『보배경 강설』
  비구 일창 담마간다 편역 / 135mm / 252쪽
  정가: 18,000원 / 2020년
- 『자애』
  비구 일창 담마간다 편역/ 신국판(양장)/ 368쪽
  정가: 25,000원/ 2022년(2쇄 2024년)

아비담마 강설 시리즈

- 우 소다나 사야도의 『아비담마 강설 1』
  비구 일창 담마간다 편역 / 신국판(양장) / 488쪽
  정가: 28,000원 / 2021년
- 우 소다나 사야도의 『아비담마 강설 2』
  비구 일창 담마간다 편역 / 신국판(양장) / 768쪽
  정가: 50,000원 / 2024년

큰북소리 시리즈

- 『법회의식집』
  비구 일창 담마간다 편역 / 46판 / 268쪽
  법보시 / 2018년
- 『수행독송집』
  비구 일창 담마간다 편역 / 105×175mm / 404쪽
  법보시 / (초판 1쇄 2014년, 개정판 2023년)
- 『빳타나(조건의 개요와 상설)』
  비구 일창 담마간다 편역 / 46판 / 176쪽
  법보시 / 2010년(개정판 2018년)
- 『장례독송집』
  비구 일창 담마간다 편역 / 46판 / 42쪽
  법보시 / 2022년
- 『병문안독송집』
  비구 일창 담마간다 편역 / 46판 /84쪽
  법보시 / 2024년

마하시 사야도의

뿌라베다숫따 법문

• 죽기전에 경 해설 •

초판 1쇄 발행일 | 2025년 12월 7일

지 은 이 | 마하시 사야도
번　　역 | 비구 일창 담마간다
감　　수 | 우 소다나 사야도

펴 낸 이 | 사단법인 한국마하시선원
디 자 인 | (주)나눔커뮤니케이션 02)333-7136

펴 낸 곳 | 도서출판 불방일
등　　록 | 691-82-00082
주　　소 | 경기도 안양시 만안구 경수대로 1201번길 10
(석수동 178-19) 2층
전　　화 | 031)474-2841
팩　　스 | 031)474-2841
홈페이지 | http://koreamahasi.org
카　　페 | https://cafe.naver.com/koreamahasi
이 메 일 | nibbaana@hanmail.net

값 23,000원
ISBN 979-11-970021-9-9

03220
ISBN 979-11-970021-9-9